문예신서
337

서양 연극의 무대 장식 기술

안 쉬르제

송민숙 옮김

東 文 選

서양 연극의 무대 장식 기술

Anne Surgers

Scénographies du théâtre occidental

© Armand Colin, 2005

차 례

서 론

　연극은 사회의 모든 집단적 실천이 그렇듯이 배우와 관객이라는 이중의 존재를 포함한다. 이 이중의 존재간의 만남과 결합, 그리고 교환은 공간 속에 자리한다. 이 공간을 만드는 기술이 바로 **무대 장식 기술**(scénographie)인 것이다.

　연극의 또 다른 근본적인 특성은 허구를 재현한다는 것과, 관객의 상상력에 호소한다는 것이다. 연극의 독특한 이율배반은 바로 배우의 연기 공간을 현실과 허구적 성격을 동시에 가지는 하나의 공간으로 만든다는 것이다. 실제의 공간——배우들의 몸이 움직이는 놀이마당——에 허구의 공간——등장 인물이 오고 간다고 여겨지는 상상의 공간——이 겹쳐진다.

　무대 장식 기술은 모든 연극적 실천이 함축하는 두 가지 중요한 문제에 대해 그 해답을 제시해야 한다. 즉 어떻게 관객의 눈과 귀, 그리고 관심을 허구를 연기하는 다른 그룹의 사람들에게 집중하게 할 것인가, 허구가 연기로 작용할 수 있기 위해서 어떻게 관객이 배우들의 현실 공간에 상상력의 일부를 투영할 수 있도록 유도할 것인가 하는 것이 문제이다. 게다가 무대 장식 기술은 허구와 현실 사이, 배우와 관객 사이, 즉 감춰진 것과 드러난 것, 보이는 것과 보이지 않는 것 사이에 있는 상징적인 경계를 느끼는 동시에 이해할 수 있도록 반드시 그려내고 구축해야만 한다.

　연극은 본질적으로 사라지기 마련이다. 그러나 고대 그리스나 중세에서처럼 종교적 제의이건, 로마나 르네상스 시기 이탈리아에서처럼 오락이거나 간에 연극은 문명과 문화의 표현이자 사고의 표현이다. 이 표현은 일정한 시간과 공간 속에 있는 모든 사람이 이해할 수 있는 공연의 규칙에 의해 작품으로 만들어진다. 문명과 규칙은 발전하고 변화하며 때로 사라지기도 한다. 그곳, 그때의 공연으로부터 지금 이곳의 우리에게 남은 것은 무엇인가? 단지 극 대본이나 이론서라든가 공연에 대한 언급들, 때로는 다 허물어진 극장이나 그림, 회상록과 같은 흔적들뿐이다. 그 나머지는 완전히 상실되었는데, 나머지란 곧 연극의 핵심들로서 공간 속에서 연기하는 연기자나 그의 육체, 그의 목소리, 그리고 공연 장소 자체에 의해 형성되고 당시 공연의 규칙에 의해 정해진 교류 관계 속에서 그들을 바라보고 그들의 말을 듣는 관객들을 말한다.

무대 장식 기술은 공연 도구들 중의 하나이다. 이런 이유로 무대 장식 기술은 하나의 세계관을 표현한다. 서구 극장이 그리스에서 기원된 이후 세계관, 그러니까 그 세계관의 정신적·공간적 재현, 그리고 공연의 규칙들은 발전해 왔으며 어떤 것들은 사라져서 우리에게는 죽은 언어가 되기도 했고, 또 어떤 것들은 살아남거나 변형되었다. 이 책은 서양 연극의 무대 장식 기술에 대한 독서와 지식의 머리말로 계획된 것이다. 그리고 무대 장식 기술의 개념에 부여된 연속적인 향방을 제시하는 것으로 시작한다. 독자는 연대기적 흐름에 따라 서양의 전형적인 극장의 주요 유형들을 통해서 그것에 접근할 수 있을 것이다. 즉 그리스 극장, 로마 극장, 중세의 전례 의식, 이탈리아식 극장의 탄생, 엘리자베스 시대의 극장, 프랑스 17세기 무대 장식 기술, 그리고 18,19세기의 이탈리아식 극장 변천에서 20세기초에 이르기까지 말이다. 20세기는 연출가의 부상으로 공연의 영역과 특히 무대에 관해서 커다란 문제가 제기된 시기로 연출가는 극작가, 그리고 대본과 관객 사이의 중개자로서의 연기자나 무대 장식 기술자를 계승한다. 이 시기에 새로운 역사가 시작된다.

　무대 장식 기술은 문자에서 상상력으로, 현실에서 허구로 옮아가는 여행이다. 이 여행이 제안하는 여정은 결코 다시 회복할 수 없는 연극에 있어서의 현재라는 상실을 보충하기 위해서 때로는 건축술에, 때로는 이미지에, 대본에, 단어에 의존한다. 우리는 극장 공간의 구성을 이해하기에, 나아가 더욱 일반적으로 그곳에서 일어났던 제의와 상상적 여행을 파악하기에 도움이 될 수 있는 몇 가지 열쇠를 제공할 수 있기를 바란다.

1
연극 공간에 대한 생각과 실천의 발전

무대 장식 기술이란 명칭은 그 기원이 매우 오래된 전문 용어들의 일부를 이루며 시간을 통해서 점차 그 의미를 바꾸어 왔고, 적어도 부분적으로는 그 본래의 의미를 간직하고 있다. 그러므로 이 용어를 정확하게 정의한다는 것은 어려운 일이다. 그 의미를 더 명확하게 이해하기 위해서 그 기원으로 되돌아가는 것이 필요하다. 먼저 이 용어의 여러 가지 의미를 세 가지로 크게 분류할 수 있을 것이다.

— 고대 그리스 시대, 로마 시대에 무대 장식 기술자는 무대 장치나 배경을 그리거나 칠하는 이로 흔히 받아들여진다.

— 르네상스 시기에 무대 장식 기술이란 용어는 다른 의미를 가지게 되면서 원근법을 따라 공간을 재현하거나 구성하는 기술을 지칭한다.

— 20세기 후반기에, 프랑스에서 그 의미는 다시 변화한다. 무대 장식 기술은 공연에 앞서 존재하는 개념에 의존하는, 재현 공간에 대한 일반적인 개입으로 여겨진다.

1. 그리스 기원들

무대 장식 기술이란 용어는 그리스어 **스케노그라피아**(skènographia)

에서 파생된 라틴어 **세노그라피아**(scenografia)에서 비롯된 것이다. 문자 그대로 보자면 무대 장식 기술이란 무대(스케네)를 그리는(그라페인) 기술을 의미한다. 용어가 가지고 있는 다양성은 두 기본 단어의 복합성에 기인한다.

— **그라페인**은 한편으로는 프랑스어에서 **쓰기**나 **소묘하기**, **그리기**로 번역될 수 있다. 첫 두 가지 번역은 무대 장식 기술이라는 용어를 전체적인 개념을 가진 일반적인 의미로 가져가고, 마지막 번역은 제작이라는 좀더 제한된 의미를 부여한다.

— **스케네**는 다른 한편으로 그리스 극장에 기원을 두고 있는(연기 공간 뒤에 위치한 나무로 된 건물) 반면 19세기와 20세기에 예를 들어 프랑스에서는 이 말에서 파생된 **무대**(scène)라는 용어는 연기자들의 연기 공간을 지칭하기 때문에 현재의 의미는 대략 원래 의미와 반대가 되는 셈이다. 그리스인들이 이 용어를 가지고 연기자들이 숨겨진 공간을 지칭한 반면 우리는 이 용어를 가지고 연기자가 보이는 공간, 연기나 공연의 공간을 지칭한다.

무대 장식 기술은 이 단어의 탄생이 그러하듯이 연극의 부흥과 함께 기원전 5세기 아테네에서 태어났다. 사모스인 아가타르코스*라는 화가가 아이스킬로스*와 소포클레스*를 위해서 그림을 그리고 아마 **스케네**의 전면에 붙인 나무판자를 제작했을 것이다. 아가타르코스의 그림들은 데모크리토스*나 아낙사고라스*에게 원근법에 대한 영감을 주었을 것으로 추정된다. 거기에서도 이 그리스 용어의 프랑스어 번역은 혼란의 여지가 있다. 무대 장식의 **기술**이라고 말할 때 이 말은 그리스어 **테크네**를 번역한 것인데, **테크네**라는 단어는 현대 프랑스어에서 한편으로는 **예술**을 다른 한편으로는 **기술**이나 **제작**의 의미를 가지고 있기 때문이다.

마땅한 프랑스어 번역을 찾기가 어려운 점에 있어서는 그리스 연극 발전에 필수적인 두 작업, 아리스토텔레스*[1]가 언급한 바 있는 **스케우**

오포이오스나 포이에테스의 작업에 있어서도 마찬가지이다. 이 두 용어는 거의 나란히 아리스토텔레스의 《시학》의 한 문장 속에서 사용되고 있다. 두 용어 모두 포이에인이라는 하나의 어근에서 비롯된 것으로 이 말은 하다 · 만들다 · 행하다 · 유효하다와 낳다 · 창조하다 · 창안하다를 동시에 뜻한다. 《시학》의 프랑스어 번역은 일반적으로 포이에인이라는 공통된 어근을 고려하지 않고 있다. 오히려 이 프랑스어 번역들은 그리스어 포이에인의 이중적 의미를 가지고 작용하는데, 한편으로는 스케우오포이오스를 위한 실제적 의미를 선택하거나 다른 한편으로는 포이에테스를 위한 추상적 의미를 선택하고 있으며, 번역은 이처럼 스케우오포이오스/소품 제작자를 포이에테스/시인, 비극의 작가에 대조시킨다. 그리스어를 직역하면 이 두 용어를 소품 제작자와 시 제작자 또는 허구의 창조자나 우화의 창조자, 시인으로 번역할 수 있다.

그리스어의 스케노그라포스가 배경화가(peintre en décor)인지 아니면 공연의 시각적이고 공간적인 부분을 조정하는 이였는지를 단언하는 것은 결국 불가능하다. 이 두 작업 사이의 차이를 구분짓는 일은 아마 그리스인들로서는 생각할 수 없는 일일 것이며, 그것은 마치 오늘날 우리가 이른바 예술적 창조라는 기능을 그 실제적 수행과 단 하나의 용어로 뒤섞는 일을 생각할 수 없는 것과 마찬가지이다.

2. 이탈리아의 '무대 장식 기술자'

르네상스 시기에 이탈리아 건축가들과 이론가들은 이 단어를 비트루

✱ 표시된 명사들은 권말에 있는 고유명사 사전을 참조.
1) 아리스토텔레스, 《시학》, 6.50b 20.

비우스* 조약에서 찾을 수 있으며 이 용어를 원근법을 사용한 예술을 지칭하기 위해서, 즉 인간의 시점과 관련된 그림이나 건축술·도시, 경우에 따라서는 연극 배경의 구성에서 사용하고 있다. 이 의미에서의 프랑스어 번역은 1545년에 받아들여졌다. 건축 이론가들은 당시 무대 장식 기술자라는 용어를 **원근법 사용자**와 구분 없이 사용한다.

　모든 경우에, 르네상스 시기에 무대 장식 기술과 관련된 단어들은 원근법과 관계가 있다. 그래서 자크 앙드루에 뒤 세르소*는 자신의 선집 《프랑스 최고의 건축》에서 **스케노그라폼**이란 용어로 이차원——오늘날 **돋을새김***이라고 불리는——으로 된 현관의 모습을 원근법에 의한 삼차원을 환기하는 것으로 연결하는 건축 기술을 지칭한다. 같은 도판에서 그는 실제로 원근법적 장면인 **스케노그라폼**을 전면 돋을새김인 **오르토그라폼**과 대조시킨다.[2]

　연극의 영역에서, 프랑스어로 **무대 장식 기술**은 20세기 이전에는 드물게 사용되고 있다. 고대에서처럼 오늘날 창조라고 부르는 기능들은 르네상스 시기에는 제작과 실천의 기능과 구분되지 않았다. 저작을 담당한 사람은 공연을 그 개념에서 실현까지 모두 담당했던 것이다. 때로 그는 미리 극장을 짓는 일도 책임졌으며 임시로 가설 극장을 만드는 일도 담당했다. 예를 들자면 세를리오*는 **건축가** 또는 **목수**로 임명되었다. 브루넬레스키*가 공연에 개입할 때는 이탈리아어로 **찾아내는 사람**, 즉 창조자를 의미하는 **인제니에레**(엔지니어)로 지칭되었다. 이 경우 창조는 **인제니**이며 이 단어는 프랑스어로 기계라고 번역된다.

　다른 예를 들면 오늘날 **무대 장식 기술자**라고 할 수 있는 비비에나* 시대에는 결코 그런 이름으로 불려지지 않았다. 페르디난도는 1687년 '궁정화가,' 1697년 파르마에서 '공작의 수석 건축가,' 1717년 빈에

───────────

　* 표시된 단어는 권말에 있는 용어 설명 참조.
　2) 세르소의 《프랑스 최고의 건축》, 데이비드 톰슨 주석, 카트린 루데 번역, 아방투린, 1995, 상드 출판사 허가, 1988, p.105.

서 카를 6세의 '수석 극장 건축가'로 지명되었다. 그의 아들인 조반니 마리아는 1746년 샤를 드 부르봉을 위한 '기계 장치가이자 건축가'로 지명되었다. 르네상스 이후로 건축가의 임무는 오늘날 우리가 무대 기술자라고 부르는 것을 포함하고 있었던 것이다.

3. 17-19세기의 프랑스

프랑스에서 17,18세기에 무대 장식 기술자라는 단어는 연극의 특수 용어로 이탈리아에서보다 더 자주 사용되지는 않았는데, 아마도 무대 장식 기술의 기능이 아직도 규정되지 않아서일 것이다. 극단의 '사업'에 관련된 모든 것은 당시 집단적 결정의 대상이었고, 그 결정은 무대 배경(décor)에 관한 문제도 포함하여 배우들이나 극단의 단원들이 모임에서 내렸다. 그에 대한 책임은 개인의 각자 능력에 따라 분배되었다. 예를 들면 마흘로*는 오늘날 **무대 장식가**(décorateur)로 지칭된다. 당시 이 용어는 무엇을 지칭했던가? 부르고뉴 극장에서 공연된 공연 기록의 일종인 그의 회상기[3]에서 현행 **기계 장치가**나 **회계사**의 역할에 해당하는 **꾸미는 사람**(feinteur) 또는 **무대 장식가**의 기능이 언급된다. 그 회상기는 그밖에도 마흘로가 행한 다양한 역할을 이해하게 해준다. **무대 기술자**이자 **회계사**, 경우에 따라서는 **기계 장치가**(machiniste)(이 단어들은 현행의 의미로 당시 사용되었다) 또는 **소품 담당자**, 그리고 동시에 오늘날 별도로 확정되고 실천되는 특별한 능력을 요하는 행정관의 역할을 담당했던 것이다.

마흘로의 회상기에서 한 걸음 더 나아가, 사뮈엘 샤푸조*가 1673년

---

3) 수기 원고인 마흘로의 회상기는 랭커스터가 출간했다. 《마흘로와 17세기 부르고뉴 극장, 코메디 프랑세즈의 다른 무대 장식가들의 회상기》, 파리, 샹피옹, 1920. 클린식 출판사에서 피에르 파스키에의 주석본으로 차후 출간될 예정이다.

발간한 책인 《프랑스 연극》은 **무대 장식가**의 의미를 밝혀 줄 뿐만 아니라 17세기에 **무대 장식 기술자**라는 개념이 없는 이유를 밝혀 준다.

무대 장식가들은 기지가 있어야 하며 무대를 미화하기 위한 기술을 가져야 한다. 흔히 그들은 두 명이며 필요한 일을 위해, 특히 새로운 무대 장식을 만들 때는 항상 함께 일해야 한다. 그러나 보통의 경우 공연하는 날에는 한 사람뿐이며, 교대로 일을 수행한다. 무대 미화를 위한 모든 일은 그들의 작업에 의존한다. 이들은 기계를 동반하는 연극에서 기계 장치가 작동을 시켰을 때 그 기계 사용법을 아는 것이 필요하다.

사뮈엘 샤푸조, 《프랑스 연극, 1권 연극의 용법, 2권 극장을
지지하는 작가들, 3권 배우들의 행동에 대하여》,
리옹, 미셸 마이어, 1673.

17세기의 무대 장식가는 기계 장치가나 현재의 무대 감독에 해당하며 화가의 권한까지 겸한다. 샤푸조의 저서에서 발췌한 이 부분에서 **극장**(테아트르)이란 17,18세기에 흔히 그러했듯이 무대 위나 무대 위의 작은 방을 가리킨다. 라그랑주의 **장부** 덕분에 우리는 1660년경 몰리에르 극단이 마티유라는 이름의 무대 장식가를 가졌다는 사실을 알고 있다. 그러나 당시에는 기계 장치가의 흔적은 찾아볼 수 없다.

17세기, 그리고 18세기초에도 현행의 무대 장식 기술자는 아직 무대 장식가라는 용어가 아닌 **기계 장치가**로, 만일 그가 왕을 모시는 사람이라면 **즐거운 메뉴 관리인**으로 지칭되고 있다. 그는 공연의 전반적인 일을, 전체에서 부분에 이르기까지 책임졌다. 그는 영구 극장이건 임시 극장이건 극장을 마련하는 일을 책임졌고, 기계 장치들과 공연의 무대 장치(les décors)를 맡았다. 비가라니*는 몰리에르의 곁에서 왕을 위해 베르사이유의 대축제, 특히 1664년의 축제 '마법에 걸린 섬의 즐거움'에서 이 직책을 맡았다. "이런 모든 직무에 능한 모데나 출신의

귀족 비가라니 씨가 이것들을 만들고 제안했다."[4]

점차 18세기 후반 프랑스에서 기능의 분할은 더욱 분명해지지만 무대 장식 기술자라는 단어는 여전히 사용되지 않고 있다. 건축가가 공연에 개입하지 않고 극장을 만들며, 기계 장치가가 뒤를 이어서 무대 위의 작은 방을 만드는 일과 배경과 공연의 완성을 위해 개입한다. 새롭게 태어나는 이러한 다양화를 증언하는 매우 격렬한 논쟁이 1790년 건축가인 빅토르 루이*와 포르트 생마르탱 극장의 기계 장치가인 피에르 불레* 사이에서 있었다. 빅토르 루이는 팔레루아얄(현행 코메디프랑세즈)의 새로운 공연장이 오페라 공연을 하기에 적당하다고 확언했다. 불레는 이에 거침없이 응수한다.

그의 편지에는 오류가 있으며 그가 다루는 연극 작업에 대한 지식이 부족하다. (…) 내가 이런 대답을 하는 것이 사소한 질투심 때문이거나 단지 취향의 차이 때문만이 아니라는 것을 루이 씨가 믿어 주기를 바란다. (…) 그가 단지 며칠만이라도 연극에 관한 일을 하기만 한다면 단지 그가 몰라서 반박한 여러 가지 일들에 쉽게 동의하리라고 생각한다. (…) 그가 관객을 오류에 빠지게 한 사실을 일깨우는 것이 나의 임무이다.

빅토르 루이의 편지에 대한 불레의 대답,
《파리 잡지》 보유에 첨가된 부분, 1790년 4월 30일.

19세기초부터 공연을 향상시키는 데 필요한 여러 가지 기능은 점차 분명하게 모습을 드러낸다. 그래도 아직 무대 장식 기술자란 말은 쓰지 않고 있다. 무대 장치를 고안해 내는 사람은 더 이상 기계 장치가가

---

4) '이것들'이란 몇 행 위에서 언급된 "기다란 천과 순식간에 만들어진 목재 건물과 수많은 횃불"을 지칭할 것이다. 《마법에 걸린 섬의 즐거움》, 익명, 파리, 왕의 출판, 1673, 이스라엘 실베스트르 판화.

아니라 **화가**이거나 **화가 겸 장식가**이다. 19세기초에 블랑샤르와 르메르는 이 명목으로 코메디 프랑세즈과 작업 계약을 체결했고, 그로부터 몇 년 후에 시세리*도 그러했다. 당시에 장식가란 용어는 17세기와 다른 의미를 가졌으며, 차후로는 무대 배경 책임자를 지칭한다. 모든 경우에 19세기의 장식가는 **화가**이고, 그는 무대 장치의 축소 모형을 고안하며, 이후 그가 여러 명의 무대 화가들을 이끌고 있는 자신의 작업장에서 실물 크기로 제작한다. 공연의 시각적 부분을 작업하는 우두머리가 **무대 장식 기술자**보다 **화가**로 지칭되는 이유는 알 만하다. 왜냐하면 연극 공연이 이탈리아식 극장의 작은 무대 이외의 장소에서는 행해지지 않았기 때문이다. 공연의 시각적 부분을 상상해 내기 위해 얻어진 능력은 무대 장식 기술의 범주에 들지 않는데, 작은 무대 공간이나 장식의 배치는 미리 고안되었고, 한 번 설치되면 영구적이기 때문이다. 결정적인 개입은 연기자들을 위한 공간을 안배하는 데 있는 것도 아니요, 관객의 시선을 조정하고 이끄는 데 있는 것은 더욱 아닌데, 극장의 건축 그 자체와 무대의 배치가 이미 이 문제를 해결하고 있기 때문이다. 무대 배경 책임자는 그림을 가지고 무대의 외관을 결정짓는 골격의 외관을 변화시키는 임무를 가지고 있다.

4. '무대 배경'에서 '무대 장식 기술'로

17세기초와 19세기말 사이의 약 3세기에 걸쳐 이탈리아식 무대로부터 상대적으로 개념이 빈약한 무대로 느린 과정으로 이행해 갔다. 즉 무대 장식 기술과 원근법은 그 본래의 의미를 잃고 단지 재능의 연습 대상이 되는데, 이는 곧 19세기말 특히 크레이그*와 아피아*가 주도한 연극의 대변혁을 야기하게 된다. 이탈리아식의 극장이 과장되었다는 비판은 그 원인인 공연의 모델에 대해 근본적으로 재고하게 한다. 회화와 원근법을 거부하면서 이런 무대 변혁 이론가들은 공간에 대한, 공간 속의 신체에 대한, 그리고 입체감에 대한 작업을 요구한다. 그들은 공연 공간에 대한 일반적이고 전반적인 개입으로 여겨지는 **무대 장식 기술**이란 단어를 선택하기 위해서 지나치게 회화에 연결된 **장식**과 **장식하기**라는 단어와 개념을 저버린다. 연극에 대한 생각과 실천에 있어서의 이런 변혁은 새로운 일이 아니라고 해도 당시에 지배적인 중요성을 가졌으며, 장식가−무대 장식 기술자에 의해 공연 전체적인 개념의 도움을 받던 **연출**이라는 기능을 낳게 한다. 두 사람 모두 연극 공연에 대해, 공연 공간에 대해, 요컨대 관객과의 관계에 대해서 전반적인 성찰을 한다.

1970년대에 단어와 그 임무에 대해 때로 격렬했던 논쟁은 결국 **무대 장식 기술자**라는 용어를 존중하게 만들었다. 연극이 다시 정의되던 시대에 장식가라는 단어는 경멸적 가치를 가지게 되었던 것이다. 무대 장식 기술자는 그에게 르네상스 시기에 맡겨졌던 공연 공간을 조직하고 생각해 내는 기능을 회복하게 되었다. 그와 동시에 17세기에 르 브룅*과 왕립 회화 아카데미 사이에서 시작되었던, 장인보다 화가를 우선시하는 것에 기반을 둔 오래된 논쟁이 다시 현행 문제로 떠올랐다. 현재, 20세기초부터 이탈리아식 무대의 틀에서 점차 벗어나고자 시도했던 연극 공연을 본떠, 무대 장식 기술자는 자신의 생각과 능력과 실천을 연극이 아닌 다른 영역에 적용할 수 있다. 즉 미술관에서의 공간 배치나 패션쇼·정원·도시, 또는 관중이 바라보고 위치를 움직이도록 요구되는 모든 다른 영역에서 말이다. 무대 장식 기술자의 기능은 건축가들에게 부여된 직무들을 일부분 담당한다. 그리스 시대의 무대 장식 기술 개념에서 우리 시대는 그 절반만을 보존하고 있을 뿐이라는 사실을 명시할 수 있다. 즉 현대의 무대 장식 기술사는 주로 기획히는 사람이며 그 계획을 직접 실현하는 경우는 매우 예외적이다.

2
고대 그리스 극장

그리스 연극이 그 기원을 의식과 제례에 두고 있다는 것은 잘 알려져 있다. 그러나 그리스인들에게 디오니소스는 포도와 포도주의 신이자, 신비롭고 황홀한 흥분의 신이며 또한 연극의 신이라는 것을 기억해야 한다. 하나의 신적인 형상에 한편으로는 포도주에 의해 촉발된 열광과 함께 다른 한편으로는 영감의 신비로운 **열광,*** 그리고 끝으로 언어에 의해 촉발된 열광이 중첩된다.[1]

종교적 제의는 연극적 행위와 마찬가지로 다음의 세 가지를 참조하지 않고는 상정될 수 없다. 우선 한편으로는 공간이 구성되어야 하고, 다른 한편으로는 말해지고 받아들여진 말이 있어야 하며, 끝으로 집단적이고 공동체적인 참여의 개념이 있어야 한다. 돌로 건축된 극장은 기원전 6세기초에서부터 비롯된다. 비록 건축술이 규칙적으로 발전해왔다고 해도——그리고 그와 함께 공연과 글쓰기가——사람들은 불변의 요소를 공간을 구성하는 도식에서 다시 찾아볼 수 있다. 몇몇 특별한 점에 대한 분석을 하기 이전에 이 공간적 조직에 대한 일반적인

---

1) 디오니소스에 대해서는 특히 마리아 다라키의 《디오니소스와 대지의 여신》, 파리, 아르토, 1985 참고. 파리, 플라마리옹, 〈샹〉 총서, 1994 재출간.

소개를 해보자. 디오니소스에게 바쳐진 구역은 신전 하나와 제단 하나, 그리고 극장이라는 공공 장소로 이루어진다. **코일론**이라 불리는, 관객을 위한 경사의 전체는 자연적인 굴곡에 의존하고 있으며, 코러스가 동작을 하고 그 중심에 **시멜레**라는 희생의 제단이 위치하고 있는 원형의 오케스트라를 180도 이상 둘러싸고 있다. 주인공인 배우들은 **오케스트라**를 접선으로 하여 관객과 반대편에 놓인 **프로스케니온**이라는 단 위에서 연기를 한다. **프로스케니온**의 뒤에, 그것과 같은 길이를 가진 **스케네**라는 닫힌 건물을 볼 수 있다. **스케네**의 전면은 **프로스케니온**을 향하는 세 개의 문을 가지고 있다. 스케네의 양쪽과 경사 사이에 있는 빈 공간인 **파로도이**는 지나가는 통로로써 배우들이 출입하는 공간으로 쓰인다. 디오니소스 신전은 **스케네**의 뒤에 위치한다.

이런 공간 구조의 최초 흔적을 기원전 7세기 말경에 찾아볼 수 있다. 디오니소스 신 숭배는 도리아 지방과 코린트 지방에서 오늘날의 연극과 가까운 **디티람보스**[주신찬가-역주]* 종교 의식을 열게 했는데, 이것은 행렬과 춤, 노래, 그리고 나중에는 운문으로 된 리듬을 가진 언어가 섞인 것이다. 이런 의식들은 디오니소스 신전 주변과 마을의 광장(아고라)에서 행해졌다. '공연'[2]이 행해진 특정 장소는 점차 신성한 구역에 통합되었는데 이 장소는 아고라와 가깝기는 해도 분명히 구분된 장소이다. 그 첫번째 예는 아마 이카리아 섬에 있는 디오니소스 성소일 것이다. 그곳 제단과 신전의 동쪽에 대략 가로 20미터, 세로 10미터의 장방형 공간——오케스트라의 선조격인——을 발견할 수 있는데, 한쪽은 흙벽으로, 다른 한쪽은 부조가 새겨진 석비들과 민회의 의장들 같은 특별한 관객이 앉는 **프로에드리아**라는 좌석들로 구획된 그 장소에서 합창단이 공연을 했던 것이다. 이 좌석들 뒤에, 연기 공간

---

2) 이 장에서 **공연**과 **극장**이란 용어의 경우, 그 용어의 현재 의미가 그리스의 사고나 개념과 너무 동떨어진 경우에는 따옴표를 사용하였다.

과 신전을 마주한 경사지의 사면에 놓여진 나무 좌석에 아마도 관객들이 자리잡았을 것이다.

1. 디오니소스 축제와 연극 '공연'

전해지는 이야기에 따르면 테스피스*가 이카리아에서도 '공연'을 했으리라는 것이다. 기원전 6세기, 작가이자 배우였던 테스피스는 운문을 쓰고, 이 마을 저 마을에서 디오니소스 축제를 조직하며, 필요한 도구들을 수레에 실어 옮기고, 즉석에서 합창단을 모집했다. 그는 디오니소스 찬가 합창단의 노래와 춤 사이에 말로 하는 시를 삽입함으로써 연극의 초기적 형태를 창안했을 것이다. 이 새로운 형태의 발전은 빨랐으며, 기원전 538년 피시스트라트 치하에서 아테네의 첫번째 비극 경연이 열렸다. 연극의 글쓰기와 건축은 당시 동시적으로 발전했다. 그리스 연극의 개화기는 아테네의 민주정치나 사고의 발전과 연대기적으로 보아 같은 시기이다. 아이스킬로스(기원전 525-456년)*는 소포클레스(기원전 496-406년)*나 에우리피데스(기원전 480-406년)*와는 한 세대가 차이가 나는데, 이 두 사람은 페리클레스(기원전 495-429년)나 조각가 피디아스(기원전 490-430년), 또는 소크라테스(기원전 470-399년)와 정확히 동시대인들이었다.

'연극 공연'은 동지와 추분 즈음에 열린 디오니소스 축제를 기회로 1년에 꼭 세 번 열렸다. 12월말 디오니소스 전원제전, 1월에 **레나이온***의 디오니소스 제전, 3월에 **디오니소스 대제전** 또는 **디오니소스 도시제전**이 그것이다. 디오니소스 대제전은 6일간 계속되었으며, 세 가지 경연대회(디티람보스* · 비극 · 희극)가 열렸다. 디오니소스 대제전의 경쟁자들로 아이스킬로스 · 소포클레스 · 에우리피데스가 있었던 것이다. 아테네만의 축제였던 레나이온 제전은 동지가 지난 얼마 후 1

월에 열렸으며 나흘간 계속되었다. 디오니소스 전원제전은 12월에 아티카의 지방들에서 열렸다. 각 지방의 빈부에 따라 의식은 춤, 노래, 그리고 디오니소스 숭배 행사 등의 행렬만으로 제한되기도 했다. 피레와 같은 가장 부유한 지방에서는 비극과 희극 경연대회가 더하여 행해졌다. 디오니소스 전원제전에서는 새로 창작된 작품의 공연은 대체로 없었으며 디오니소스 대제전에서 공연된 작품을 재공연하였다.

그리스 연극의 공연 공간에 대해서 말하려면 주신제의 일반적인 의식의 한 요소로서 '연극 공연'이 삽입되었던 종교 의식의 주된 특징들을 언급하지 않고는 말하기가 어렵다——어쨌든 불완전하다. 참여자들은 축제 첫날의 행렬을 위해서 매우 다양한 색상의 축제 의상[3]을 입었고, 종교적 의미가 있는 관과 가면을 썼다. 연기자들은 신성시되었고 주신제 동안 저질러진 죄는 신성모독으로 여겨졌다. 입장료는 본래 모든 시민에게 무료였으며 공연은 아르콘[집정관-역주]이 부유한 시민들 중에서 매년 선정한 한 명의 코레구스*(이후 펠로폰네소스 전쟁이 끝나고는 두 명)에 의해 재정 지원을 받았다. 이후 하루 공연에 한 사람당 2오볼의 비용이 부과되었으나 410년경 극빈자들에게는 국가에서 2오볼이 지원되었다.[4]

디오니소스 축제는 **프로아곤**이라는 행렬로 시작되었는데, 그 과정에서 시인과 연기자 무용수와 합창단이 가면을 쓴 대중에게 소개되었다. 디오니소스 대제전의 첫날 행렬 때 디오니소스 신의 상을 신전에서 꺼내 극장으로 인도되어 엄숙하게 놓여졌다. 신의 상을 꺼내는 것

---

3) 특히 고대에 권력, 부, 그리고 축제를 표명하는 보라색이 많이 쓰였다. 보라색은 뿔고둥 같은 연체동물에서 추출한 강한 붉은색으로 매우 가격이 비쌌고, 특별한 경우에 입는 옷으로 여겨졌다.

4) 2오볼은 대략 단순 노동자의 하루 임금의 3분의 1 정도에 해당했다. 클레오폰이 결정한 2오볼의 지원금은 '디오벨리'라는 이름으로 불렸다.

——그리고 모든 시민의 눈앞에 전시하는 것——은 특별한 의례였다. 신상을 극장에 놓는 것은 일종의 현현으로써 연극 공간과 공연에 특별한 상징적 중요성을 부여했다. 실제로 그리스 신전에서는 그 이전 이집트 신전과 마찬가지로 일반 신도에게 접근을 허락하지 않았다. 신전은 신을 위한 장소였던 것이다. **나오스*** 속에 놓여진 신상은 숨겨지고 접근할 수 없으며 보이지 않은 채로 있었다. 첫번째 날 동안 디오니소스 신에게 헤카톰브(1백 마리 단위의 황소를 희생으로 바치기, 대재난의 의미-역주)*가 행해질 때에도 마찬가지였다. 희생 의식이 끝난 후 황소들을 잘게 자르고 구워서 시민들에게 나누어 주었다.

디티람보스* '공연'은 이어지는 이틀간 이루어지고 주신제의 세번째 날 저녁에 행렬로 끝났다. 이어서 연극이 공연되었는데 그 이전이나 이후, 그리고 사이사이에 여러 가지 제의 행사나 의식들이 행해졌다. 도시의 중요한 인물들이 입장하고 극장의 지정된 좌석에 자리하기, 민회의장들의 행사, 이웃 도시들이 바친 금으로 된 공물 전시, 새끼돼지의 피로 행하는 정화 의식, 몇몇 시민들의 명예를 공식적으로 치하하기 등의 행사가 행해졌다.

'연극 공연'은 트럼펫 연주로 예고되었다. 아침에 세 편의 비극과 한 편의 사티로스극이 이어서 공연되었고, 희극은 오후에 공연되었다. 사흘의 공연이 끝나고 추첨에 의해 지정된 시민으로 구성된 심사원들이 경연의 우승자를 선택했다.

주신제의 진행에 대한 이러한 내용들은 신앙심과 민속 축제의 특징이 어울린 그 복합적인 분위기, 생기 있고 소란스러우며 냄새를 풍기고 동요된 분위기를 충분히 상상할 수 있게 해준다. 그것은 관객에게 엄격한 침묵을 절대적으로 요구하는 이탈리아식 프로시니엄 극장에서의 몰입보다는 카니발 대축제나 동방의 잡다한 시장의 살아 있는 분위기에 더 가깝다고 할 수 있다.

2. 제의의 장소: 숨은 신에서 보이는 신으로

시각과 환영을 위한 장소

그리스 연극에서 글쓰기는 공연의 우위에 있다. 아리스토텔레스*
《시학》의 한 문단은 공연이 필요하다는 것조차도 부인한다.

> 장경에 대해서 말하자면 이는 가장 큰 매력을 행사하는 것으로, 예술
> 과는 전혀 무관하며 시학과 아무런 상관이 없다. 왜냐하면 비극은 아
> 무런 도움이나 배우 없이도 그 목적을 달성하기 때문이다.
> 아리스토텔레스, 《시학》, 6, 15, 로즐린 뒤퐁 록과 장 랄로 번역,
> 파리, 쇠이유, 1980, p.57.

그러나 장경보다 텍스트, 즉 보이는 것보다 이야기된 것이 우선임에
도 불구하고 극장이나 연극 공연을 지칭하는 모든 그리스 단어들은 소
리가 들리거나 귀기울여 듣거나 읽는다는 개념이 아니라 본다는 개념
에 기반을 두고 있다. 우선 아리스토텔레스가 사용한 **옵시스**(opsis)라
는 단어는 흔히 프랑스어로는 장경(스펙터클)으로 번역되며, 특히 **테아
트론**은 사람들이 지켜보는 장소를 지칭하고 프랑스어의 테아트르가
되었다.[5]

연극의 그리스적 개념과──무엇보다 하나의 글쓰기인──그것을
지칭하는 단어들 사이에는 분명히 모순이 있다. 이 모순은 아마 **옵시
스**나 **테아트론**이라는 단어의 의미소의 다양성에 의해서 그 해결책을

---

5) **테아트론**이란 용어는 아리스토텔레스가 사용하지는 않았으나 헤로도토스(기원
전 5세기) · 투키디데스(기원전 5세기) · 플라톤(기원전 430-348) · 이소크라테스(기원
전 436-338), 또는 플루타르코스(46-126)에 의해 입증되었다.

찾는다. **옵시스**의 첫번째 의미는 **시각**, 즉 보는 행위이지만 이 단어는 또한 하나의 출현, **환영**, **꿈**을 지칭하기 위해 쓰인다. 같은 언어 영역에서 **옵시스**는 또한 **신비로운 광경을 보는 것**을 지칭하는데, 이는 엘레우시스 성사극에서 가장 높은 수준의 전문가들, 즉 에폽타이 (époptai)[6]에게만 국한된 것이었다. 에우리피데스*는 옵시스를 **최상급의 통과 의식**이란 의미에서 사용한다.[7]

위의 두 의미——**보다와 신비한 환영을 갖다**——를 테아오마이라는 동사에서 찾을 수 있으며 이 단어에서 **테아트론**이 비롯한다. 이처럼 그리스 극장은 **지켜보는 장소**이며 흔히 이렇게 받아들여지고 있다. 그러나 또한 일차적 의미에서 언어와 열광*에 의해 촉발된 **신비한 환영을 갖는 장소**이기도 하다.

관객의 장소

관객석은 자연 경사 지형에 등을 댄 계단식 좌석으로 이루어져 있다. 계단식 좌석은 말발굽 모양의 반원형 도면에 배치되어서 **스케네**와 디오니소스 신전 쪽을 바라보고 있다. 이 좌석들은 희생과 합창단의 원형 공간인 **오케스트라**를 180도 이상 둘러싸고 있다. 아테네에 있는 디오니소스 극장과 에피다우로스 극장은 기원전 4세기에 1만 4천 명에서 1만 7천 명의 관객을 수용할 수 있었다.[8] 계단 좌석들의 첫번째 줄, 그리고 때에 따라 그 다음 줄은 대리석으로 된 등받이가 있는 거창한 좌석으로 다른 좌석과 구분되었는데 원로원 의원이나 집정관,

---

6) 플라톤의 《서간》, 333e 참고.
7) 에우리피데스의 《히폴리토스》 25 참고.
8) 이 시기에 아티카에는 약 40만이 거주했고 그 중에서 시민은 단지 4만 명에 불과했다. 시민들만이 공연을 관람할 수 있었다. 비교하자면 파리의 오페라-바스티유는 약 2천 명의 관객을 수용한다.

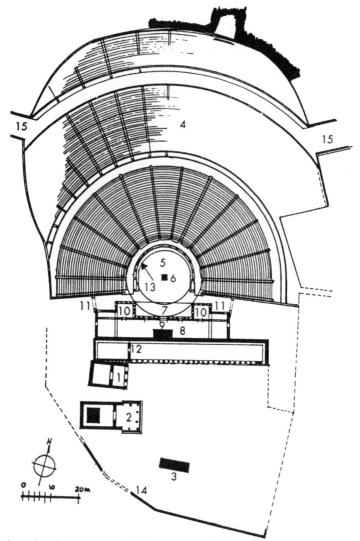

1과 2. 기존의 신전과 신축 신전
3. 제단
4. **코일론**(계단식 좌석)
5. **오케스트라**
6. **시멜레**(고대 그리스 극장 내의 디오
니소스 제단)
7. **프로스케니온**
8. **스케네**

9. 왕의 문
10. **파라스케니아**
11. **파로도이**(관객과 배우의 출입구)
12. 주랑
13. 배수로
14. **페리볼**, 성소의 벽
15. 통로 α

그림 1. 기원전 5세기 아테네의 디오니소스 엘레우테로스에게 바쳐진 성소의 전체 도면. 도미니크 르콩트 그림.

사제들 같은 귀빈을 위해 마련된 자리였다. 극장의 중심축에 있는 첫 번째 줄에 위치한 자리는 디오니소스 신의 대사제를 위한 자리였다.

계단 좌석 전체는 동심원을 그리는 층계참에 의해 둘 또는 세 영역으로 구분되었으며 **디아조마**라고 불렸다. 돌로 된 계단 좌석의 마지막 줄은 때로 나무로 된 계단 좌석으로 연장되기도 했는데, 비록 이 나무 계단 좌석의 흔적은 어디에서도 찾아볼 수 없지만 마지막 돌층계에 들보를 놓기 위해 새겨진 눈금이 그 사실을 증명해 준다. 좌석은 사회적 지위에 따라 분배되었는데 예를 들면 원로원 회원이라든가 청년들, 외국인들의 자리가 있었다. 여성들은 계단 좌석의 가장 높은 곳에 자리를 잡았다.

그리스 극장의 경우 대부분 계단 좌석은 남쪽을 향해 있었으며,[9] 말하자면 관객들은 하루 종일 태양에 노출되어 있었고 한낮에는 해를 마주 보아야 했다. 방향이 그렇게 설정된 것은 극장에 대한 지금의 개념에서 보면 놀라운 일이다. 만일 지금 한 건축가가 야외 극장을 짓는다면 아마도 그는 대체로 예술가들의 작업장이 그렇듯, 관객을 태양의 직사광선이나 눈부심으로부터 보호하기 위해서 계단 좌석이 북쪽을 향하도록 방향을 설정하려고 할 것이다. 그러나 그리스의 **테아트론**은 단지 지켜보는 장소만이 아니라 환영을 갖기 위한 장소인 것이다. 남쪽을 향한 계단 좌석의 방향에서 비롯한 눈부심과, 관객이 공연 관람 동안 계속 마시곤 했던 포도주의 효과는 관객으로 하여금 **현기증과 열광 상태***에 이르도록 도움을 주었음이 분명하다.

---

9) 특히 아테네에 있는 디오니소스 극장 · 에레트리 · 프리엔 · 토리코스의 극장들이 그러하다. 에피다우로스 극장은 이 극장들과는 반대로 계단 좌석이 북쪽을 향하고 있다.

배우와 신이 보이는 장소

● 오케스트라와 제단

기원전 6세기부터 계단 아래쪽, 계단으로 둘러싸인 곳에 **오케스트라**라고 하는 평평한 원형 모양의 공간이 생겼다. **오케스트라**의 둥근 형태가 그리스 극장의 뿌리 자체로 거슬러 올라가며 공연과 무용의 가장 오래된 형태에 일치한다고 하는 것이 오랫동안 정설로 여겨져 왔다. 이 이론은 이제 약간은 조정되어야 할 듯하다. 예를 들면 토리코스 극장의 유적에는 정방형의 **오케스트라**가 있는데 기원전 6-4세기 사이에 점차 확장되어 남쪽에는 일직선의 축대벽이, 중심부는 직선이지만 동쪽과 서쪽에는 안으로 휘어진 층계참이 있다.

오케스트라는 무용수·합창단·연주자들로 이루어진 코러스의 장소이기도 하지만 희생의 장소이자 모습을 드러낸 신을 볼 수 있는 장소이기도 하다. 디오니소스의 신상이 그곳에 세워졌는데 흔히 층계참 가까이에, 건물 중심에 대칭을 이루도록 놓여졌다. 층계참에 이르는 연결 계단과 관객의 시선은 그 중심을 향해서 모였으며 그곳에 희생을 위한 제단인 **시멜레**가 자리잡았다. 제단은 희생물의 피를 받을 수 있는 단순한 구덩이인 경우도 있었다. **오케스트라**는 흙바닥이었으며 헬레니즘 시대에 이르러서야 돌로 포장이 되었다. 아테네의 디오니소스 극장의 유적지에서 **시멜레**의 위치는 지금도 돌로 된 마름모 모양으로 표시가 되어 있다.[10]

● 프로스케니온

---

10) 아테네의 디오니소스 극장에 있는 **오케스트라**에서 지금 볼 수 있는 포석은 네로 황제(또는 하드리아누스 황제) 치하로 거슬러 올라간다. 이렇게 뒤늦게 포석을 깐 것은 더 예전의 포석 바닥을 재현한 것일 수도 있다.

주인공 배우들은 **프로스케니온** 위에서 연기를 했는데, 이것은 애초에는 나무로, 이후에는 돌로 만들어져서 **오케스트라**를 따라 놓여진 일종의 단상이다. **프로스케니온** 뒤쪽에는 **스케네**라는 낮은 건물이 있었는데 **스케네**의 기능은 이어지는 장에서 설명할 것이다. 기원전 5세기 이후경, 또는 후기의 건물에는 주랑이 있는 작은 건물인 **파라스케니아**가 아테네의 디오니소스 극장에서처럼 단상의 양쪽 끝에서 **프로스케니온**을 보완하기도 하였다.

관객이 볼 수 있는 배우들의 등장은 다음과 같이 행해졌다.

— **프로스케니온** 방향으로 열린 세 개의 문인 **시로마타**를 통해서,

— 층계참의 끝과 **프로스케니온-스케네** 건물 사이에 있는 **파로도스**라는 빈 공간으로,

— **스케네**의 안쪽에 있는, 신의 출현을 위해 마련된 숨겨진 계단을 통해서-배우들은 그 당시 **스케네**의 지붕에 있던 **테올로게이온**에서도 연기를 했다.

— 끝으로 지옥의 인물들이 출현하기 위해서 숨겨진 계단으로 **프로스케니온**의 하단과 **오케스트라**를 연결한다. 예컨대 에우베에 있는 에레트리 극장의 유적지에서는 아직도 **오케스트라**의 중심으로 연결되는 아치 모양의 천장이 달린 지하 통로를 볼 수 있다.

배우와 신이 숨겨진 장소

층계참은 도시나 경치 그리고 주위의 신성한 장소들을 향해서 열려 있었다. 그러나 **오케스트라**를 중심으로 한 그 배치는 매우 엄격해서 관객의 시선은 배우들과 제의에 집중되었다. 디오니소스 신전이나 **프로스케니온**, **스케네** 등의 다른 건축 요소들은 관객의 시선이 분산되는 것을 피했다.

디오니소스 신전은 항상 **스케네**의 뒤에 놓여 관객의 시야에 머물렀

으며, 극장의 대칭축과 관련해서 옆으로 비껴 있었다. 극장에서 제의가 행해질 때 초월성의 존재는 이처럼 배가되고 강화되었다. 신은 동시에 숨겨지고 모습을 드러냈다.

— 신은 숨어 있으나 관객의 시야에 지속적으로 드러난 신전의 존재로 인해 그 의미가 부여되거나,

— 또는 극장의 중심축에 놓여진 신상의 존재로 인해 그 모습을 드러내기도 한다.

연극의 공연 공간은 신의 존재에 의해 둘러싸여지고 점령되는데 왜냐하면 의식과 공연의 영역은 한쪽으로는 신전으로, 다른 한쪽으로는 디오니소스 신상으로 경계지워지기 때문이다. 이 신성한 영역 속에 스케네도 포함시키는 것이 적합하다는 사실을 우리는 곧 알게 될 것이다.

스케네는 나무로, 나중에는 돌로 만들어진[11] 낮은 구조물로 프로스케니온의 뒤쪽에 위치하고, 극장의 대칭축에 직각을 이루면서 오케스트라를 떠받치는 벽에 기대어져 있다. 신이 숨어 있는 장소인 디오니소스 제단 가까이에 위치하며, 오늘날 우리가 무대 뒤라고 부르는, 배우들이 몸을 숨기는 장소였다. 신전과 스케네의 물질적이고 건축적인 인접성과 이 두 장소가 숨겨진 것과 비가시적인 것에 바쳐지고 있다는 사실은 우연한 것이 아니다. 이것은 바로 경계가 가지는 건축적이고 무대 장식적이며 상징적인 표현 그 자체이다.

그리스어에서 이 단어는 흔히 프랑스어의 무대로 번역되지만 스케네는 우선 텐트를, 이후에는 신을 모시기 위한 신성한 텐트[12]——또는 이동 가능한 건조물——를 뜻했고, 그후 유대인의 엑소도스 동안 십

---

11) 나무로 된 최초의 스케네는 문이 극장의 대칭면에 하나밖에 없었다. 기원전 5세기부터 스케네에는 흔히 세 개의 문이 있었고, 그래서 프로스케니온으로 나올 수 있는 세 개의 서로 다른 출입구가 가능해졌다.

12) 이것이 바로 테스피스의 유명한 '수레'가 하던 기능이고, 떠돌이 배우들의 단순한 이동식 수레이기보다는 '신을 기리기 위한, 이동 가능한 구조물'임이 확실하다.

계명이 보관되던 유대인의 텐트를 뜻했다.[13] 라틴어 **타바나클롬**은 그리스어 **스케네**와 같은 의미를 가진다. 유대인의 이집트 탈출을 기념하기 위한 축제는 **오두막 축제**, 또는 **천막 축제, 장막절**[14](스케노피지아)이라고 부른다. 요약해서 말하자면 언어 발전상 우연이 그리스어 기원을 선호했다면 기독교인들이 성스러운 성체기나 성체의 빵――또는 그리스도의 현존――을 보관하는 천막(태버내클)은 아마 **무대**(스케노의 프랑스어인 센, 즉 무대-역주)'라고 불릴 것이다. 그리고 만약 라틴어 기원이 연극과 관련해서 우세했다면 오늘날 무대는 **천막**이라고 불릴 것이다.

이처럼 단어의 의미와 건축 구조물은 우리에게 그리스어의 **스케네** 기능에 대해서 알려 준다. 이것은 배우들이 몸을 숨기는 장소이기는 하지만 오늘날의 무대 뒤와 동일시하기는 어렵다. **스케네**는 차라리 몸을 숨긴, 보이지 않는 신이 배우와 연극 공연을 매개로 하여 모습을 드러내는 장소이다. 신성한 공간의 상징 속에서 **스케네**는 이집트를 탈출하여 유대인들이 사막에서 처음 세운 천막으로 된 궁정인 **신성한 장소**에 해당하며, 디오니소스 신전은 **매우 신성한 장소**에 해당한다.

그리스 극장에서 상징적 경계는 **스케네**의 전면에 있는 **프로스케니온**의 뒤에 위치하며 이 경계는 보는 것이 금지된 신과, 연극 공연과 그 공연이 야기시키는 환상에 의해 인간들 사이에 신이 그 모습을 드러냄으로써 보는 것이 허락된 신 사이의 통로를 표시한다. 차후 기독교

---

13) 엑소도스(유대인의 이집트 탈출-역주)는 람세스 2세(기원전 1304-1238년) 치하에서 일어났다. 구약 엑소도스 참고. "이스라엘 사람들은 내가 그들 사이에서 살 수 있도록 나에게 신성한 텐트(스케네 또는 태버내클)를 줄 것이다."(《출애굽기》 25-8)
　본 책자에서 모든 성경 인용은 다음의 책에서 따온 것이다. 《성경》, 신약과 구약. 경외성서 첨부. 히브리어와 그리스어에서 현대 프랑스어로 번역. 알리앙스 비블리크 유니베르셀, 프랑스 보급판, 르 세르/소시에테 비블리크 프랑세즈, 1993.
14) 그리스어 **스케네**와 건축하다, 만든다는 의미를 가진 **페그누미**(pègnumi)에서 온 단어.

정교회의 성상벽*[15]은 세 개의 문으로 구멍이 나서 **스케네**의 벽의 기능에 비교할 만한 상징적 기능을 수행한다. 신앙인들을 성소와 분리시키면서 성상벽은 피조물과 피조물이 아닌 것 사이의 분리를 표시한다. 그것은 동시에 분리이자 통로로써 성스러운 말씀이 육화되는 가능성을 의미한다.

게다가 디오니소스의 기원 자체가 신을 직접 바라보는 것과 관련하여 금지 개념의 흔적은 가지고 있다는 사실을 상기할 수 있다. 디오니소스의 어머니인 세멜레는 질투심 많은 헤라의 잘못된 충고 때문에 제우스를 보고자 했다. 그녀는 신들의 왕이 자신의 영광 속에 있는 모습을 보고, 기본적인 금기를 어김으로써 눈멀고 불에 타서 죽는다. 제우스와, 금지된 것을 보고 불길에 타서 죽은 인간의 아들인 디오니소스는 중개자의 역할을 하게 되었는데 디오니소스 축제와 극장은 신의 현현을 허락하고, 동시에 직접 바라보는 것이 분명히 항구적으로 금지되어 있음을 의미한다. 그리스 극장의 건축물과 무대 장식 기술은 한편 신전과 **스케네** 사이에서, 다른 한편 배우들의 연기 영역과 관객의 공간 사이에서 그것이 이루는 경계와 통로에 의해 그 흔적을 보여주고 있다.

3. 공연

그리스 연극의 '공연'이 어떤 것이었는지 정확하게 상상하기란 매우 어려운 일이다. 왜냐하면 당시의 공연은 초월성의 표명·신비주의·축제·리듬을 가진 말·음악·무용과 같이 우리가 가진 현대적

---

15) 정교의 공연과 건축에 있어서 상징의 발전에 관해서는 특히 레오니드 우스페스키의 《정교회 성상신학》, 파리, 세르 출판사, 1982 참고.

개념으로는 서로 분리되는 요소들을 하나로 모으고 종합한 것에 기초를 두고 있기 때문이다. 음악의 리듬은 단장격 3보격이나 4운율 또는 어떤 부분에서는 다양한 운율로 말해진 언어의 리듬에 정확하게 일치했다. **아울로스**라는 플루트로 연주된 음악의 각 박자는 한 운율에, 각 음표는 하나의 음절에 일치했다. **아울로스** 연주자는 **시멜레** 위에 앉았다. 이런 행위는 우리로서는 이해하기 어렵다. 우리 현대 문화에서 볼 때 어떻게 한낱 오라토리오를 연주하는 한 음악가가 교회 중앙 교차부의 제단 위에 앉아 있는 것을 상상할 수 있겠는가? 그러나 그리스적 개념으로는 거기에서 신성과 연극 공연을 중개로 한 신성의 표명 사이에 있는 긴밀한 관련성 같은 또 다른 표지를 인지해야만 하는 것이다.

배우

고전주의 시대, 코러스의 수는 비극은 열두 명에서 열다섯 명, 희극은 스무네 명으로 구성되어 있었다. 배우들은 여러 가지 역할을 수행했다. 예를 들어 아이스킬로스*의 〈페르시아 사람들〉에서 한 배우는 여왕과 크세르크세스 역을, 다른 한 배우는 사신과 다리우스의 그림자 역할을 했다. 모든 연기자들은 가면을 썼다. 석고를 바른 헝겊으로 만든 가면은 채색도 가능했다. 아이스킬로스의 시대에 가면은 별다른 특징이 없었다. 헬레니즘 시대[16]에 비극 가면은 비장한 표현을 위해서 경련을 일으킨 표정으로 변화했다. 희극에서 각 인물의 성격과 유형들은 가발로 크기를 늘리거나 때로 수염을 덧붙인 가면의 표현에 의해 구별되었다. 배우들의 키는 이처럼 변경되었으며, 게다가 머리에는 **온코스**라 부르는 돌출부에 의해 의도적으로 확장되었다. 연기자의 신체적

---

16) 대개 알렉산더 대왕이 아테네를 점령한 기원전 336년을 헬레니즘 시대의 초기로 잡는다.

층위 이외에 가면은 공명기 역할을 함으로써 깊이 있고 사람의 목소리가 아닌 것 같은 목소리로 바꾸었다. 배우의 신체적 층위에 가해진 조작은 매우 두꺼운 바닥(25센티미터 이상)을 가진 장화(코투르누스)를 사용함으로써 더욱 강조되었다. 장화를 신고 가면을 쓴 배우의 키는 2미터 20센티미터가 넘었다.

의상

비극 의상은 극장 건물과 함께 연극 행위에 의해 구축된 인간과 초월적 존재 사이의 관계의 표현에 참여했다. 그리스 옷을 구성하는 튜닉과 외투, 클라미드〔오른쪽 어깨를 호크로 잠그는 망토-역주〕같은 일상적이고 인간적인 옷이지만 동시에 그 색깔과 호사스러움으로 인해 신의 표명이자 표현이기도 했다. 비극 의상은 디오니소스 신상에 재현된 의상이자 대사제가 입은 의상이기도 했다. 이처럼 비극 공연 때 신의 상과 대사제와 연극의 주인공은 서로 비슷한 의상을 입었으며, 따라서 연극 공연을 통해 초월적 존재의 현존이 쉽사리 동일시될 수 있었던 것이다.

무대 장치와 기계 장치

천이나 나무 위에 그려진 '무대 장치'의 몇몇 요소들은 아마도 스케네나 파라스케니아의 벽에 걸려서 건물의 장소를 보충했다. 그림으로 그려진 다른 요소들은 프로스케니온의 양 옆 파로도스에 놓였다. 예를 들어 아이스킬로스*는 자신의 비극의 몇몇 무대 장치 그림을 사모스의 아가타르코스(기원전 460-420년)*에게 맡겼다. 그 무대 장치는 분명히 사실임직한 공간을 표현하기 위해 그려졌을 것이다. 예를 들어 에우리피데스*를 위해 일했던 아테네의 아폴로도로스*는 그의 작업인

스키아그라피아, 즉 명암, 그리고 그림자와 빛을 이용한 질감 표현으로 잘 알려져 있었다. 그리스인들이 인간의 시각에 가까운, 이른바 진실다운 재현을 얻기 위해 평면에 공간을 튀어나오게 하는 원근법적 재현의 체계를 알고 있었음이 확실하다. 비트루비우스*는 자신의 《건축 십서》 제7권 서문에서 이에 대해 다음과 같은 언급을 하고 있다.

아가타르코스는 아이스킬로스에게서 비극의 무대 배경을 장식하는 방법을 아테네에서 배웠고 이에 대해 처음 책을 쓴 바 있는데, 그가 배운 것을 데모크리토스와 아낙사고라스에게 가르쳤으며, 이들 또한 이 주제에 대한 글을 남겼다. 그 내용은 주로 어떤 기교를 사용하면 어느 장소에 한 개의 점을 찍음으로써[17] 눈으로부터 나오는 선이 점차 확대되면서 선의 자연스러운 배치를 모방할 수 있는가 하는 것인데, 비록 선의 이런 배치가 우리에게 잘 알려져 있지 않다고 해도 극장 무대 장식에 행해진 원근법 속에서 건물을 잘 재현하는 경우를 만나게 된다. 또한 평면에 그려진 것이 어떤 부분은 튀어나오고 어떤 부분은 들어가 보이도록 만든다.

비트루비우스, 《건축 십서, 프랑스어로 새로 수정, 번역.
주석과 그림 첨부》, 파리, 1673. 클로드 페로의 번역본 재출간,
앙투안 피콩의 서문, 파리, 비블리오테크 드 리마주,
1995, 7권, 서문, p.218.

그러나 원근법에 의해 공간을 진실답게 재현하는 것은 그리스인들

---

17) 기원전 1세기 로마 건축가인 비트루비우스의 개론서는 드물게 오늘까지 전해진 고대 건축에 관한 이론 서적이다. 어기에 인용된 비드루비우스의 번역은 콜베르의 요구로 건축가 클로드 페로가 번역한 것으로 파리에서 1673년에 출판되었다(복사판으로 재출간, 비블리오테크 드 리마주, 파리, 1995). "어느 장소에 한 개의 점을 찍음"이란 원근법의 소실점을 말한다.

에게는 재현의 한 요소에 불과했으며, 어떤 경우에도 후에 이탈리아식 극장의 경우에서처럼 그것이 주된 요소가 되지는 않았다.[18]

스케네, 파라스케니온의 벽이나 문을 가리기 위해 그림을 그린 천에 점차 추가된 것은 스케네 지붕 위에 위치하고 신의 출현을 위해 마련된 공간인 테올로게이온 방향으로 나타나고 사라질 수 있게 하는 기계 장치였다.

특별히 중요한 몇몇 출현의 경우에는 회전하거나 굴러가는 에키클레마라는 연단을 사용해 스케네의 중앙에 있는 문인 '왕의 문'을 통해서 할 수도 있었다. 당시 거기에는 금지된 비가시적인 것과 가시적인 것 사이의 상징적인 경계넘기가 있었다. 에우리피데스*의 《히폴리토스》에서 파이드라의 시신은 이처럼 에키클레마를 사용하여 프로스케니온 위로 갑자기 나타났던 것이다. 금지된 입구를 과격하게 뛰어넘는 것은 파이드라가 근친상간이라는 또 하나의 금기를 파기한 것을 공간과 무대 기술을 통해서 달리 표현하고자 한 것이다.

기원전 5세기말, 파로도이에 두 개의 측면 이동 배경 장치인 페리악토이가 나타났는데 이것은 삼각형 모양의 커다란 직각기둥 위에 그림을 그린 것이다. 페리악토이의 수직축을 중심으로 회전시키면 간단히 배경을 바꿀 수 있었는데 서로 다른 세 개의 장소를 나타낼 수 있었다. 희극의 가면과 마찬가지로 그림으로 그려진 무대 장치는 재현의 약호를 중심으로 이루어졌다. 예컨대 풍자극에는 숲 경치가, 희극에는 인간적 규모의 집이, 비극에는 신전·궁정, 또는 전쟁 막사 등이 쓰였다. 이런 약호는 로마 극장——비트루비우스*가 증명하듯——에, 그리고 이후 르네상스 시기의 이탈리아에서도 사용되었다.

---

18) 그리스 극장에서 그림으로 된 무대 장치에 관한 주석과 해설 중에서 아베 오비냐크의 《연극의 실제, 제2권, 테렌티우스의 세번째 희극에 대한 메나주의 글 실음》, 파리, 1657 참고. 참고한 판본으로는 장 프레데릭 베르나르 출판사, 암스테르담, 1715, 논고 II, 제18장, 〈고대 극장의 구조와 기계 장치에 대하여〉, pp.168-183.

   이처럼 그리스 극장은 그 기원에 있어서 집단 제식이자 종교의 장소로서 숨겨진 신의 존재가 제의·시인·배우·합창단·신앙인들의 존재, 건축가에 의해 드러나는 곳이었다. 그리스의 사고로 보자면 상징적 경계란 것은 오늘날의 극장에서처럼 현실과 허구 사이에 위치한 것이 아니라 한편으로는 보이지 않고 숨겨진 신과, 다른 한편으로는 공연에 의해 가시화된 신의 발현 사이에 존재한다. 그리스 극장 건축물은 그 흔적을 가지고 있어서 배우와 관객을 같은 공간 안에 기와 모양으로 배열하고 있으며(계단석은 **오케스트라**와 **프로스케니온**을 둘러싼다) 그곳에서 **옵시스**, 즉 신의 모습을 보는 것, 다시 말해서 신의 현현이 일어날 수 있었던 것이다. 극장 건축물은 배우와 신이 숨겨진 장소(**스케네**와 신전)를 위해서 일반 대중은 단지 그 겉모습만을 볼 수 있을 뿐 결코 다가갈 수 없는 그런 공간을 남겨두었다. 그래서 그리스 극장은 단순히 보이는 것을 지켜보기 위한 장소 이상으로 신을 보기 위한 신비로운 장소였던 것이다.

3

로마 극장

앞에서 분석한 그리스 극장에서 시작해 로마의 공연장으로 이르는 발달은 느리고 점진적이었다. 그 주요 단계를 말하자면 다음과 같다.

— 헬레니즘 시대에 있었던 **스케네/프로스케니온** 부분에 있어서의 발전으로 **오케스트라**와 계단석이 반원형으로 축소된다.

— 본연의 종교적 의미는 상실된다. 극장은 더 이상 디오니소스 축제의 일부가 진행되는 건물이 아니라 여가와 구경거리, 봉헌 행렬의 공간이자 동시에 그리스인들의 영감을 받은 플라우투스* · 테렌티우스* · 세네카*가 쓴 연극을 공연하는 공연장이었다.

— 결국 극장 건물의 폐쇄로 이어진다.

로마 극장 건축물의 특징적인 요소들을 분석한 후 이 장에서는 무대 장식에 관한 여러 가지 해석들을 다룰 것인데, 그 흔적은 남은 것이 거의 없다.

1. 오락으로서의 공연

관객의 편안함을 위한 장소

로마인들은 극장을 석조로 건축하기 전에 축제가 있을 때 놀이와 연극을 공연하기 위해 나무로 지었다. 이런 임시적이고 분해 가능한 건축물들에 대한 고고학적 흔적은 남아 있지 않으나 이런 초기 극장들은 특히 플린 랑시앵의 《자연의 역사》 같은 저서에서 증명되고 있다. 로마의 첫 고정 극장은 기원전 1세기 폼페이우스의 명으로 비로소 건축되었는데 그는 이곳에서 그의 승리를 축하하고 적에게서 빼앗은 전리품을 전시하고 싶어했다. 그 부지로 전쟁의 신인 마르스의 벌판이 선택되었는데 그곳은 전통적으로 로마 평민 계급의 축제가 열렸던 곳이다. 마르스의 벌판은 로마에서 유일한 평지였다. 기존의 경사를 극장 계단석으로 이용한 그리스 건축가들과는 반대로 로마인들은 일련의 아케이드를 중첩시켜 계단석을 쌓음으로써 모든 관람석을 움푹한 구멍으로 건축했다. 이 특정한 로마식의 극장은 우선 로마에서 예를 들어 아우구스투스에 의해 다시 건축되었고, 이어서 로마인의 영향을 받고 있던 모든 지역에서 만들어졌다.

연극 공연은 현대적인 의미에서 하나의 구경거리가 되었다. 건물부지 선정은 어떻게 하면 관객에게 안락함을 제공할 수 있을까 하는 염려에서 정해졌는데, 로마에 첫 고정 극장이 세워진 시기와 같은 때에 씌어진 비트루비우스*가 《건축 십서》 제5권에서 그 사실을 전한다.

그런데 그 장소가 건강에 좋은 것이 중요하다. (…) 왜냐하면 관객들은 오랜 시간 같은 장소에 아내·아이들과 앉아 있게 되는데, 만약 인근의 공기가 늪이 발산한 공기에 오염된다면 건강에 크게 해로울 것이기 때문이다.(…)

비트루비우스, 《건축 십서》, 상게서, p.148.

마찬가지로 관객의 편안함에 대한 우려 때문에 극장의 방향이 정해졌는데, 이 점 또한 그리스 극장과 근본적으로 다르다.

그러나 공기 오염이 가져올 해악을 피하는 것으로 충분하지 않다. 또한 고려해야 하는 것은 극장이 정오의 햇살에 노출되지 않는 것이다. 햇빛이 극장의 둥근 공간에 갇히게 되면 거기에 머무는 공기를 매우 덥게 하고, 이 공기가 흐르지 못하기 때문에 더위가 타는 듯 심해져서 신체의 기운을 감소시키기 때문이다.

상게서

개념으로 보나 건축물로 보나 로마 극장은 오락을 위한 장소이다. 극장 주변에 위치한 공간은 물론 같은 논리에 속한다. 로마인들에 의해 디오니소스 신전의 신성한 중심부는 열주가 시원하게 드리우는 그늘에서 산책을 하거나 사람들이 서로 만날 수 있는 기둥으로 대체된다(그림 2 참조).

현실과 허구 사이의 새로운 경계

● 프로시니엄과 프론스 스케네

이미 본 바와 같이 그리스 극장은 제의의 여러 '배우들' 간의 만남의 장소였고, 관객은 그 '배우들'의 일부를 이루었다. 따라서 그리스 극장 건물에서는 연기 공간과 관객의 공간이 겹쳐진다. 이에 대해서 비트루비우스*는 다음과 같이 상세히 기술한다.

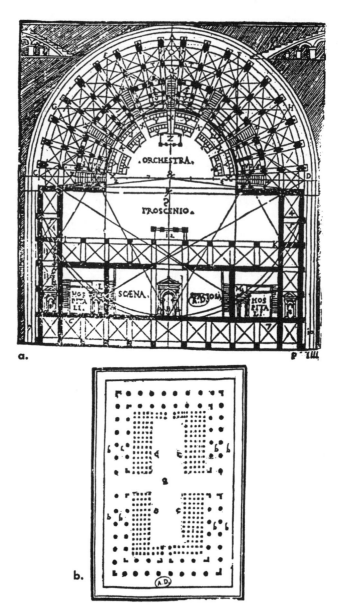

그림 2.
a. 비트루비우스 책에 의거한 로마 극장의 도면.
b. 비트루비우스 책에 의거한 극장 뒤에 위치한 기둥 도면(축도).
　지안바티스타 카포랄리 디 페루기아를 위해 비트루비우스가 일상어 주석
과 그림을 덧붙인 《건축서》, 페루기아에서 출판, 야노 비가치니 백작의 인
쇄소, 1536년 4월 1일.
　장식예술박물관 장서, 파리, 분류번호 Q230. 장-루 샤르메 사진.

그리스인들의 경우 오케스트라는 매우 크지만 무대나 그들이 로게이온이라고 부르는 무대 바닥은 훨씬 비좁다. 그래서 비극이나 희극배우들은 무대에서 연기하지만 나머지 사람들은 오케스트라로 입장한다.

상게서, p.170.

로마 극장의 전면은 연기 공간을 관객의 공간과 선적으로 구분한다. **오케스트라**와 관객석은 반원으로 줄어들고 **프로시니엄**에 가서 닿는데, **프로시니엄**은 무대 뒷벽에 기대어 높여진 연단을 말한다. **프로시니엄**은 그리스어 **프로스케니온**에서 파생된 말로 건물 전체에 비해 더 비율이 커진 편이다.

　— 그 넓이는 건물의 지름과 같고,

　— 그리스 극장에서 **파로도이**가 차지하던 빈 공간은 **프로시니엄**의 확장으로 채워지며,

　— 그 깊이도 **프로스케니온**의 깊이보다 더 커졌다. 비트루비우스는 **프로시니엄**이 어쩔 수 없이 커질 수밖에 없었다고 말하면서 그 이유를 다음과 같이 설명한다.

이처럼 무대 바닥[1]은 그리스보다 훨씬 크다. 그래야 하는 이유는 연기자들 모두가 무대에 머물러야 하고 오케스트라는 원로원 의원들의 좌석을 놓는 데 쓰이기 때문이다.

상게서, p.161.

비트루비우스는 여기서 그리스 극장과 로마 극장의 근본적인 차이를 명시하는데, 로마 극장에서는 관객과 '연기하는 사람' 사이에 구분이 생긴다. 배우들은 **오케스트라**를 떠나서 **프로시니엄**에 자리잡는다.

---

1) **풀피툼**이라 부르는, **프로시니엄**의 바닥을 말한다.

그리스인들에게 희생의 장소이자 신이 현현하는 장소이던 **오케스트라**
는 로마인들에게는 훌륭한 사람들과 원로원 의원들을 위한 세속적인
장소가 된다.

극장 건물은 배우를 위한 공간의 경계를 엄격하게 정해 준다. 앞쪽
에서는 일직선, 그리고 차이 나는 높이가 그를 **오케스트라**와 구분해 준
다. 나머지 세 구석은 벽으로 둘러싸여 있다. 안쪽의 벽인 **프론스 스**
케네는 두 개의 작은 양쪽 모퉁이에서 끝나고 이 돌출부가 건물의 경
계가 된다.

무대의 벽, 다시 말해 **프론스 스케네**는 훌륭하게 장식이 되어 있는
데, 끼워넣은 세 층의 기둥으로 구성되어 있고 기둥은 위로 갈수록 점
차 그 크기가 줄어든다.[2] 그리스의 **스케네**와 마찬가지로 거기에는 세
개의 문이 뚫려 있다. 가운데 위치한 문은 '왕의 문'이라는 그리스 명
칭을 그대로 가지며 그 양측에 있는 두 개의 문은 **호스피탈리아**라고
부른다. **프론스 스케네**와 직각으로 교차하는 벽에 위치한 문들은 일반
적으로 페로의 번역에 따라서 **귀환의 문**이라 부른다. 비트루비우스*
를 인용해 보자.

무대는[3] 그 중간에 왕궁의 문처럼 장식된 문이 하나 있도록 정돈되
고 배열되어야 하며, 그 양쪽에 이방인을 위한 두 개의 문이 있어야 한
다. (…) 무대의 이쪽 면 너머 앞으로 약간 튀어나온 돌출부에 두 개의
입구를 만들어야 하는데, 하나는 광장에서 오는 입구이고 다른 하나는
시골에서 도착하는 입구이다.

상게서, p.167-168.

---

2) 비트루비우스는 이에 대해 정확한 이론적 비율을 정한다. 상게서, p.166-167
참조.
3) 여기서 '무대'는 **무대의 벽**을 의미한다.

무대의 안쪽 벽은 계단석을 에워싸는 주랑과 높이가 같은데, 비트루비우스를 번역한 페로의 책에 나오는 로마 극장의 세로 단면도에서 볼 수 있다. 높이가 이렇게 일치하는 것은 갓돌(기둥의 상부)에 의해 분명히 경계지워진 수평선과 더불어 극장의 객석 부분과 배우의 공간 사이에 시각적이고 건축술적인 유대감을 창출한다. 비트루비우스는 이런 높이의 일치에 대해 음향학적인 견지에서 보충 설명을 덧붙인다.

주랑 덮개를 계단 높이로 세워야 한다면 그것은 적어도 무대와 같은 높이여야 한다. 왜냐하면 그 덮개가 더 낮으면 계단 끝이나 지붕 높이까지 이르는 목소리가 거기에 닿기도 전에 사라져 버릴 것이기 때문이다.
상게서, p.162.

게다가 **프로시니엄**은 경사진 지붕으로 덮여 있는데 이 지붕은 무대의 안쪽 벽과 두 개의 돌출부에 기대어 있다. 이 덮개는 또한 방음 역할을 하기도 한다. 로마 극장의 음향은 계단석 아래에 마련된 공명기 덕분이다. 공명기는 작은 굴로 이루어져 있는데——페로*는 이를 '작은 방' 이라 부른다——계단석 중간 위치에 놓인 수평 층계인 **프레신시오**의 전단계인 수직 벽에 규칙적으로 분할하여 뚫은 것이다. 이 굴에는 공명기 역할을 하는 청동단지가 있었다.

공간의 밀폐는 계단석 위, 건물의 상부 코니스[벽·기둥 꼭대기에 얹힌 쇠시리에 있는 수평 돌출부-역주]와 같은 높이에 친 천막으로 인해 더욱 강조되었다. 이 천막은 주로 관객을 태양열로부터 보호하기 위한 기능을 가졌다. 이것은 아마 차양 역할도 했을 것이다.

● 배우를 보기 위한 관객 시야 확보의 필요성
그리스 극장 건축은 결국 '관객' 이 '배우' 를 보기 위한 시야 확보라는 것을 특별히 체계적으로 추구하지는 않았다. 그 반대로 극장 전체에 비해 소박한 **스케네**와 **프로스케니온**의 규모는 오히려 관객의 시선을 공연 공간으로부터 벗어나도록 했으며, 극장과 성소의 '신성한 장소' 사이의 시각적이고 상징적인 이동을 구축했다. 비트루비우스*는 그가 건축가인 관계로 공연과 극장의 새로운 개념을 공간적 용어로 바꿀 수 있었다. 그는 관객이 배우들을 본다는 문제를 연구할 필요성을 분명히 밝힌다.

　　오케스트라에 앉은 사람들이 배우들이 하는 행동을 볼 수 있기 위해서는 프로시니엄 바닥의 높이가 5피트 이상이 되어서는 안 된다.

상게서, p.161.

로마인들에 의해 도입된 이런 문제는 르네상스 시기에 다시 다루어지고 발전되었으며 이탈리아식 극장이 태어나는 계기가 되었다.

극장 건물이 그 자체로 한정된다는 사실은 연극을 스펙터클로 여기는 로마인들의 필연적 귀결이었다. 왜냐하면 그리스처럼 **스케네**를 신성한 장소로 여기는 생각이 사라졌고, **프론스 스케네**의 입구 너머에 위치한 공간은 단지 배우들이 무대에 들어오기 전에 준비를 하고 그들의 몸을 숨기는 세속적인 공간이 되어 버렸기 때문이다. 무대의 안쪽 벽은 더 이상 보이지 않는 것이 보이는 것으로 이행하는 장소가 아니라 끝이며 장애물이며 마감을 의미한다. 실제로 로마인에게 문제는 관객의 시선을 배우에게 집중시키고 시선이 흩어지지 못하게 하는 것이었다. **스케네**가 신전이자 실제의 풍경이던 그리스 극장의 저편——신전이자 실제의 풍경인 **스케네**——은 더 이상 재현의 논리에 속하지 않으며 더 이상 보여야 할 것도 없었던 것이다. 따라서 그리스 극장은 시선을 위해 차단물을 설치했다. 무대의 안쪽 벽은 마치 공이 벽에 맞고 튀어나오듯이 관객의 시야에 작용을 하며, 시선을 연기 공간인 **프로시니엄**으로 되돌려 보낸다.

2. 무대 장치

로마 극장의 무대 장치는 나무와 채색천으로 되어 있어서 아무런 유물도 남은 것이 없다. 그러나 문서상으로는 그 증거가 남아 있다. 그 양상이나 배치, 기능에 대해서는 잘 알려져 있지 않다. 무대 장치의 사용에 관한 문서는 때로 서로 상치되기도 하지만 몇 개만 인용해 보자. 그것은 주로 **페리악토이**〔일종의 기중기—역주〕' ——채색천으로 덮은 직선 기둥——와 **프로시니엄** 앞이나 **프론스 스케네** 앞에 쳐진 채색 장막에 관한 것이다. **프로시니엄**의 천장은 권양기나 도르래와 더불어 안쪽에 위치한 장막을 움직이기 위해 매다는 장치나 기계 장치를 가능케 했다.

프로시니엄 앞에 위치한 장막을 조작하는 것은 수력을 이용한 것이었다. 베종라로멘 극장이나 알바 극장의 유적은 **프로시니엄** 발치의 **오케스트라**에 위치한 참호가 있었음을 보여준다. 개폐문 시스템이 수로와 연결되어 참호는 비어 있거나——이 경우 참호에는 나무틀에 올려진 장막이 숨겨져 있었다——필요에 따라 채워져 있었다. 물의 높이가 올라감에 따라 틀은 관객이 볼 수 있도록 들려졌다.

페리악토이와 관련해서도 페로*가 번역한 비트루비우스*를 인용할 수 있다.

회전하는 삼각형 기계로 만들어져 있어서 그리스인들이 **페리악투스**라고 불렀던 장치를 무대의 안쪽 벽 열린 부분 뒤에 설치한다. 각 기계마다 세 가시 종류의 상식이 있어서 세 번이 돌아가면서 변화를 만드는데 사용되었다. 왜냐하면 우화를 재현하는 데 이것이 필요하기 때문이다. 마치 놀라운 천둥소리와 함께 신이 출현하게 하는 것처럼 말이다.

상게서, p.167-168.

프론스 스케네 문의 출입구에 위치한 투시도에 대한 페로*의 해석은 오랫동안, 그리고 오늘날까지도 권위를 가지고 있어왔다. 그러나 비트루비우스*의 저서는 이런 그림 중에서 그 어느것도 우리에게 남겨진 것이 없다는 점에서 이해에 어려움을 준다. 중세말 이래로 여러 가지 번역들이 여러 가지 해석과 서로 다른 일련의 그림들을 제시해 왔다. 장식에 관한 다양한 해석의 예를 보여주기 위해서 원본에 대한 두 가지 번역본, 하나는 17세기, 다른 하나는 18세기의 것을 인용하고자 한다.

먼저 1656년에 출간된 아베 오비냐크의 《연극의 실제》에서 인용한 다음 부분은 페로가 번역한 비트루비우스의 저서보다 16년 앞서고 있다.

고대인의 극장은 넓고 거대한 장소로 덮개가 있는 긴 회랑과 나무가 심어진 아름다운 소로, 여러 가지 쾌적한 산책로를 포함한다. 거기서 사람들은 공연을 기다리며 쉬곤 했다. 거기에 멋진 건물이 있는데 관객석을 향한 정면은 무대라 불렸고, 때로는 건물 전체를 무대라고 부르기도 했다. 이 정면을 마주하고 단상[4]이 세워져 있었다. 직경이 30투아즈[길이의 옛 단위, 1.949m-역주]에 이르는 원형 광장의 한가운데까지 로마인들의 경우 연단은 돌출되어 있었으나 그리스인들의 경우는 그렇지 않았다. 왜냐하면 익살꾼이나 재주넘기, 소극배우들 같은 사람들은 무대에 오르지 않고 오케스트라 아래쪽에서 관객을 즐겁게 하기 위한 모든 우스갯거리를 연기했기 때문이다. 단상 위에는 세 가지의 장식이 세 종류의 극시에 따라 놓여 있어서 공연을 했는데, 말하자면 비극에는 큰

---

4) 이 단어가 중세에 가지고 있던 의미, 또는 17세기의 의미인 **연단**으로 이해해야 한다.

궁전 그림, 희극에는 공공 건물 그림, 사티로스극이나 목가극에는 풍경 그림을 사용했다. 건물의 정면 앞에 놓여진 채색천 위에 재현되었던 것, 그리고 공연하고자 했던 극의 종류에 따라서 없애거나 다시 가져다 놓던 것, 그것은 유연한 무대라고 부른다(오케스트라나 바닥을 향해 양 측면 단상 위에 공연물에 따라 세 가지 종류의 장식이 놓여 있었다. 비극에는 큰 궁전 그림, 희극에는 공공 건물 그림, 사티로스극이나 목가극에는 풍경이 그려진 그림이었다). 회전하는 삼각형 기둥들은 원근법 기술에 따라 놓였고 각각의 기둥에는 같은 방식으로 그려진 세 개의 다른 그림이 부착되어 있었다. 무대 안쪽에 놓인 그림과 맞추기 위해 회전시켰는데 이런 무대를 변형 무대 또는 회전 무대라고 불렀다. 이런 사실에 대해 바르바로*가 비트루비우스*에 대해 쓴 주석의 어딘가에서 극장이나 무대 같은 이름이 서로 다른 여러 가지 사실을 의미하거나 때로 같은 것을 의미함으로써 주는 혼란에 대해 얼마나 불만을 표했는지 잘 알 수 있다. 왜냐하면 그들이 무대라고 이름 붙인 그 구조물을 같은 이름을 가진 극장의 장식과 구분하는 대신에 그는 궁전이나 저택, 그 건물의 정면에서 나란히 회전하는 삼각기둥 등으로 불렀기 때문이다. 마치 이런 것들이 극장의 일부이거나 한 것처럼 말이다. 그러나 사실 이런 것은 극장 정면 가까이에 놓인 꾸며진 것들에 불과하고 건물의 정면에는 아무런 변화를 주지 않은 채 단지 이런 것을 공연의 주제에 따라 사람들이 바꾸거나 없애거나 다시 갖다 놓거나 늘리거나 줄이거나 하는 것에 불과하기 때문이다.

아베 오비냐크, 《연극의 실제》 제2권, 《테렌티우스의 세번째
희극에 대한 메나주의 담론》, 논문 II, XVIII장,
〈고대 극장의 구조와 기계 장치에 대하여〉, 상게서, p.168-170.

1728년 발간된 피에르 파트*의 《연극 건축물에 대한 시론》에서 그는 18세기 중반 비트루비우스*의 책을 다시 번역한 '애호가'였던 갈

리아니의 논지를 발전시킨다.

비트루비우스를 번역한 모든 이들은 오늘날에 이르기까지 모두 그 삼각형 프리즘[5]이 무대 정면의 좁은 세 출구 앞에 놓여 있었음에 틀림이 없으며, 이들의 위치가 주는 불편함이나 서로 별반 연계성이 없음에도 불구하고 모든 장식적 변화를 표현하기에 충분하다고 주장한다. 그러나 아무도 이런 배열을 가지고 어떻게 환상을 창출하는지 이해하지 못한다. (…) 더 이상의 자세한 설명이 없어서 모두 이것을 확실한 사실로 여겨왔고, 사람들은 고대인들이 무대 공연에 사용한 엄청난 지출에도 불구하고 극장 장식에 대해 아무런 마법도 알지 못했다고 생각하기에 이르렀다.

이 주제에 대해 우리에게 더 많은 사실을 알려 준 이는 갈리아니 후작으로, 그는 약 20년 전 나폴리에서 출간된 비트루비우스의 새 번역본에 훌륭한 주석을 덧붙이고 있다. 그는 삼각형 프리즘이 사람들이 믿었던 것처럼 무대 중앙의 세 문 가운데 놓이기는커녕 정반대로 무대의 양 측면에 놓여 있었음을 입증했다. 비트루비우스의 문헌은 이 점에 있어서 단호하다. 그 반대의 의견이 신빙성을 얻었던 것은 번역자들이 문제의 통로에 있어서 그 방향을 제대로 이해하지 못했기 때문이다. 이 번역본은 프랑스에는 거의 알려지지 않았으므로 우리가 갈리아니의 주석을 짧게 인용하는 것을 독자가 기뻐하리라고 생각한다.

"Ipsae autem scenae suas habeant rationes explicatas ita, uti mediae valvae, ornatus habeant Aulae Regiae: dextera ac sinistra hospitalia: SECUNDUM autem ea spatia ad ornatus comparata. Quae loca Greci PERIACTOUS dicunt ab eo, quod machinae sunt in iis licis versatiles trigonos habentes (…) SECUNDUM ea loca versurae sunt procurentes,

---

5) 즉 페리악트를 말한다.

quae efficiunt una à foro, altera à peregre aditus in scenam."

　페로와 여타 번역자들은 이 부분을 다음과 같이 번역한다. "무대는 그 중간에 왕궁 문처럼 장식된 문이 하나 있도록 정돈되고 배열되어야 하며, 그 양쪽에 이방인을 위한 두 개의 문이 있어야 한다. 이 출구 뒤에 삼각형 모양의 회전하는 기계로 되어 있다고 해서 그리스인들이 페리악투스라고 부른 장치를 위치시킨다. 무대의 이쪽 면 너머 앞으로 약간 튀어나온 돌출부에 두 개의 입구를 만들어야 하는데, 하나는 광장에서 오는 입구이고 다른 하나는 시골에서 도착하는 입구이다."

　삼각형 틀의 위치를 바뀌게 한 것은 갈리아니 후작에 따르면 첫번째 단어인 secundum을 뒤라는 단어로 번역한 것에 기인한다. 반면 두번째 단어 secundum은 같은 경우임에도 불구하고 옆이나 너머로 정반대로 번역한다. 그에 따르면 같은 단어를 다르게 받아들이는 것에서 모든 혼란이 야기되었고 이 부분을 제대로 이해하는 것을 방해했다는 것이다. 그의 생각을 이해하기 위해서 비트루비우스와의 연관성에 주목하면 된다고 그는 말한다. 이 저자는 무대의 부분들을 묘사하기 위해 중간 부분인 'mediae valvae ornatus habeant Aulae Regiae'부터 시작한다. 거기에서 왼쪽과 오른쪽에 있는 입구인 'dextera ac sinistra hospitalia'에 대해 말하고 있다. 그 다음 그는 'secundum ea spatia adornatus comparata,' 즉 지금까지 번역해 왔듯이 이 문들 뒤가 아니라 이 문들 옆에 또는 이 문들의 돌출부에 회전축을 가진 삼각형 장치들을 위한 공간이 있었다고 말하고 있다. 결국 비트루비우스는 묘사를 계속하면서 'secundum ea loca versurae sunt procurentes'라고 말을 맺는다. 이 장소 곁에 배우들을 위한 장소가 있어서, 이들은 외부나 시골에서 무대의 장소로 오는 것으로 추정된다. 과연 이 설명이 간단하고 자연스러워 보인다. 게다가 이 설명은 이전의 번역들이 고대 극장 장식의 변화를 전혀 알 수 없게 했던 것과 달리 제대로 된 사실을 알 수 있게 해준다.

　(비트루비우스의 건축, 갈리아니 후작의 번역과 주석, 제5권, VII장,

p.192).
피에르 파트, 《극장 건축에 대한 소고, 시청각적 원리에 입각하여 공연장에 가장 적절한 배열에 대하여》, 파리, 1782, p.41-44.

로마 극장에 대한 더 자세한 자료가 없어서 이 사실은 여전히 가정으로 제기되며 비트루비우스*나 유적들에 대한 해석은 복잡한 채로 남는다. 여가와 오락의 원칙 위에서 로마인들은 다른 공연 장소를 창안했다. 수상경기나 예를 들어 동물과 검투사의 싸움을 위한 원형 극장, 전차 경주를 위한 운동장 또는 큰 극장의 축소판인 **오데옹**이 일반적으로 극장 옆에 지어져서 음악회나 낭송회용으로 쓰였다.

***

로마 연극은 황제가 백성에게 제공한 오락과 여가였다. 그리스 극장의 형태를 이어받기는 했지만 로마 극장은 근본적인 차이가 있다. 건축과 무대 장식이 그 흔적을 담고 있다. 주된 특징을 다음과 같이 요약할 수 있다. 마치 거북처럼 건물이 단단한 구조물로 제한되어진다. 관중은 외부 세계와 단절되어 안락하게 방벽 속에 자리한다. 상징적인 경계는 **프로시니엄** 앞에 하나의 선으로 허구와 관객 사이에 형성된다.

4

중세 극장(9-16세기)

중세에는 특별하게 연극만을 위한 공간은 없었다. 연극은 고유한 장소가 없었으나 어디서나 가능했다. 길거리, 단상을 설치하고 소극*을 공연하던 광장, '연극화된' 전례의 첫 형태를 공연한 교회, 왕의 입성이나 신비극*을 공연한 도시·성 등이 그러했다. 중세에 연극의 형태는 전례 의식과 그 파생 형태인 신비극·성사극·기적극으로부터 도덕극 같은 우의적 형태, 또는 바보극*이나 소극 같은 세속적인 공연에 이르기까지 그 수가 많았다. 정치적이고 풍자적인 바보극, 세속적인 소극은 흔히 상황에 맞추어 단상에서 공연되었다. 이런 연극 형태의 무대 장치는 우리에게 낯설지도 않고 새롭지도 않다. 예를 들어 오늘날 우리가 거리극이라 부르는 것에서 그 모습을 찾아볼 수 있다. 반면 신비극이나 기적극의 무대 장치는 상징적 공간에 의존하는데, 우리는 때로 그 공간에 대한 방향 감각을 잃고 있다. 그것은 종교적 건축물을 상징적으로 계승하며, 지향하는 공연의 공간인 것이다.

따라서 이 장에서는 특히 전례에서 비롯한 공연을 다룬다. 9세기에서 12세기에 이르는 전례 의식의 몇 가지 예를 깊이 연구하는 것은 이어서 오는 시기에 신비극과 기적극의 공산 연출을 이해하는 필수적인 과정이다.

1. 전례의 '연극화'

중세 '연극'의 기원인 무덤 방문 장면

이 장에서 드라마 · 전례 · 극장 · 무대 · 무대 장치 또는 연출이나 놀이라는 단어들은 어쩔 수 없이 현행의 의미로 쓴 것으로, 이들은 중세에 사용된 어휘에 일치하지 않는다. 게다가 중세 시기에 연극과 관계가 있는 용어를 지칭하는 적당한 지시어가 없다는 사실은 시사하는 바가 있다. '연극'은 당시 공연물이나 독자적인 사건으로 인지된 것이 아니라 제의의 한순간으로, 흔히 종교적인 것으로 이해되었다. 그러나 더 적합한 용어가 없어서 우선 교회에서 발전했고, 그런 다음 종교 축제가 있을 때 도시 전체로 퍼져나간 중세 전례의 일부를 오늘날 '연극'이라고 부르는 것이 일반화되었다.

9세기까지 전례극의 대본은
— 노래와 응답, 연속된 기도, 낭송에 의해 듣고 느끼도록 제시되고,
— 교회를 장식하던 조각, 프레스코 벽화 · 그림 · 모자이크를 통해서 보도록 제시되며,
— 교회의 건축 자체, 교회 건물의 공간적 조직, 건물 계단에 가해진 장식, 또는 교회가 신자들에게 제공하는 상징적이고 물질적인 경로들에 의해 재차 느끼도록 제시된다.

9세기말과 10세기초부터 사제들은 신자들이 성서의 원구들을 이해할 수 있도록 인도하기 위한 이 복합적인 기호 전체에 부가적인 요소들을 더함으로써 전례 의식이 제의에 도입되었다. '연극화'된 제의는 예수가 부활한 무덤을 방문한 세 성녀들을 테마로 한 부활절 의식의 행사를 기회로 하여 그 첫 형태를 갖춘 것으로 보인다. 이 연극화된 전례

는 미사를 위해서가 아니라 새벽기도나 만과를 위해서 창안되었다. 사실상 미사 때는 성찬의 신비에 의해 **실제 존재**가 있었다면 전례 의식 속에는 **재현**이 있었다. 현존의 두 가지 표명은 그 본질이 다르다. 그러므로 이들을 같은 제례 과정 속에서 함께 행할 수는 없었던 것이다.

현존과 분명히 구분되는 **재현**이라는 생각은 전례의 연극화와 관련하여 우리에게 와닿은 첫 대본 중의 하나 속에 나타난다. 영국인 베네딕트파 수도사이자 965-975년까지 윈체스터의 주교였던 성 에텔워드가 작성한 '레귤라리스 콘코르디아(Regularis concordia)'가 그것이다. 그는 이전에 플뢰리 수도원¹⁾에서 행해졌던 의식에서 영감을 얻은 **무덤 방문**²⁾의 전례 '의식'을 묘사하고 있다. 대본은 신약에서 따온 것이므로 그의 묘사는 일종의 '연출' 기록을 구성한다. 현대 용어를 사용하자면 이 첫번째 '연출 노트'는 길게 인용하고 주석을 달 가치가 있는데, 그것이 수도사나 사제가 종교적 제의를 '연극화'한 개념에 대해서나 작품 만들기에 대해서 소중한 정보를 제공하기 때문이다.

　이 축제에서 구원자의 입관을 축하하고 무지한 이들과 개종자들의 신앙심을 강화하며, 어떤 종교의 칭찬할 만한 관습을 모방함으로써 그것을 따를 것을 우리는 결정했다. (⋯) 구멍이 있게 될 제단의 한 부분에 **무덤의 모조품**³⁾을 놓거나 주위에 천을 두르도록 하라. (⋯) 십자가를 가진 두 명의 부제가 앞으로 나아가고 십자가를 **수의**로 씌우고, 찬송가를 부르면서 그것을 나르고 (⋯) 이들이 무덤에 이르러서 **마치** 십자가가 **우리 예수의 몸**인 듯 거기에 내려놓고 묻고 (⋯) 같은 장소에 성스러

---

1) 플뢰리는 현재 생브누아쉬르루아르에 위치하고 있다.
2) 세 성녀가 예수의 무덤을 방문한 것. 〈마태복음〉 28, 1-8, 〈마가복음〉 16, 1-8, 〈누가복음〉 24, 1-8.
3) '레귤라리스 콘코르디아' 인용문 중 다음 장에서 우리가 주석으로 할 부분을 굵은 글씨로 처리했다.

운 십자가가 부활의 밤까지 보존되도록 하라. (…)

부활절의 성스러운 날 새벽 미사 이전에 성당지기들은 십자가를 꺼내서 적절한 장소에 가져다 놓을 것이다. 세번째 일과[성서·성전의 독서-역주]가 낭송될 때 네 명의 승려가 옷을 차려입는데 그 중 한 명은 장백의[사제가 미사 때 걸치는 옷-역주]를 입으며 **마치 다른 일에 바쁜 사람**처럼 들어와서 은밀하게 무덤에 들어가 종려나무가지를 손에 든 채 그곳에 조용히 앉는다.[4] 세번째 답창에서 다른 세 명이 제의를 입은 채 갑자기 들어와서 향로를 들고 **마치 무언가를 찾는 사람들처럼** 한 걸음씩 무덤에 다가가야 한다. 왜냐하면 이 모든 것은 무덤가에 앉은 천사, 그리고 여인들이 예수의 몸에 향유를 끼얹는 장면을 **재현하기 위해 행해지는 것**이기 때문이다. 따라서 **앉아 있던 사람이 무언가를 잃어버리고 찾는 것 같은 사람들이 다가오는 것을 볼 때 묵직하고 부드러운 목소리로 켐 케리티스(그대는 누구를 찾는가)라고 말하는 목소리가 울려야** 한다. 이 사람이 끝까지 노래를 하고 다른 세 명은 한 목소리로 "나자렛의 예수"라고 대답한다. 그리고 그는 그들에게 "그는 여기에 없습니다. 그는 자신이 예언한 대로 부활했습니다. 그가 죽은 자들 가운데 살아났다고 가서 알리시오"라고 말한다. 이 명령에 복종하면서 세 명의 수도사들은 **합창단에게로 되돌아가** "할렐루야, 주가 부활하셨도다!"라고 말한다.

이 말을 마치고 앉은 사람은 **마치 그들을 다시 부르는 것처럼** 마리아를 기리는 찬송가를 부른다. "와서 이곳을 보시오"라고 말하며 그는 몸을 일으켜 베일을 벗고 그들에게 **십자가가 사라지고 십자가를 감싸고**

---

4) 성서에 대한 충실함은 매우 중요하고 전적이다. 예를 들면 천사의 위치나 그의 태도와 의상에 대해서는 〈마태복음〉 28-2,3을 참조할 것. "(…) 주님의 천사가 하늘에서 내려와 돌을 굴리고 그 위에 앉았다. 그의 모습은 번개와도 같고 그의 하얀 옷은 눈과 같았다." 그리고 〈마가복음〉 16-5에는 "그녀들이 무덤으로 들어갔을 때 하얀 옷을 입은 젊은 남자가 오른쪽에 앉아 있는 것을 보았다"고 씌어 있다.

있던 천만 남아 있는 장소를 보여주는 것이다. 이것을 보고 나서 그들은 가져온 향로를 그 무덤 안에 넣고 수의를 꺼내어 주님이 그 수의 안에 없고 부활했다는 것을 보이기라도 하듯이 사제들을 향해서 그것을 펼치며 찬송가를 부른다. "주님이 무덤에서 부활하셨다"라고 말하며 수의를 제단 위에 올려 놓는다. 찬송가가 끝나고 사제는 죽음을 물리치고 부활한 주님의 승리를 축하하며 찬송가를 부른다. 'Te Deum laudamus(주를 찬양하라)'를 그가 부르기 시작하자 교회의 모든 종들이 동시에 울려 퍼진다.

귀스타프 코헨, 《중세 프랑스 연극》에서 인용, 파리, 리더 출판사,
1928, p.10-11.

우리가 오늘날 연극이라고 부르는 것을 구성하는 모든 요소들이 여기에 모여 있다.

1. 우선 대본이 공연되었다는 사실인데, 세 여자가 무덤을 방문하는 것을 상세히 설명하는 성서의 문구들이 들어 있다.

2. 그리고 재현과 **미메시스**의 개념, 즉 모방하기와 형상화하기의 개념이 들어 있다. 고대 그리스 이래로 이 두 가지 개념은 연극의 기본 중 하나이다. 성 에텔워드의 대본은 **모방하기, 마치 ~인 듯, 마치 ~을 하려는 듯, ~의 방식으로, 재현하다** 등의 용어를 반복해 사용하면서 이를 표현하고 있다.

첫번째 전례극의 **미메시스**는 배우들과 '관객'들에게 공통된 재현의 코드를 이용해서 작동한다. 이 코드는 어떤 요소들에게는 상징적이고 다른 요소들에게는 상대적으로 진실다움을 고려한다.

— 상징적 코드는 예를 들어 성 에텔워드가 제단과 무덤 사이에, 또는 십자가와 예수의 몸 사이에서 계속 만드는 동일시에서 분명히 읽을 수 있다. 그래서 인용된 문장의 시작 부분에서 천으로 감싼 십자가——천은 재현의 개념이 지시되지도 않은 채 수의로 묘사된다——가

마치 그것이 **주님의 몸인 것처럼** 놓여진다. 이어지는 대본에서 예수의 몸을 십자가로 재현하는 것은 너무도 자명한 나머지 모방이라는 용어로 강조되지도 않고 있다. **십자가**란 단어는 마치 **그리스도의 몸**과 동의어로 사용되고('십자가가 없어진 장소를 그들에게 보여준다'), 그와 반대로 없어진 십자가를 부활한 주님의 동의어로 쓰인다. 게다가 상징적 코드는 공간과 건물을 사용함으로써 더욱 강화된다(이하 참조).

— 진실다움에 대해 염려하고 있다는 것은 위치 변경에 대한 지시들에서 볼 수 있다. 예를 들어 십자가는 무덤을 표현하는 제단이 사실상 비어 있도록 하기 위해서 '새벽 기도,' 다시 말해 '공연' 이전에 옮겨져야 한다. 진실다움을 고려한 다른 예를 배우의 연기에서 들자면 세 여인을 연기하는 세 명의 수도사들은 '무엇인가를 찾는 사람처럼 무덤에 한 발짝씩' 다가가야 한다는 것이다.

상징적 코드와 '진실다운' 코드는 함께 존재하는데 성 에텔워드의 대본은 사실과 허구 사이, 또는 상징과 그것이 표현하고자 하는 것 사이에 딱 부러지는 한계를 설정하지 않는다. 예를 들면 남성이 어디서나 성스러운 여성들을 연기하기 위해 기용된다. 구축되고 받아들여진 허구는 실제와 중첩될 수 있으며 실제를 변화시킬 수 있다. 재현된 것과 사실을 가리키는 용어를 구분하지 않고 사용하는 것은 이 두 가지 사이를 항상, 그리고 쉽게 왕래하고 있음을 입증한다.

3. 우리가 오늘날 '배우'라고 부르는 이의 존재는 연극적 재현을 이루는 다른 요소들이다. 네 명의 수도사가 천사와 세 여인을 연기한다. '레귤라리스 콘코르디아'는 의상·몸짓·말하는 목소리——또는 천사가 '부드럽고 묵직한 목소리로' 노래하는——의 사용법, 그리고 공간 속에서 이동하는 것에 대해 지시하고 있다.

4. 모든 연극 공연처럼 연극화된 전례는 관객을 위해, 즉 사제와 신자들, 특히 '무지한 사람들과 개종자들'을 위해서 공연되었다.

5. 몸을 숨기거나 드러내는 연기는 마찬가지로 모든 연극 형태에서

찾아볼 수 있는 요소이다. 막은 그러한 것을 위한 기호이자 도구 중의 하나이다. 여기에서도 매우 은근하게 이런 종류의 요소들의 존재를 '무덤을 모방'하기 위해 제단 '둘레 전체에 친 베일'에서 찾아볼 수 있다. 제단을 둘러싼 베일은 분명히 동방의 초기 교회에서 제단과 중앙 홀을 분리하던 장막을 차용한 것으로 보이는데, 이는 동방 정교회의 성상벽*을 예고한다.

6. 연극적인 것을 이루는 마지막 요소는 공연 공간인데 여기에서 그 공간은 교회이다.

사제는 전례극 공연이 시작되면 교회의 건축학적/무대 장식적 상징성에 의거하여 성서 이해를 돕기 위해 공간 감각을 이용하는데, 다음에 이어지는 분석이 그 사실을 설명한다.

공간의 상징적 사용

성서를 기본으로 한 이 '연극'은 교회 건축물과 마찬가지로 중세기적 사고를 표현하기 위한 한 요소이다. 이 연극의 무대 장치는 교회의 건축물을 통해서만 이해하고 읽을 수 있는데, 그 이유는 무대 장치가 교회 건축물의 필연적 귀결이기 때문이다. 무대 장치와 건축물의 관계는 불가분의 것이다.

전례극의 '연극화'는 그 기원을 카롤링거 왕조 시대, 무엇보다도 건축술에 의거한 공간이라는 방식으로 표현된 종교적이고도 상징적인 사고 속에서 찾아볼 수 있다.

카롤링거 왕조 시대 교회의 전형적 구조는 다음의 특징을 가진다.

— 중앙 홀의 서쪽에 **전면 주춧돌*** 또는 **서쪽 주춧돌*** 또는 앙테글리즈라고 불리는 건축물의 한 요소의 존재에 의해서이거나,

— 성당 후진 부분을 하나는 서쪽, 합창단 반대편*에 다른 하나는 생갈 성당처럼 중앙 홀의 동쪽에 이중으로 배치하거나 하는 것이 바로

그것이다.

서쪽 주춧돌이 있는 도면의 예로는 아베빌 근처에 위치한 상툴라 수도원(오늘의 생리키에)을 들 수 있는데, 샤를마뉴 대제[5]의 사위인 앙질베르가 추진하여 790년부터 지어진 것이다(다음 페이지의 그림 3 참조).

서쪽 주춧돌 부분은 죽음과 재생, 그리고 예루살렘의 성묘[예루살렘에 있는 예수의 무덤-역주]에 관계된 장소였다. 게다가 이것은 황실 가족의 능[6]이 될 수 있었으며 교회의 고관들을 묻는 장소였다. 이곳에서 부활절 전례나 장례식, 그리고 세례——암흑으로부터의 또 다른 소생으로 여겨진——의 중요한 부분이 행해졌다.[7] 이처럼 상징의 논리는 사제들로 하여금 **여성들의 무덤 방문**의 전례 의식에 있어서 무덤, 그리고 암흑에서 소생으로의 이행을 지칭하는 바로 그 교회 공간을 사용하도록 이끌었다. 무덤을 표상하는 제단은 서쪽 주춧돌 부분의 제단이었고, 의식은 전체가 그곳에서 진행되었다. 무덤에서 여인들의 연기로 재현되는 순간과 그것이 공연된 장소간에는 완전한 일치가 있다. 부활의 이야기는 바로 그것을 상징하는 장소에서 공연되었던 것이다. 중앙 홀과 성가대 같은 교회의 나머지 공간과의 관계는 합창, 특히 답창으로 된 몇 차례의 교류를 통해 이루어진다.

2. 대본 표현을 위한 '연기'

카롤링거 왕조 시대에 서쪽 주춧돌 부분에서 생겨난 전례 의식은 12

---

5) 카롤 하이츠, 《카롤링거 왕조 시대 건축물과 전례의 관계에 대한 연구》, 고등실천학교 도서관, 6e 섹션, 파리, SEVPEN, 1963 참조.
6) 페팽 르 브레프의 무덤은 생드니의 앙테글리즈에 있었다.
7) 동방 정교회의 건축물에서 성당 정문 안의 현관 홀도 같은 상징을 띠며 이곳에서 세례가 행해졌다.

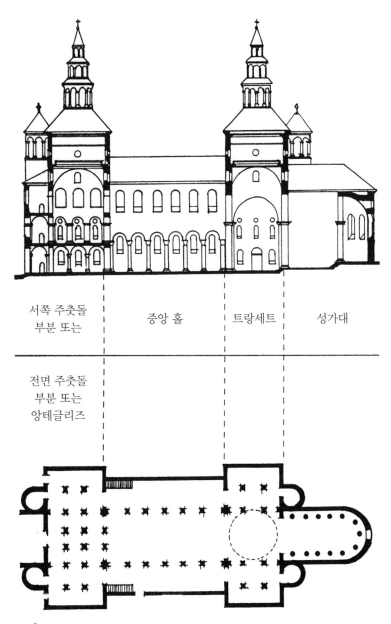

서쪽 주춧돌
부분 또는

중앙 홀

트랑세트

성가대

전면 주춧돌
부분 또는
앙테글리즈

그림 3.

카롤링거 왕조 시대 상툴라(생리키에) 수도원 부속 교회의 평면도와 동서
종단면도 그림.

W. 에프만과 H. 베르나르에 의거한 도미니크 르콩트 그림.

세기말이나 13세기초부터는 종교 건물의 전체를, 이어서 교회의 외부와 결국에는 도시 공간까지를 점유한다. 9세기와 14세기 사이에 도시에서 전례 의식을 신비극*으로 이끌었던 행렬에 대한 수많은 예를 들수 있다. 전례 의식은 모두 교회 공간을 그 상징적 의미 속에서 사용한다. 무대 장치에 대한 분석을 심화하기 위해서 우리는 12세기말 또는 13세기초 루앙 대성당에서 공연된 〈엠마우스의 순례자들[그리스도가 부활한 후 엠마우스촌에서 함께 식사를 한 제자들—역주]의 의식〉을 예로 들기로 했다. 이 원형적인 예를 이해하게 된다면 교회에서 있었던 다른 '의식'이나 기적극 공연들을 분석하는 데 도움이 되는 틀이 될 수 있을 것이다.

9세기에 첫번째 전례 의식은 이미 보았듯이 서쪽 주춧돌 부분에 고정되어 있었다. 12세기부터는 교회 전체의 동서축이 공연에 바쳐진다. 루앙의 〈엠마우스의 순례자들의 의식〉에 대한 13세기의 한 문서[8]는 성 에텔워드의 대본처럼 '연출'과 '무대 장치'에 대한 소중한 정보를 제공한다. 이 문서의 번역문을 인용하기 전에 〈누가복음〉의 한 문장을 인용하는 것이 필수라고 여겨지는데, 그 이유는 루앙의 '의식'이 이 성서의 문장을 단어와 정신 면에서 동시에 충실하게 따르고 있기 때문이다.

엠마우스로 가는 길 위에서
그날 두 제자가 엠마우스라는 마을로 가고 있었다. (…) 그들이 말하고 토론하는 동안 예수가 다가와서 그들과 함께 길을 동행했다. 그들은 그를 보았으나 무엇인가의 방해로 그가 예수임을 알아보지 못했다. 예수가 그들에게 물었다.
— 걸어가면서 무슨 토론을 하고 있는가?

---

8) 루앙 문서 222번. 귀스타프 코헨에 따르면 이 문서는 12세기의 원본을 복사한 것이다.

그러자 그들은 슬픔에 잠겨서 발걸음을 멈추었다. 그들 중에 클레오파스라는 이름을 가진 사람이 그에게 말했다.

— 당신은 예루살렘에 사는 사람들 중에서 최근에 일어난 사건을 알지 못하는 유일한 사람이 아닌가요?

— 무슨 사건 말이지요? (…)

— 나자렛 예수에게 일어난 일말입니다! (…)

그러자 예수가 그들에게 대답했다.

— 이 무지한 사람 같으니, 그대는 선지자들이 예언한 것을 믿는 일에 왜 그리 느리단 말인가! 메시아가 영광의 길로 가기 위해서는 이처럼 고통을 겪어야만 하지 않는가? (…)

그들이 가고 있던 마을 가까이에 이르자 예수는 더 멀리 길을 가려고 했다. 그러자 그들은 그를 만류하며 말했다.

— 우리와 함께 여기 머무십시오. 날이 이미 저물었고 밤이 오고 있습니다.

그래서 그는 그들과 함께 머물고자 집 안으로 들어갔다. 그는 그들과 함께 식탁에 앉아서 빵을 집어들고 신께 감사를 올렸다. 그가 빵을 잘라서 그들에게 건넸다. 그러자 그들의 눈이 열리고 그제야 그가 누구인지를 알아보았다. 그러나 그는 그들 눈앞에서 사라져 버렸다. (…)

그들은 곧장 일어나서 예루살렘으로 되돌아갔다. (…) 그리고 바로 그들이 이야기를 했다. (…) 어떻게 그들이 그가 빵을 자르던 순간에 그가 누구인지 알아차렸던가 하는 것을.

〈누가복음〉 24, 13-35.

이제 일종의 '연출 노트'라고 할 수 있는 그 문서를 인용해 보자.

축도 이후 사람들은 **세례반**으로 마치 부활절날처럼 **행진**[9]을 한다. 행렬은 **교회의 중앙 홀 한가운데**에 멈추어서 시편 'In exitu'(입구에서)

를 부른다. 시편의 마지막에 **두번째 서열의 두 성직자**가 **튜닉과 장포제**의〔성당에서 미사 이외의 예식 때 사제가 백의 위에 입는 소매 없는 망토-역주〕를 입고 **순례자들처럼 막대기와 두 갈래로 된 배낭을 메고** 서쪽 우측 문을 통해 교회 안으로 들어와서 **느린 걸음**으로 행렬에 참여한다. 시편이 끝나면 그들은 행렬의 머리에 멈추고 찬송가 "Jesu nostra redemptio(우리의 대속자 예수)"를 시로 읊는다. (…) **한 사제**가 **장백의**〔사제가 미사 때 걸치는 옷-역주〕**와 아미***〔사제가 미사 때 목에 두르는 흰 천-역주〕를 걸치고 맨발에 손에는 십자가를 들고 서쪽 좌측 문으로 교회에 들어와 그들을 향해 얼굴을 숙이고 다가와 갑자기 그들끼리 이야기를 나누더니 "Qui sunt hi sermones quos confertis ad invicem ambulantes, et estis tristes?"(너희들은 걸어가면서 무슨 이야기를 하고 있으며, 왜 그리 슬픈 것이냐?)[10]라고 말한다.

순례자들은 **놀라는 기색을 하며** 그를 지켜보며 말한다. "Tu solus peregrinus es in Jherusalem et non cognovisti quae facta in illa his diebus." "Quae?"(그대만이 예루살렘에 와 있는 순례자이고 그대는 그가 온 것을 모르는가? 누가?)[11]라고 **사제**가 묻자 순례자가 대답한다. "De Jhesu Nazareno(…)."(나자렛 예수가) 사제가 그들을 교대로 쳐다보며 말한다. "O stulti et tardi corde(…)."(이 어리석고 아둔한 자들.)[12] 이 말을 마치고 사제는 더 멀리 길을 가려는 **척하면서** 곧바로 물러가는데, 순례자들은 **마치** 그들과 식사라도 함께하자는 듯이 서둘러 그를 붙잡고 지팡이로 성을 가리키면서 말한다. "Mane nobiscum(…)."(우리와 함께 남아 있으시오.) 그리고 이처럼 노래하면서 엠마우스 성**과 비슷하게** 교회의 **중**

---

9) 성 에텔워드의 인용문에서도 그랬던 것처럼 이어지는 원문에서 주석의 대상이 될 용어나 문단에는 진한 표시를 했다.
10) 〈누가복음〉 24, 17.
11) 〈누가복음〉 24, 18.
12) 〈누가복음〉 24, 25.

앙 홀의 한가운데 마련된 **천막**으로 그들 인도한다. 사다리로 **기어오른** 후 그들은 준비된 식탁 앞에 앉고, 그들 사이에 자리한 주님이 그들에게 빵을 잘라 준다. 빵이 잘라지면서 그들이 자신을 알아보자 그는 곧 모습을 감추고 그들의 눈앞에서 사라진다(evanescat). 그러나 순례자들은 질겁한 듯 자리에서 일어나 **행렬을 향해 몸을 돌리고** 할렐루야를 노래한다(…). 그들은 단상(pulpitum)[13]으로 돌아와서 다음의 시 절을 노래한다. "Dic nobis, Maria, quid vidisti in via."(우리에게 말하라, 마리아여, 길에서 무엇을 보았는지.) 그때 첫번째 서열의 사제가 제의[부사제가 입는 짧은 소매의 옷-역주]를 입고 머리 주위에 여자들이 하듯이 흰 천*을 두르고 대답한다. "Angelicos testes, sudarium et vestes."(…) (증인인 천사들, 긴 천과 예수의 옷을 보았소.) 이어서 그[14]로 하여금 다음과 같이 말하도록 하라. "Surrexit Christus, spes nostra, preacedet vos in Galileam."(부활하신 그리스도, 우리의 희망, 그대들은 갈릴리로 먼저 돌아가라.) 그러고 나서 성가대가 남은 두 개의 시 절을 노래하는 동안에 마리아와 순례자들이 물러가고, 행렬은 성자를 기억하여 미사를 올린 후에 성가대로 돌아가 거기에서 만과[종과 전에 바치는 기도-역주]가 종료된다.

엘리 코닝슨, 《중세 연극의 공간》, 파리, CNRS, 1975,

p.27-28에서 인용.

---

13) 즉 성가대를 지칭한다. 성가대는 **루트랭**의 의미소 중의 하나로 교회에서 성가대원에게 힐애된 구역이다. 루드렝은 성가대에 위치한다[루드렝은 싱가대 또는 보면대를 말한다-역주].

14) '그'는 마리아 역의 사제일 것이다. 이처럼 공연자와 공연이 구현하는 인물 사이의 구분이 없다.

문자적 의미와 비유적 의미 사이의 왕래

이 대본은 한편으로는 중세 '연극'의 공연 방식을, 다른 한편으로는 '무대 장식 기술'에 대해 귀중한 정보를 담고 있다. **레귤라리스 콘코르디아**에서와 마찬가지로 모방이라는 개념에 대한 여러 가지 지시를 찾아볼 수 있다. 순례자들의 지팡이나 두 갈래로 된 배낭, 또는 마리아라는 인물을 드러내기 위해 '여자들이 하는 식으로' 맨 흰 천*처럼, 비록 꼭 현실적이지는 않더라도 현실에 근접하는 몇몇 기호들을 사용함으로써 최소한으로나마 지시된 진실다움에 접근하려는 의지도 보인다. 진실다움에 대한 이러한 의지는 순례자들의 느린 걸음이나 그들의 놀라움('마치 두려움에 사로잡힌 듯')처럼 연기에 대한 지시에서도 드러난다.

성 에텔워드의 원본이 그랬듯이, 진실다운 방식의 사용은 본래의 의미——텍스트나 시각적인 것에서의——에서 비유적 의미나 상징적인 것으로 **이행**을 허용하는 다른 방식의 사용과 공존하게 마련이다. 예를 들자면 순례자들을 '연기하는' 사제들의 두 갈래 배낭이 진실다움의 계열에 속하는 소품이라면, 예수를 연기하는 사제의 십자가는 '인물'을 설정하는 데 쓰이는 소품이다. 십자가는 신자들에게는 부활한 주님의 등가물로 읽힐 수 있다는 사실을 성 에텔워드의 원본에서 이미 보았다. 여기에서 십자가는 사제가 '연기한' '등장 인물'을 특징짓는 하나의 속성으로써 소품은 상징적 기능을 수행한다.

첫번째 의미 또는 문자 그대로의 의미와 비유적 의미 사이의 왕래는 여전하다. 그 다른 예로 '배우들의 연기'에 대한 묘사를 들 수 있는데, 오늘날 우리는 이것을 고유한 의미로만 읽는 경향이 있지만 그 비유적 의미는 전례 의식에 참여하는 신자들에게는 자명한 것임에 틀림없다. 그것은 바로 예수 역을 맡을 사제에게 순례자들을 향해서 '고개를 숙인 채' 나아갈 것을 권하는 장면이다. 그 지시는 사실적이지도 진실답지도 않으며 나아가서 〈누가복음〉의 다음과 같은 문구와도 외관상 모순되기조차 한다. "그들이 이야기를 나누거나 토론하는 동안 예수가 다가와 그들과 함께 길을 가기 시작했다."(〈누가복음〉 24, 15) 예수가 그들에게 다가가서 함께 길을 가기 원한다면 왜 '고개를 숙인 채' 다가갈 것인가? 그 대답은 누가복음의 다음 문단 "그들의 눈은 무엇인가의 방해로 그를 알아보지 못했다"(〈누가복음〉 24, 16) 속에서 찾을 수 있다. 예수 역을 하는 사제가 고개를 숙인 채라면 그것은 순례자들이 예수를 '쳐다보지' 못했다는 매우 중요한 사실을 그대로 묘사하기 위한 것이다. 전례 의식은 성서의 대화를 그대로 간직할 뿐이다. 순례자들이 '무엇인가의 방해로 그를 알아보지 못했다'는 것은 연기의 면에서 설명할 대상이 아니라, 그런 생각을 시각적으로 번역한 이미지이므로 비유적인 의미로 읽어야 한다. 즉 그 순간 순례자들이 정신적으로 눈이 멀어 있다는 사실을 표현하기 위한 것으로, 대본에서는 추상적인 개념이지만 예수 역할을 하는 사제를 순례자들에게 보이지 않도록 하는 것으로 초점을 전환함으로써 구체적으로 표현을 하고 있는 것이다. 성서와 마찬가지로 전례 의식은 '본다는 것'의 두 가지 의미, 즉 물질적으로 보는 것과 정신적으로 보는 것을 가지고 유희한다. 이 예로써 중세의 전례 의식이 어떻게 가시적인 읽기의 여러 가지 층위를 이용하고 있는지를 이해할 수 있다.[15]

예배 그리고 교회의 동서쪽 축의 상징적 사용

● 물질적이고 정신적인 노정으로서의 행렬

---

15) 시각적인 것에 대한 두 가지 가능한 층위는 문자 그대로의 진실다운 광경을 위해 점차적으로 상실된다. 특히 8장 참조.

이 문헌이 주는 첫번째 중요한 지시는 행렬에 대한 것이다. 연기는 행렬의 과정 속에 편입되는데, 행렬의 진행이 공간과 시간[16] 속에서 명확하게 설명된다. 행렬은 여기에서 입구 바로 다음인 교회의 서쪽 '세례반'에서 시작되는데, 이곳은 카롤링거 왕조 시대의 서쪽 주춧돌 부분의 상징성을 간직한 곳으로 세례에 의해 암흑으로부터 처음 부활한 장소이다. 행렬은 중앙 홀의 한가운데 머물고 성가대에서 끝난다. 교회 공간의 이용은 '재현된' 에피소드의 의미와 완벽하게 부합된다. 동서쪽 축은 상징적으로 인간적인 것을 신적인 것으로, 순간적인 것을 영적인 것으로, 밤에서 낮으로, 죽음에서 부활로, 또는 지상의 삶을 영원한 삶으로 인도한다.

〈누가복음〉에서 엠마우스의 순례자들이 예수와 만난 것은 시간적으로 부활 이후로 설정된다. 12세기의 **의식**에서 만남은 중앙 홀의 한가운데, 신자들을 피조물에서 그렇지 않은 것으로 이끄는 노정의 중간에 이번에는 공간적인 의미에서 뒤에 위치한다. 예수와의 만남과 이어지는 발견은 물질적이고 상징적인 행렬을 더욱 멀리, 평범한 인간이 다가갈 수 없는 성스러운 장소인 성가대로 인도한다. 단순한 하나의 여정에 의해 사람들은 물질적인 노정과 정신적인 노정이 제의의 진행에서 연결되어 있는지, 그것도 '재현'의 진행에서 연결되어 있는지를 이해한다.

● 입장: 우측과 좌측의 상징성

그 원고는 두번째 서열의 성직자 두 사람——순례자를 연기하는——이 '우측 서쪽 문으로' 들어오는 반면, 예수 역의 사제는 '좌측 서쪽 문으로' 들어온다고 명시한다. 중세에 성직자들이나 신자들에게

---

16) 연기 초반에 시편 '인 엑시투(In exitu)'를 노래할 때 '중앙 홀의 한가운데'라고 멈춤을 지시한 부분 참조.

조차도 이런 차이가 주는 상징적 의미는 명확했다.

앞에 인용된 원문은 입장을 하는 두 명의 성직자의 관점에서 본 것인데 '우측 서쪽 문'이라는 표현은 교회에 들어오는 사람들에게 중앙 출입구의 우측에 위치하는 문, 즉 서쪽 전면에 있는 남쪽 문을 말한다. '좌측 서쪽 문'은 북쪽 문을 지칭한다. 중세의 교회는 예수의 몸을 상징적으로 재현하고 있음을 상기함이 옳은데 중앙 홀은 다리, 수랑[십자형 교회당 좌우의 익부―역주]은 팔, 성가대는 머리나 정신을 뜻한다. 그 관점에서 보면 교회의 우측은 입장하는 사람의 좌측에 위치한다.

교회의 현관을 장식하는 조각된 삼각 면[합각머리 따위의―역주]에 대해서도 마찬가지의 역전을 찾아볼 수 있다. 서쪽 중앙 현관에 흔한 모티프는 위엄 있는 예수, 때로는 후광에 싸인 예수를 표현하고 그 오른쪽에는 선택된 자들이나 천국의 모습을, 그 왼쪽에는 저주받은 사람들이나 지옥의 모습을 나타낸다. 그러므로 들어오면서 왼쪽에 있는 문은 예수의 오른쪽에 위치하는데, 이것은 선한 방향, 또는 정신적이거나 천국의 방향이다. 공간의 상징성에 있어서 이는 중요한 논리로써 이 문은 부활한 후의 예수를 연기하는 사제가 들어오는 데 쓰인다. 같은 상징적 논리로 순례자들은 아직 빛이나 신앙의 계시를 받지 못했기 때문에 그들의 오른쪽, 그러나 교회의 삼각 면 위의 위엄 있는 예수의 왼쪽으로 들어온다. 그들은 통과의례를 위한 노정의 초엽에 있으므로 아직 어둠 속에 있으며 계시를 받으려면 노정의 더 멀리, 교회의 중앙 홀 한가운데로 와야 한다. 그들의 정신적 맹목성은 교회의 왼쪽 입구로 들어오는 것에 의해 상징적으로 표현된다.

● 임시적인 '장면': '유사한' 천막

공간과 그 의미의 사용에 대해서, 즉 무대 장치에 대해서 원고의 흰 부분에 특별한 관심을 가지는 것이 마땅하다.

(…) 그들은 그를 엠마우스의 성과 유사하게 교회의 **중앙 홀 한가운데** 마련된 **천막**으로 이끌고 갔다. 계단을 올라가서 그들은 준비된 식탁 앞에 앉았고 그들 사이에 자리한 주님이 그들에게 빵을 잘라 주었다.

여기에서 두 가지 지시가 명확하다.

— 하나는 그 '천막'이 높은 곳에 위치하고 있다는 것인데 왜냐하면 순례자들과 사제가 계단을 올라야 하기 때문이다. 그러므로 천막은 단상이나 나무로 된 실물 장치——중세에 이 단어는 '발판'에 가깝다——위에 있었다는 것인데 '엠마우스의 순례자들의 의식'을 기회로 임시로 세워진 것임에 틀림없다. 이것은 오늘날 우리가 '임시 무대'라고 부를 수 있는 것으로 설치된 장치에 대한 첫번째 언급이라고 할 수 있으며, 연기 장소 중의 하나를 특징짓는다.

— 다른 하나는 그 '엠마우스 성과 비슷한 천막'이 중앙 홀의 한가운데나 교회의 중심축에 위치하고 있다는 사실인데, 우리는 그것이 암흑에서 빛으로의 이행을 표현한다는 것을 이미 알고 있다. 중세식의 사고로는 교회의 동서 축은 마찬가지로 우주의 중심축을 표상한다.

이 문단의 다른 지시들은 좀더 불명확하다. 여기에서 **천막**이란 단어를 어떤 의미로 이해해야 할 것인가? 어떤 **유사함**이 있다는 것일까? 이 질문들에 대답하려면 성서로 되돌아와야 하는데, 여기에서는 시각적으로 번역되어 있다. 〈누가복음〉에서 엠마우스의 순례자들의 행렬은 부활한 그리스도가 어떤 방식으로 인간들에게 모습을 드러냈으며, 어떤 식으로 자신의 존재를 바라보도록——본다는 것의 일차적 의미에서——허락했는가 하는 것을 이야기하고 있다. 《구약》, 특히 〈출애굽기〉로 돌아가면 천막은 앞에서 보듯이 신이 이스라엘 사람들이 탈출하여 사막에 있는 동안 자신의 모습을 드러내기 위해 모세에게 지으라고 명령한 텐트나 이동 성소를 말한다.[17]

이 첫번째 난간 장면에서 '연극적' 제의에 의해 자신의 존재를 드러내는 숨은 신의 장소인 그리스 **스케네**의 특징적 요소를 다시 찾아볼 수 있다. 그리스의 **스케네**와 교회의 중앙 홀 한가운데 임시로 마련된 '무대'에 재현된 '천막' 사이의 유사성은 앞의 2장에서 보았듯이 그 기원에 있어서 **스케네**와 '천막'은 같은 의미를 가지고 있다는 점을 강조할 때 더욱 흥미롭다. 즉 신의 존재가 나타나는 곳이어서 평범한 인간이 다가갈 수 없는 성스러운 텐트인 것이다.

그러므로 원고가 말하는 유사함은 물질적인 것이거나 현실적인 것이 아니며 하물며 환상에 관여하는 것은 더욱 아니다. 그 유사함은 시적이고 신학적이며 상징적인 일치의 영역에 속한다. 여기에서 **미메시스**의 다른 표현을 찾아볼 수 있다. 중앙 홀의 한가운데 실물 장치 위에 세워진 천막은 비유적인 의미에서 엠마우스의 성과 '비슷하다.' 이 장소는 신자들에 의해서 신이 인간에게 모습을 드러낸 오래된 장소로서 명확하게 인지되었다. 원고에 대한 충분한 지식이 없기 때문에 우리는 이 유사성을 간과할 수도 있다. 그러나 이 유사성은 중세의 신자들에게는 명백한 것이었음에 틀림없다.

상징적 일치에 의한 **미메시스**는 원고의 다음 부분인 "(…) 그들은 차려진 식탁에 앉았고, 그들 앞에 앉은 주님은 빵을 잘라 준다"에서도 계속해서 읽을 수 있다. 여기서 유사성은 〈구약〉에서 신이 모세에게 천막의 첫번째 내실에 빵을 갖춘 식탁을 차리도록 명한 부분을 시각적으로 변환한 부분과 원문 거의 그대로의 인용을 연결하는 일치의 관계 속에 존재한다.

아카시아 나무로 된 식탁을 만들라. (…) 이 식탁 위에 나에게 바쳐진 빵을 놓을 것이며 내 앞에는 항상 빵이 놓여지리라.
〈출애굽기〉 25, 23, 30.

17) 제2장과 《구약》의 〈출애굽기〉 25-30장 참고.

〈엠마우스의 순례자 제의〉에서 천막 장면은 성서의 정신에 가능한 한 '닮은' 이미지이다. 그 이미지는 인간이 신에게 음식을 대접하는 장소, 그리고 《신약》과 《구약》의 요소들을 참조하는 복합적인 연계 속에서 신의 존재가 표명되는 장소를 표현——또는 번역하거나 재현——한다.

천막 장면에 대해서는 교회 공간에 대한 또 다른 상징적 사용이라고 강조할 수 있다. 엠마우스의 순례자들에게 그리스도가 현현한 것은 성경의 이야기 과정 속에서 부활절과 승천일을 구분하는 40일이라는 중간적 시기 속에 위치한다. 40일 동안, 부활한 그리스도는 제자들의 눈에는 아직도 인간의 모습을 한 채로 비추어졌다.[18] 즉 하나의 과도기였던 것이다. 그리고, 그렇기 때문에, 이 과도기에 믿기 힘든 에피소드 중의 하나인 엠마우스의 순례자들은 과도기의 장소, 중앙 홀의 한가운데에서 재현되었던 것이다. 그리스의 **스케네**처럼——이 장소가 〈출애굽기〉에서 천막의 성스러운 장소와 상징적으로 같은 위치를 차지한다는 것, 즉 다가갈 수 없고 숨겨져 있는 아주 성스러운 장소의 앞에 있는 중간적 장소라는 사실을 앞에서 보았듯이——루앙의 **제의**에서 무대/천막은 중간적 장소이자 서쪽 문——부활의 장소인——을 넘어서, 그러나 성가대——더 이상 현현의 장소가 아니라 성찬의 존재라는 신비의 성스러운 장소인——의 이쪽에 위치하는 둘 사이의 장소이다.

중세의 무대 장식 기술은 우리가 읽어서는 더 이상 해석할 수 없고, 그 핵심적인 열쇠가 때로 상실된 자료들과 상징적 코드에 도움을 구한다. 그러나 《엠마우스의 순례자들의 제의》에서 출발한 몇 가지 분석은 중세 전례극에서의 공간 사용이 얼마나 풍요롭고 복합적이며 세

---

18) 〈마태복음〉 28장, 16-20절, 〈마가복음〉 16장, 14-18절, 〈누가복음〉 24장 13-19절, 〈요한복음〉 20장, 19-23절, 〈사도행전〉 1장, 6-8절 참고.

련되어 있는가를 짐작케 한다.

3. 신비극, 기적극, 성사극

전례 의식을 극대화하려는 움직임은 대본을 '재현'하는 데 있어서 점차 교회 공간을 떠나 도시 공간을 차지하게 하였다. 장소와 마찬가지로 공연의 주제 또한 점차 확장되어 갔다. 연극화된 첫 전례 의식은 성녀들이 예수의 무덤을 방문하는 에피소드나 성서의 몇 줄을 재현했다. 그로부터 300년 이후, 12세기말에 씌어진 작자 미상의 《아담극》은 아담과 이브의 유혹, 죄와 벌에 대해서 다루고 있다. 같은 시기에 장 보델은 《성 니콜라우스극》을 쓰는데 사라센인들에 의해 포로가 된 한 십자군 병사의 수많은 모험에 대한 복합적인 이야기로, 그 병사는 자신의 신념과 성 니콜라우스의 도움으로 자유를 되찾고 사라센 왕을 기독교 신자로 개종시키는 데 성공한다. 약 1천 행으로 이루어진 원문은 10음절, 구어체로 이루어져 있다. 실제로 새로운 종교극 형식이 지향하던 관객은 그 수가 늘었고 《아담극》 이후로 라틴어보다는 그 지방 언어가 선택된다.[19] 신비극*과 수난극은 성서의 긴 여정을 재현했고 기적극과 순교극은 흔히 며칠 동안이나 계속되는 웅장한 '스펙터클' 형식으로 성인들의 삶을 다루었다. 공연은 그 도시 전체의 작품으로써, 공연 준비에 바쳐지는 일의 분담 속에서 맡은 '역할'과 '배우들'에 있어서나 관객들 사이에서도 마찬가지로, 그 속에서 중세 사회의 특징적인 계급 구조를 찾아볼 수 있었다.

이러한 공연들의 주제는 광범위했는데, 예를 들어 예수 수난에 관한

---

19) 몇몇 답창이나 예를 들어 장 보델(1210년경 사망)의 《성 니콜라우스극》에서 **테 데움** 마지막 부분을 제외하고 말이다. '연출' 지시문과 오늘날 지문이라고 불리는 것은 계속 라틴어로 씌어졌다.

신비극에서 공연은 원죄에서 시작해 죽음에 의한 속죄와 예수의 부활로 끝나거나 또는 《구약》의 처음에서 시작해 《신약》의 끝에서 끝나거나 했다. 남아 있는 신비극 중에서 가장 오래된 텍스트는 소위 팔라티누스라는 14세기의 수난극으로 길이가 2천 행에 이른다. 메르카데가 1340년에 쓴 《아라스 수난극》은 2만 5천 행으로 4일 분으로 나누어져 있다. 1450년에 씌어진 아르눌 그레방 수난극은 본래 3만 4천5백 행에 이른다. 이 원본을 장 미셸이 15세기말에 손을 보아서 16세기말경에는 6만 5천 행으로 마무리된다. 신비극* 공연은 며칠에 걸쳐서 공연되었고, 1547년 발랑시엔에서 공연된 수난극은 25일간이나 진행되었다.

이야기의 길이가 거대하고 내용이 분산된 것 이외에, 극적 단일성은 작시법[20]상의 반복적 리듬 위에서, 그리고 일관성 있는 재현 방식 위에서 알레고리와 상징을 자주 사용하고, 교회에서 초기 전례극이 그랬던 것처럼 공간의 상징성을 사용함으로써 구축된다. 신비극의 발전은 이 장르가 지나치게 과장되고 내용이 빈약해지는 결과를 가져와 파리의 고등법원으로 하여금 1548년 칙령을 내리며 모든 성스러운 신비극의 공연을 금지하게 했는데 그 이유는 배우들이 '무식한 사람들'이었고 '자신들이 하는 말에 대해 아무런 인식'도 갖지 못했으며, '그들의 연기는 추문과 조롱으로 바뀌고' '신에 바치는 의식을 그만두게 하며, 자선과 기부를 냉각시키고, 간음과 간통을 무제한' 이끌기 때문이다. 그러나 성스러운 신비극은 파리 이외의 장소에서 계속 공연되었는데 1583년 공연된 루체른의 신비극이나 브르타뉴에서 18세기까지도 그 흔적이 남아 있었다는 사실을 예로 들 수 있다.

---

20) 흔히 10음절 시구가 사용되었다.

공연 공간

공연 공간에 대해서 오늘날 우리가 확실하게 해석할 수 있는 문서가 없기 때문에 아직도 많은 의문들이 남아 있다. 해석할 수 있는 문서가 상대적으로 부족한 이유는 무엇인가? 그 대답은 단순한 동시에 복잡하다. 이것은 중세의 공연 방식이 대부분 우리에게 낯선 것이 되었기 때문이라고 요약할 수 있다. 본질적으로 공연이라고 하는 것은 사라지기 때문에 우리에게 남은 것은 우리가 더 이상 정확하게 읽을 수 없는 흔적——대본 또는 이미지들——밖에는 없다. 게다가 공간에 대한 우리의 개념은 중세의 사고방식과는 절대적으로 차이가 있다. 폴 줌토르는 중세의 공간의 재현 문제에 대해서 귀중한 저작을 남기고 있으며 그 일부를 발췌하면 다음과 같다.

중세의 언어는 우리가 오늘날 공간이라고 여기는 개념을 대충이라도 지칭하는 단어를 가지고 있지 않았다. 바로 이것이 우리가 해석해야 할 지표이다. (⋯) 그러므로 중세의 '공간'은 두 개의 사이, 즉 채워야 할 빈 곳이다. 공간이라는 것은 위치를 여기저기 지정함으로써만 존재했던 것이다. 장소라는 단어는 안정적이고 풍요한 긍정적인 의미의 무게가 실려 있으며, 그 불연속성으로 펼쳐진 공간에 사건을 일으킨다. (⋯) 한 존재의 장소는 사물의 장소에 못지않게 이 사물이나 존재에 고유한 공통된 성질로 여겨졌다. (⋯) 중세의 인간에게는 그 어디에도 존재가 없이는 장소도 없었다.

폴 줌토르, 《세상의 크기, 중세에 공간의 재현》,
파리, 쇠이유, 1993, p.51.

오늘날 우리의 사고와 동떨어진 장소와 공간에 대한 이러한 개념은 때로 텍스트와 이미지를 해석하기 어렵게 만든다. 신비극*에서와 마찬가지로 수난극의 대본, 무대감독이나 연출자의 기록부, 무대 배경 설치에 대한 장부 등은 모호하다. 오늘날 우리에게 매우 도움이 될 세부 사항들은 중세에는 그다지 중요하지 않은 사항들이었다. 그런 지시들은 자명해서 기록되어지지 않았다. 앞에서 인용한 엠마우스의 순례자들의 연극 대본은 '엠마우스 성을 닮은 천막' 등에서 그것에 대한 좋은 예를 보여준다. 이 유사성은 우리가 해독하기에 매우 복잡하다. 대본은 묘사된 부분에 대해서 절대로 반박할 수 없는 확실한 요소들을 별로 알려 주지 않는다.

그 점은 이미지에 대해서도 마찬가지이다. 신비극의 배치에 대한 어떤 명확한 또는 평가할 만한 도안도 우리에게 도달하지 않았는데, 그 이유는 공간적인 배치를 결정하는 것은 작품의 저자가 알고 있는 상징의 논리에 따른 것으로, 그 상징을 그림이나 도안 또는 단어로 설명하는 것은 쓸데없는 일로 여겨졌기 때문이다.

그래서 도안은 거의 존재하지 않는다.[21] 남아 있는 것은 신비극의 무대 장치를 재현하는 그림이나 세밀화로써, 특히 1547년 발랑시엔에서 공연된 〈예수 수난의 신비극〉의 경우가 그렇다. 국립도서관은 서로 다른 에피소드들을 재현한 위베르 카이오의 세밀화가 있는 매우 아름다운 수기 원고[22]를 보유하고 있다. 그러나 세밀화의 해석은 마찬가지로 간단하지 않은데 그 이유는 저자가 신비극의 공연 현황을 있는 그대로 전하려고 한 것이 아니라 그 정신을 전하려고 했기 때문이다. 연기의 서로 다른 장소에 대한 일반적인 광경에 제목을 달면서 카이오는

---

21) 도노에싱겐 신비극의 도안(15세기 하반기)이나 1583년 루체른의 신비극 등 몇 가지 예를 제외하면 그렇다. 정확한 도면이라기보다는 매우 일반적인 도식적 배치이다.

22) 국립도서관의 프랑스 수기 원고 12536.

자신의 세밀화를 '극장 또는 수난의 신비극이 공연되었던 때 그대로 그려진——또는 재현된——판자울타리'라고 소개한다. 원고에 씌어진 이 설명을 읽고 나서 사람들은 공연 당시의 모습을 알 수 있는 그림을 기대할 것이다. 그런데 그런 것은 어디에도 없다. 예를 들면 등장인물들이나 건물·배 사이의 상대적인 등급을 지킨다면 이런 등급은 진실다움을 추구하는 공연에 일치하지 않는다. 마찬가지로 그가 신비극의 '초상'을 '그것이 공연된 때와 그대로' 그린다고 하더라도 화가는 절대로 공연의 첫번째 맥락인 도시를 그리지는 않는다.

게다가 세밀화는 하나의 크기, 즉 책 페이지의 크기로, 그리고 한 표면 위에, 마찬가지로 책의 페이지 위에 그려지게 된다. 따라서 세밀화는 동일한 화면에 옮겨진 일련의 이미지로 정돈되며, 병치된 것은 공간적으로 인접한 것을 암시하는 것이 아니라 시간적으로 이어진다는 것을 암시한다. 관객의 시선은 신비극의 관객이 있는 시간과 공간 속에서의 실제 이동에 대한 반향으로써 이미지 속에서 선회하거나, 한 이미지에서 다른 이미지로 선회한다.

문자 그대로의 유사성을 추구하는 것이 아니라 공연에서 상징적이거나 비유적인 다른 방식을 추구하는 중세 사람들의 사고 속에서 인간이 상상하는 장면과 비슷한 이미지를 만들어 내는 것은 우선적인 일이 아니었다. 그래서 가능한 여러 가지 해석이 생겨난다. 예를 들어 발랑시엔의 세밀화는 몇몇 역사가들, 그 중에서 귀스타프 코헨으로 하여금 한 무대의 길이가 60에서 100미터에 이르고, 그 위에 일렬로 카이오의 세밀화에 그려진 여러 가지 배경이 나누어져 있다고 생각하게 했다. 배우들은 한 장면에 특별한 하나의 배경이 있는 거대한 무대의 한쪽에서 나른 한쪽으로 이동했을 것이라는 것이다. 배우들이 그렇게 이동하는 것에 따라서 관객들도 일렬로 이동함으로써 그들 앞에서 일어나는 각각의 에피소드를 관람했을 것이라는 것이다. 이런 가정은 다음의 전제 위에 놓여 있다. 하나의 평면에서 이루어지는 신비극 공연이 세밀화나 공간 속에서의 재현과 그대로 일치하리라는 전제이다.

차후의 논의가 유효한가를 조건짓는 이 전제는 오류일 수도 있다. 사실상 중세에 한 화면에 전체를 그리는 것은 그림을 색칠하거나 그릴 때 부수적인 요소일 뿐이다. '엠마우스의 성과 비슷한 천막'의 경우처럼 유사함은 차라리 비유적이거나 상징적인 질서에 속했다. 카이오는 문자보다는 신비극의 정신을 재현했다. 그리고 만약 전면을 보여주는 그의 세밀화들이 모두 종이의 한 면에 놓여 있다고 해서, '공연' 전체도 도시와 공간 속에 한 줄로 전면에 놓여 있다고 유추하는 것은 무모한 일로 보인다.

물론 거의 동시대적인 두 재현——도시에서의 신비극과 책 속의 신비극——사이에 일치하는 점이 있다고 해도 문자 그대로의 일치를 찾아보려고 하는 것은 분명히 경계해야 할 것이다. 이미지는 그것이 어떤 것이든간에 항상 관객에게 하나의 관점, 즉 화가의 관점을 마치 시선과 현실 사이에 개입하는 하나의 여과기처럼 강요하게 된다. 있는 그대로의 이미지라는 개념은 르네상스 이후에 발전해 오면서 원근법이라는 수단을 통해 이 여과기의 존재 자체를 잊게 하고자 애쓰는데, 이런 사실로 인해 우리는 중세의 이 세밀화를 오늘날 너무 문자 그대로 해석하게 된 것이다.

다성적 무대 장식 기술

문서를 해석하는 데 있어서 불확실하고 어려움이 있지만 신비극*의 무대 장치에 대한 많은 요소들이 확실하게 구축되는 것으로 보인다. 각 부분을 세부적으로 설명하기 이전에 전체를 열거해 보자면 다음과 같다. 우선 극 행위의 장소가 여러 가지 작은 장면 또는 **맨션**으로 공연의 전반적인 공간 내부에 나누어져 있다는 점, 기계 장치가 발달되어 있었다는 점, '무대 배경'이 훌륭했다는 점, 이야기에 따라서 관객과 배우들이 한 장소에서 다른 장소로 이동을 했다는 점, 공연 공간이 하늘만 열린 닫힌 공간이라는 점, 공간을 상징적으로 사용했다는 점이 그 것이다.

● 맨션

이른바 〈극장 또는 천막〉이라고 불리는 카이오의 세밀화는 《발랑시엔 수난극》의 전체 경관을 재현한다. 이 세밀화는 **맨션**이라고 불리는, 즉 **머무는 곳, 집**이라는 의미를 가진 여러 가지 작은 무대 장면에 대한 명확한 예를 제시한다. 맨션은 연속적으로 이야기와 연계하여 사용되었고, 어떤 맨션들은 그 기능을 바꾸거나 여러 가지 다른 장소를 표현할 수도 있었다. 맨션은 앞에서 살펴본 엠마우스 성의 난간 무대와 마찬가지로 12세기부터 교회의 중앙 홀 또는 성가대에 설치된 첫번째 난간 무대에서 파생한 것이다. 신비극과 더불어 난간 무대는 더욱 복잡하고 더욱 장식적인 것이 되었으나, 그 기능이나 사용은 교회에서 그것들의 '조상'에 비교할 만한 것으로만 남아 있었다.

《발랑시엔 수난극》의 전체 경관에서 맨션의 이름은 왼쪽에서 오른쪽으로 방이 하나 있고, 그 위에 천국·나자렛·사원·예루살렘·궁전·주교의 집·황금문·바다·신부들의 연옥, 그리고 끝에 지옥이 있다. 천국과 지옥을 제외하면 이 명칭들은 총칭적이다. 세밀화의 다음 부분에서 예를 들어 궁전이 카나의 결혼식이나 요한의 예언, 헤롯 왕 앞에서 살로메가 춤추는 장면, 또는 막달라 마리아가 신앙심에 눈을 떠서 예수의 발을 자신의 눈물로 씻는 저녁 식사 장면 등의 여러 가지 에피소드를 재현하기 위해 사용된다는 것을 알 수 있다. 같은 집이 채찍질과 가시 면류관 씌우는 장면 등에 사용되고 있다.[23] 대본과 공연된 극행동만이 주어진 순간에 맨션의 특성을 결정했던 것이다.

모든 신비극과 기적극에 존재하는 천국과 지옥이라는 두 개의 맨션 만은 다양한 용도로 사용되는 총칭적 특성에서 제외되었다. 이것들은 하나가 다른 하나에 대해서 서로 상징적으로 반대가 되도록 위치했으며, 공공 장소에서 공연된 신비극의 경우 도노에싱엔(15세기 후반부)이나 튀체른(1583년)의 경우처럼 흔히 일반적인 공연 공간의 양쪽에 있었다. 카이오가 자신의 세밀화 한쪽에는 천국을, 다른 한쪽에는 지옥을 그리면서 나타내고자 한 것은 바로 이 상징적인 대립이다. 그는 거기에서 두 맨션의 대치를 종이의 크기나 면적에 따라서 그림의 형식으로 표현한다. 그러나 천국과 지옥이라는 두 맨션은 물질적으로나 상대적으로 서로 가까이 있을 수 있었다. 그런 경우에 두 공간의 대립은 공간의 분할에 의해서 상징적으로 지시되었다. 장 푸케*가 그린 〈성녀 아폴린의 순교〉(1450년경)의 세밀화가 바로 그 경우인데 지옥은 신의 왼쪽에 있고 천국은 그 오른쪽에 있다(그림 4 참조). 공간의 상징적 특성에 대해 차후 다시 논의할 예정이다.

● 화려한 효과를 위한 복합적인 기계 장치

신비극*과 기적극의 공연은 '비밀'이라고 불린 복합적인 기계 장치를 사용했는데 이 기계는 출현이나 사라짐·비상·화재 등의 스펙터클한 효과를 가능케 했다. 기계 장치의 효과는 고대로부터 건축이나 항해술, 극장에 사용된 원칙인 도르래·윈치·실린더 등을 이용한 힘의 감속이라는 기계적 원칙에 의존하고 있다. 기계 장치의 이러한 기계적 효과는 흔히 마술적인 '술수'라고 불린 것에 의해 채워졌는데, 예를 들면 등장 인물이 맨션의 마룻바닥에 마련된 트랩을 통해 사라지거나 대체되거나, 가짜이지만 그럴 듯한 참수형 등이 그것이다. 기

---

23) '궁전'이라는 이름의 맨션에서 공연된 여러 가지 에피소드의 목록은 이밖에도 더 있다.

계의 이런 효과 또는 '마법'은 후에 이어지는 이탈리아식 극장에서 다시 차용된다.

'특수 효과' 전체는 **비밀의 지휘자**에게 맡겨졌다. 그는 예를 들어 노아의 방주 에피소드를 위해 동물들을 조각하거나 만들 수 있었고, 예언자 모세나 엘리아를 하늘에서 나타나게 하거나 사라지게 할 수 있었다(분명히 채색 벽지로 만들어진, 맨션 너머로 매달린 조각들 뒤에서). 예수의 승천조차도 천국을 나타내는 맨션 너머로, 흔히 천사들을 동반하고, 복잡한 비행에 의해 그럴 듯하게 재현되었다. 그때 도르래와 윈치는 맨션의 천장 너머에 위치했음이 틀림없다. 실제로 중세의 어떤 텍스트에서는 '천장'[24]을 건축하는 것에 관한 세부 사항을 찾아볼 수 있다.

비밀의 지휘자는 순교 장면을 위해서 특별히 기대되는 효과를 만들곤 했으며 이 효과는 후에 그랑기뇰이 모방했다. 회전축을 가진 판자가 배우를 피 흘리는 '시체'로 바뀔 수 있게 했고, 트랩을 사용해서 처형 장면을 '그럴 듯하게' 했으며, 다른 창문으로부터 오는 피로 넘치게도 했다.

가장 볼거리가 있는 효과이자 사실적이라고 부를 수 있는 효과는 지옥의 맨션에서 창안되었는데, 흔히 불을 뿜어내는 거대한 용머리[25]에 의해서 재현되거나 '지옥의 입'이라고 불리는 마디로 된 턱으로 악인들을 삼켰다. 이는 중세에 흔히 사용된 성상학 용어의 일부를 이루었으며, 예를 들어 교회의 삼각 면에, 또는 회화나 프레스코에서 사용되었다. 이는 《구약》에 나온 사악한 해룡, 즉 악어-용, 라합, 또는 레비아탕[26]을 아련하게 연상케 한다. 지옥의 입은 〈욥기〉의 거대한 용을 가

---

24) 엘리 코닝슨, 상게서, p.173 참고.

25) 불의 효과는 사실적인 것 그 이상이었다. 불은 실제였으며 삼부스러기에 붙여지고 유지되었다.

26) 《구약》, 〈욥기〉 7장 12절, 9장 13절, 26장 12절 참고.

시적으로 만든 것으로, 그 본문의 내용은 몇몇 지옥의 맨션들을 묘사하는 데 사용될 수 있을 것이다.

누가 그의 이중 턱에서 모험을 했는가? 누가 그 둘레가 끔찍한 이로 채워진 입을 커다랗게 벌리게 했는가?

〈욥기〉 41, 5-6.

그 입에서 불꽃 같은 혀와 불꽃다발이 빠져나왔다. 콧구멍으로부터 마치 냄비나 끓는 솥처럼 김이 나오는 것이 보였다. 숨결은 하도 강해서 그것이 입에서 내뿜는 불꽃으로 잉걸불을 다시 당길 정도였다. 목의 힘은 너무도 강해서 그것을 보는 사람이면 누구나 공포에 사로잡혔다.

〈욥기〉 41, 11-14.

게다가 지옥의 입은 모호한 순간, 사악한 불길을 표현하는 붉은 휘장에 의해 지칭되었다. 지옥을 나타내는 맨션의 붉은 휘장은 후에 이탈리아식 극장의 두번째 배경을 가리키기 위해서 사용된, **아를르캥의 망토**라는 표현의 기원이 되었다. 즉 아를르캥 또는 할르퀸은 바로 단테의 《지옥》에 나오는 알리키노이자 악마 헬르킨의 후계자로서 그 독일어 어원인 헬킨은 **지옥의 핏줄**을 의미한다.[27]

화려한 볼거리

당시의 문서가 더 이상 명확하게 읽히지 않기 때문에, 그리고 사용된 재현의 코드를 우리가 더 이상 잘 이해할 수 없기 때문에 지금 우리가

---

27) 사악한 존재를 뜻하는 독일어 **에어렌쾨니히**에서 이와 동일한 어근을 찾아볼 수 있다. 괴테의 시 〈마왕〉 참고.

사는 시대는 흔히 신비극*을 마치 '아직 불완전하고,' 또는 '순진한' 스펙터클로 여긴다. 그래서 아직도 많은 연구들에서 이런 어투의 표현을 발견할 수 있다. 그러나 이는 잘못된 해석이다. 그 공연의 화려함에 대해서는 아마도 신비극과 기적극이 고딕식 성당과 동시대이자 불꽃을 단순화한 무늬인 플랑부아양 양식이라는 극도의 세련됨과 동시대라는 사실을 기억해야 할 것이다.

또한 신비극과 동시대이자 원형 상태로 우리에게 남아 있는 대본의 다른 재현 방식들, 즉 그림들과 제단 뒷벽의 장식화들에 대해서도 참조해야 할 것이다. 거기에서 신비극의 본질적인 원칙들, 즉 파편적인 재현 공간——제단 뒷벽의 여러 장식 화판들은 맨션에 해당할 것이다——그리고 재현 공간 속에 이야기의 여러 가지 서로 다른 시간을 병치시킨 것을 찾아볼 수 있다. 오늘날에도 사람들은 그 잘된 구성, 세부에까지 미치는 세심한 배려와 상상력을 느낀다. 반 에이크나 로지에 반 에어 웨이덴[28]과 같은 초기 플라망파의 그림들과 장식화들은 우리에게 신비극의 시각적 부분에 해당하는 것을 그럴 듯하게 제공한다. 이 그림들을 쳐다보면서 맨션이 얼마나 섬세하게 작업되고 조각되었는지 짐작할 수 있다. 의상도 마찬가지다. 의상은 틀림없이 우리가 그림에서 보는 것과 매우 비슷할 것이다.

그림과 신비극이 유사하다는 가정은 여러 가지 논거에 근거하고 있다.

— 첫째 논거는 다음과 같이 요약할 수 있다. 비록 그 증거가 반대가 될지라도, 비록 사용된 재료가 덜 고상하고 덜 견고한 것이었다고 해도, 장식화 속에 수고를 기울여 재현한 것을 신비극에서 그대로 실현하지 않았을 이유는 없다. 실제로 재현된 두 가지 형식은 동일한 주제

---

28) 어윈 파노프스키, 《초기 플라망 회화》, 파리, 하잔, 1992 참조. 영어 원본은 《초기 네덜란드 회화》, 하버드대학 출판부, 1971.

──성서 텍스트를 시각적이고 감각적인 것으로 바꾸는 것──를 가지고 있었다. 두 가지 모두 동일한 관객──교회나 도시 속의 신자들──에게 다가가고자 했다. 두 가지 모두 동일한 공동 출자자들──교회의 고위직이나 부유한 가문 또는 왕가──을 가지고 있었다.

　─ 신비극이나 기적극의 시각적 화려함을 옹호하는 두번째 논거는 흔히 신비극의 '무대 장식 기술자'──또는 왕이 입장하는 경우에 제공된 축제──의 기능이 화가에게 맡겨졌다는 사실에서 비롯한다. 세밀화 화가인 장 푸케*를 예로 들 수 있는데 그는 1450년 〈성 아폴린의 순교〉(그림 4)나 1461년 루이 11세가 투르에 입성할 때에 '무대 장식 기술자'였던 것이다. 영국에서는 홀바인*이 왕 헨리 8세가 지켜보는 데서 공연된 신비극의 '무대 장식 기술자'였다.

움직이는 배우들과 관객

　교회에서 행해진 전례극이 행렬의 물질적이고 상징적인 경로 속에 포함된다는 것은 이미 앞에서 보았다. 신비극에서도 배우나 관객이 도시──특히 도시의 광장에서──이거나 한정되고 순환적이며 공연을 위해 특별히 마련된 공간이거나 공연 공간 내에서 이동한다는 동일한 생각을 찾아볼 수 있다. 중세에 현실과 허구 사이, 그리고 배우와 관객 사이를 분리한다는 생각은 별로 통용되지 않았다. 배우들은 15세기에 전문극단을 형성하기 이전에는 흔히 도시 거주민들 중에서 선택되었고, 서술되는 이야기가 진행됨에 따라 한 맨션에서 다른 맨션으로 이동했다. 서로 다른 여러 장면이 서로 다른 맨션에서, 마치 다성음악을 작곡하는 것과도 비슷한 공간적인 구성 속에서 여러 가지 장면들이 동시에 진행되었을 것이라고 생각된다. 그런 이유로 신비극 공연은 때로 동시 연극이라고 말해지기도 한다.

　지금까지 알려진 바로는 배우가 연기를 마쳤을 때 관객과 합류하거나 빈 맨션으로 갔을 것이라고 생각된다. 마찬가지로 공연 시간 동안 연출 지시를 내리던 **연출자**도 극이 진행된 장소에서, 관객이나 배우들 가운데 있었다. 〈성 아폴린의 순교〉(그림 4 참고) 세밀화에서 장 푸케*는 연출가가 왼손에는 대본을, 오른손에는 지휘봉을 들고 두 명의 사형집행인 사이에 있는 것을 그리고 있다. 그의 태도와 몸짓은 목소리와 공연의 리듬이라는 복합적인 전체를 아우르는 오케스트라의 지휘자를 연상시킨다.

요약해서 말하자면 신비극*과 기적극 공연의 특징은 현실과 허구간의 분리가 없다는 점이다. 관객도 공연의 전체 공간에 포함되었고, 배우들과 함께 이동하며, 배우들도 관객 사이에 자리잡을 수 있었다. 사형대 맨션에서도 이처럼 서로를 분리하지 않았으며, 어떤 맨션은 극행동의 공간을 재현했고 다른 맨션은 관객을 위해 사용되기도 했다. 이를 장 푸케*의 세밀화에서 찾아볼 수 있다. 안쪽에, 무대의 왼쪽에서 오른쪽으로 천국을 나타내는 맨션이 음악가인 천사들과 함께 보이고, 가운데는 왕의 맨션이——그러나 왕이 순교자의 옆에 위치하므로 옥좌는 빈 채로인——그리고 두 개의 맨션을 관객이 차지하고, 마지막으로 지옥의 입이 위치하는데 관객과 배우가 입장하기 위해 그 입구를 한 번 연 바가 있다. 맨션의 기능은 극행동과 대사, 그리고 공간의 상징성에 의해 결정되었다.

4. 원형 '무대'

신비극*과 성사극의 각기 다른 이야기 시간은 이처럼 서로 다른 맨션에서 하는 이야기로 분할되었다. 어떤 일반적인 공간에 맨션이 나뉘어져 있었는지 아는 것이 문제로 제기된다. 이미 앞에서 보았듯이 귀스타프 코헨이 세기초에 주장한 선적인 공간이 개별적으로 확대된 형태는 버려져야 할 것으로 보인다. 중세말의 신비극이나 기적극의 극장은 공연하기 전에 미리 존재하건 존재하지 않건 간에 하늘이 열린, 비록 닫힌 공간은 아니며 다소 넓기는 해도 물질적으로 제한된 장소이기가 쉽다.[29]

실제로 신비극은 도나우싱엔이나 뤼체른 같은 도시의 광장에서 공연되었고, 또한 로마 극장이나 로마 원형 극장의 잔해에서, 그리고 〈성 아폴린의 순교〉나 코르누아이유의 기적극처럼 특별히 마련된 원형 공간에서 공연되곤 했다.[30]

물질적으로나 구조적으로 이 모든 공간들은 중앙이 비어 있고 한정되고 건축된 완전한 부분으로 둘러싸여 있는 것이 공통점이다.

'극장'의 전형적인 공간이 어떠했는지 더 잘 상상할 수 있기 위해서는 이를 프랑스 중세말 원형 공연장을 재현하는 문서——기적극의 극장 공간과의 연계하에서는 드물게 인용된——하나와 대조하는 것이 흥미로워 보인다. 1565년 프리마티초*가 몽타르지 성의 대형 홀 벽난로 위에 그린 장식화를 자크 앙드루에 뒤 세르소*가 다시 그린 그림을 바탕으로 만든 그림이다(그림 5).

그림에는 자기 주인을 살해한 귀족에 대항하여 개가 싸우는 모습이 원형 공간에 펼쳐지는데, 이는 장 푸케*가 〈성 아폴린의 순교〉를 위해 재현한 공간과 비록 두 광경이 같은 종류의 것은 아니지만 매우 유사하다. 거기에서 다음과 같은 사실을 찾아볼 수 있다.

— 층계가 있는 사형대-맨션이 동일하게 원형으로 배치되어 있다.

29) 이것은 특히 Henry Rey-Flaud의 논문에서 개진된 주장이다. 《마술의 원, 중세말 원형 극장에 대한 시론》, 파리, 갈리마르, 1973 참고.

30) 코르누아이유의 원형 극장에 대해서는 특히 S. Higgins의 《중세 원형 극장》 (Università degli Studi di Camerino, Centro Linguistico di Ateno, Laboratorio degli studi linguistici, n° speciale, 62032 Camerino(MC), 1994) 참고.

마케르의 개싸움의 경우 모든 맨션이 관객에 의해 채워져 있다.

— 왕이나 왕자의 객석은 세밀화에서는 커튼이나 왕좌로, 판화에서는 삼각형의 박공이나 난간에 드리워진 천에 분명하게 표시되어 있다.

— 측면 맨션에 악사들이 존재한다는 사실.

— 난간의 존재(세밀화에서 나무로 된 엮음 장식)가 맨션과 반대되는 쪽에 원의 원주를 한정짓는다.

두 문서를 비교해 보면 푸케*의 세밀화에서 제기된 채로 남은 문제에 대한 대답을 제안할 수 있다. 역사가들은 〈성 아폴린의 순교〉의 공간이 실제로 어떻게 배치되었는가에 대해서 의견이 갈린다. 두 개의 가정이 제시되고 있는데, 하나는 원형 공간이 원주 위에 있는 맨션으로 에워싸여 있다는 것이고, 다른 하나는 맨션이 원주의 절반 위에 배치되었다는 것이다. 프리마티초에 의거한 그림은 푸케의 세밀화와 같은 재현 방식을 따르지 않는다. 그림이 재현하려고 하는 것은 분명히 상징적인 방식이 아니라 인간의 시각에 더 가까운 방식, 즉 프리마티초와 동시대 이탈리아 사람들이 이루었던 방식을 따른다. 이 그림은 그것이 재현하는 현실에 충실할 것이라고 합당하게 생각해 볼 수 있다. 두 공간 사이의 공통점은 여러 가지이고 〈성 아폴린의 순교〉에서 맨션이 반원주 위에 존재한다는 두번째 가정이 더 옳다고 생각하도록 한다.

몇 가지 흔적이 기적극이나 신비극*——공연이 도시 안이나 성벽 밖, 또는 원형 공간에서 이루어지거나——의 연극화된 공간의 상징적 의미에 접근하게 해준다. 코닝슨은 그 의미를 다음과 같이 요약한다.

신화적 공간과 연극화된 공간은 세상을 지배하는 우주적이고 사회적인 위계질서를 의식의 차원에서 명시하려는 사회적 몸의 은근한 의지를 공통적으로 표명한다.

엘리 코닝슨, 《중세 연극의 공간》, 파리, CNRS, 1975, p.96.

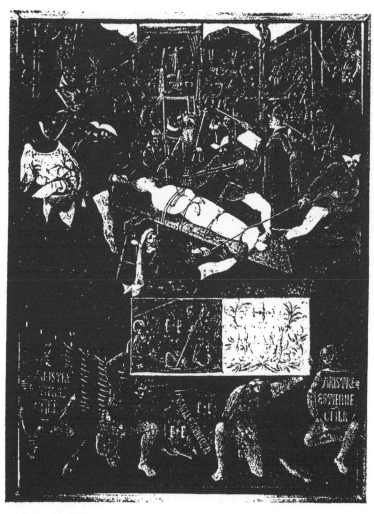

그림 4. 장 푸케, 〈성 아폴린의 순교〉(1450년경). 샹티이의 콩데 박물관.
나탕 고문서 연판.

NOTICE

그림 5. 자기 주인을 죽인 귀족에 대항해서 싸우는 개. 몽타르지 성 2층 홀의 벽난로 맨틀피스를 위해 프리마티초가 1565년 그린——또는 복원한——장식화에 의거해서 만든 삽화로 몽타르지에서 제작.

《프랑스 최고의 건축》, J.-A. 뒤 세르소, 정부 건축가 데타이외르 씨의 지도. 건축가 포르 뒤자릭에 의한 복사본 삽화. A. 레비, 센가 29번지, 파리, 1868. 앙드레 샤스텔 연구소의 허락으로 복제, UMR 85-97, 소르본 파리4 대학–CNRS.

실제로 중세의 사고방식에서 도시는 세상의 이미지이다. 중세의 이상적 도시——사원, 또는 황제나 왕의 궁전——는 벽으로 싸여있었으며 고대 도시, 그리고 〈요한묵시록〉[31]에 나오는 천상의 예루살렘의 이미지에 대한 먼 기억인 직각도면에 의해 세워지거나——프랑스 남서쪽 지방 시골집의 경우를 예로 들 수 있다——또는 우주의 이미지나 새 예루살렘[32]의 몇몇 재현의 이미지대로 원형의 도면에 의해 건축된 것이다.

두 경우 모두, 도시는 교회처럼 남북과 동서축을 중심으로 이루어졌다. 축의 교차는 중심을 결정지었고, 중심은 정원·우물·나무로 표시되었으며, 먼저 법정이, 그후 광장이 들어섰다. 우주와 우주의 이미지인 도시 사이의 상징적인 동일시 속에서 도시는 마치 우주의 축소된 모델로 여겨졌다. 도시가 우주를 표상하듯 신비극이 공연되었던 도시의 광장은 도시 전체를 대표했다.

신비극과 기적극은 세상의 이미지들로서 다음과 같은 특징적인 상징적 개념에 의존하면서 조직된 공간 안에서 이루어졌다.

— 우선 화합·완벽·영원의 표지인 원형이라는 것이 특징으로 그 위에 하늘과 대조되는 대지의 표지이자, 창조되지 않은 것의 반대, 창조된 것의 표지인 정방형의 상징성이 중첩되었다.

— 또한 수평적으로 남북과 동서축이 있다는 것이 특징으로 그 축의 교차가 중심을 결정지었다.

— 마지막으로 수직적으로, 지속적인 참조 대상들——대본, 맨션의 무대 배경, 연기——에 의해서 우주의 세 가지 차원, 즉 완벽한 공간인 천당, 그 아래 불완전한 공간인 지상, 더 아래로는 지옥의 구렁으로 구성된다. 공간의 상징성에 물·대지·공기·불이라는 네 가지 요

---

31) "도시는 네모난 형태에, 가로 세로 길이가 같았다."(〈묵시록〉 21. 16).
32) 중세에 천상의 예루살렘을 그린 많은 그림은 원형의 형태로 그려진다.

소의 상징성이 중첩된다. 예를 들어 발랑시엔 신비극의 세밀화는 이에 대해서 지속적인 언급을 한다.

*
**

중세의 종교 '연극'은 그 비밀을 계속해서 간직할 것인데 그 이유는 그것이 세상이라는 개념, 공간에 대한 인지, 그래서 우리에게 낯설어지고 나아가서 해석할 수 없는 재현 양식 위에 구축되었기 때문이다. 거기에는 고유한 의미와 비유적인 의미 사이를 오가면서 유희하는 여러 가지 수준에서의 시각적인 독법이 작품화되어 있다. 거기에서 **미메시스**는 상징적인 교감에 의해 작용한다.

그리하여 역설적으로, 중세의 '무대 장식 기술'은 존재하지 않는다. 이 생각을 다른 방식으로 표현하자면 중세의 무대 장식 기술은 어디에나 있다고 말할 수 있다. 무대 장식 기술이란 곧 교회 · 사원, 또는 도시의 건축이었다. 그것은 다양한 의식의 차원에서 모든 것이 공간의 상징적 의미를 가지고 있음을 아는 것이었다. 또한 성서의 텍스트가 들려지는 것뿐만이 아니라 느껴질 수 있도록 '공연'의 제작 책임자가 그것을 사용할 줄 아는 것이었다.

하나의 '연극적' 형태 이상으로——오늘날 우리가 이 단어에 부여하는 의미에서의——전례극과 신비극, 기적극은 종교적이고 공동체적인 의식의 일부를 이루고 있었다는 것을 염두에 두어야 할 것이다. 그 기원과 주제, 그리고 분명히 그 효과는 성서의 단순한 예시가 아니라 말씀의 표명이었고, 이는 문자 그대로의 표명, 즉 그것을 통해서 신이 자신의 모습을 드러내고 인간이 그것을 감지할 수 있는 하나의 사실이자 방식이었던 것이다.

5

이탈리아식 극장의 발전(14−16세기): 덮개 없는 천막

　그리스 극장과 로마 극장의 연계 관계는 형태에 있어서는 직접적이다. 로마 극장과 이탈리아식 극장과의 연계 관계는 정신에 있어서는 직접적이지만 형태에 있어서는 우회적이다. 로마 극장과 마찬가지로 이탈리아식 극장은 종교적인 제의와 무관한 구경거리이자 오락이다. 로마 극장과 비슷하지만 더 근본적인 방식으로 이탈리아 극장은 관객의 시선을 출발점으로 하여 구성된다. 결국 로마 극장의 건축술은——또는 르네상스 건축가들이 로마 극장에 대해 가졌던 생각은——이탈리아식 극장의 건축술에 영감을 주었다.

　이탈리아식 극장의 형태는 이탈리아 인문주의자들의 사고, 즉 세상 속에 위치한 인간의 지위, 그리고 세상에 대한 새로운 개념을 표현하기 위해 15세기부터 점차 발전했으며, 이런 사고는 공연과 관련하여 고대를 참고하고 원근법을 사용한다는 두 가지 주된 축을 중심으로 표명되었다. 이러한 새로운 형태의 극장이 생긴 것은 여러 도시에서 신비극*들이 대대적으로 공연된 것과 동시대의 일이다. 앞에서 다룬 장에서 무대 장식 기술이나 공간의 사용에 대한 이해를 돕기 위해 때로 세밀하게 실제로 공연된 방식들을 분석하는 것이 필요한 것으로 여겨졌다. **이탈리아식** 극장의 경우에는 이런 형태의 공연 방식이 현재도 다소간 여전히 사용되고 있기 때문에 여기에서는 그런 식의 분석은 하지 않는다.

실제로 이런 형태의 공연의 근간을 이루는 대원칙들은 다음과 같다. 관객은 움직이지 않고 원근법의 도움으로 구축된 한정되고 틀에 잡힌 정면[1]의 이미지를 바라보도록 되어 있으며, 원근법은 사람이 실제 현실에 대해 가질 수 있는 시각적 관점과 공연 사이의 유사성을 추구하고 획득하려는 것이다. 이탈리아식 극장의 이런 기본 요소들은 지금도 여전히 극장에서, 그리고 특히 영화와 사진, 텔레비전, 또는 소위 가상 이미지에서 계속 작동되고 있다.

우리가 읽을 수 있는 공연 방식의 기능을 분석하기보다는 그 기원을 설명하는 것이 더 유익하게 보인다. 여기서 제기된 문제는 다음과 같다. 어떻게 해서 전혀 새로운 공연의 방식이 생겨나게 되었으며, 선조도 기존의 형태도 없이 일종의 버섯처럼 갑자기 자라난 형태가 어떻게 몇 세기만에 전세계에 퍼져서 20세기말에는 공연이 있는 곳이면 어디에나 존재할 수 있게 되었을까 하는 것이다.

몇 가지 정의를 내린 후에 도식적인 방식으로 이 장에서는 14-17세기 사이에 **이탈리아식** 건축술과 무대 장식 기술의 창안과 발전 과정에서 일어난 중요한 단계들을 조명해 볼 것이다.

---

1) 특히 왕자 같은 몇몇 특권층의 관객들만이 누릴 수 있는 이론적이고 이상적인 위치.

1. 몇 가지 정의

이탈리아식 극장

이탈리아식 극장이라는 표현은 다음 요소들의 연결을 포함한다.[2]

1. 그 이름이 말해 주듯이 이런 식의 공연 형태는 15,16세기에 이탈리아 회화에서 출발해 먼저 왕실 축제나 오페라에 사용되었고, 그러고 나서 유럽 전체로 수출되었다.

2. 공연은 흔히 특별한 건물, 밀폐되고 덮개가 있는 극장에서 행해졌다. 건물은 한쪽에서 다른 한쪽으로 관통해서 가로지르는, 대칭을 이룬 수직 도면을 중심으로 구성된다. 관중의 공간과 허구의 공간은 바로 이 도면에 의해 지배된다.

3. 이탈리아식 극장에서는 관객과 공연 사이에 상징적이고 물질적인 분리가 있다. 이 분리는 **무대 틀**(le cadre de scène) 또는 **황금색 틀**의 수직 도면에, 극장의 대칭적인 도면에 수직이 되는 곳에 위치한다. 틀의 이쪽에는 현실과 관객이 있고, 저쪽에는 허구와 공연중인 배우들, 그리고 원근법을 적용한 무대 배경이 있다. 16-19세기 사이에 이 분리는 무대 틀의 확장, 무대 막의 사용, 경우에 따라 무대 틀 뒤에 추가로 더해진 틀의 첨가, 객석과 무대 사이에 조명의 차이에 의해서 점점 더 분명하게 확정된다.

4. 무대 틀에 의해 그 앞이 한정되는 **무대 방**(la cage de scène)은 허구의 공간이지만 원근법의 규칙에 의해 조직되었기 때문에 진실다운 장소이다. 따라서 무대 방은 **환상의 장소**인 것이다. 무대 방의 크기는

---

2) 심화된 내용을 위해서는 참고 문헌 참조. 특히 조르주 바누, 《붉은색과 금, 이탈리아식 극장의 시학》, 파리, 플라마리옹, 1989.

하나는 **위**, 다른 하나는 **아래**라고 불리는, 무대 배경의 변화와 기계 장치의 효과를 위해 사용되는 동일한 두 개의 장치에 의해 완성된다.

5. 환상이 일어날 수 있기 위해서 관객은 반드시 움직이지 않고 정해진 곳에 머물러야 한다. 가장 혜택을 받은 자리는 무대 틀과 마주한 곳이다. 무대/객석의 이상적인 관계는 서로 마주 보는 것이다.

6. 관객이 원근법이 구축되는 점으로부터 가까이 있을수록 환상의 효과는 분명하고 사실적이다. 이론적으로 하나의 이상적인 장소가 존재하는데 그곳은 전면에 있는 첫번째 관람석에, 극장의 대칭축 위에 있다. 그곳은 바로 **왕의 좌석**이라고 불렸던 곳이다. 그곳은 항상 가장 중요한 관객을 위한 자리로, 이탈리아에서는 이를 **팔코 레알레**(왕의 칸막이 좌석)라고 했다.

7. 이탈리아식 극장은 사회적 계층이 있는 사회에서 모든 엘리트에 의해서, 이들을 위해 만들어졌는데 이의 흔적을 관객의 배치에서 찾아볼 수 있다. 이탈리아식 객석에서는 환상의 질이 모두에게 같지는 않다. 사실상 한편으로는 모든 객석에 여러 층의 칸막이 좌석이 있다. 다른 한편으로는 관객은 거기에 원형의 아치 형태 또는 U자 형태, 또는 타원 형태로 나누어서 앉아 있는데, 이는 너무 높은 곳이나 너무 가장자리에 앉은 관객에게는 환상이 그다지 진실답지 않은 결과를 가져온다.

이탈리아식 무대 배경

이탈리아식 건축술은 무대 방에 위치한 무대 배경과 불가분의 것인데, 흔히 **마술 상자** 또는 **환상 상자**라고 불렸다. 아마 그것이 바로 이 건물을 건축하는 기원이 된, 원근법을 사용한 무대 배경의 개념일 것이다. 이탈리아식 무대 배경은 다음과 같이 간략하게 특징지을 수 있다.

1. 이것은 이탈리아 르네상스 시기부터 그림이 그러했듯이 원근법의

법칙에 따라 건축되었다. 회화와는 달리 연극의 원근법은 무대 방이라는 공간에 펼쳐진다. 환상의 시청각적 효과를 증대시키기 위해 무대 방의 실제 공간은 대부분의 경우 그곳에 재현된 허구의 공간보다 더 작았다. 첫 이탈리아식 무대 장치들은 도시 그림이거나 멀리 지평선으로 열린 넓은 경치 그림이었다.

2. 회화에서 원근법은 그림의 표면이라는 하나의 차원에서 전개된다. 이탈리아식 무대 배경에서 원근법은 무대 방이라는 공간으로 갖는데, 이는 일련의 **섀시** 위에 그려진 공간을 연속적으로 분할한 덕분이며 이 섀시는 일반적으로 납작하고, 흔히 무대 틀이나 관객의 시선——전면——을 포함하는 수직면에 평행하다. 전면의 섀시 위에는 전면의 도면과 비교할 때 타원형이거나 사선의 도면이 그려질 수도 있는데 납작한 섀시는 부피에 대한 환영을 준다. 일련의 섀시는 장대에 매달린, 하늘을 나타내는 현수막으로 보충될 수도 있다.

3. 이탈리아식 무대 배경은 **이탈리아식 무대**에 설치되는데, 이 또한 **경사**가 져서 환각 효과를 내는 데에 도움을 준다. 무대에는 **홈**[배경을 움직일 수 있게 무대 바닥에 만든 홈-역주]이라고 불리는 일련의 레일이 있는데 그 안에서 섀시가 미끄러져 움직인다. 홈이 있는 면은 바닥의 마루가 움직이는 **길거리**나 **가짜 길거리**와는 분리되어 있다. 인물이나 무대 배경의 요소들이 아래에서 나타나는 것은 길거리나 가짜 길거리 안에 마련된 트랩에 의해 행해지곤 했다.[3] 이탈리아식 극장은 항상 무대의 위와 아래에 막대한 **기계 장치**가 장비되어 있었다.

4. 입체감이 한 표면에서 재현되었기 때문에 무대 장치의 변경은 용이했다. 극행동의 장소가 바뀐 것을 보여주기 위해서는 하나의 도시를 나타내는 일련의 섀시를, 예를 들어 숲을 나타내는 다른 섀시로 바

---

3) 기계 장치에 대해서 특히 참고할 책은 피에르 송렐, 《무대 장치 개요》, 파리, 연극 서점, 1984.

꾸는 것으로 충분했다. 이런 조작은 간단하고 빨랐다. 예를 들면 17세기 한 오페라에서 열다섯 가지나 서로 다른 장면 그림을 보여줄 수도 있었는데, 이는 무대 아래에서 나타나거나 사라지는 장면 또는 영광스러운 신이 나는 볼 만한 장면 등으로 보충되기도 했다.

5. 끝으로 무대 방은 동시에 하나의 입체이자 면으로 사용되었다는 것을 강조할 수 있다. 이것은 이탈리아식 극장의 커다란 모순 중의 하나로써, 특히 아피아*에 의해서 19세기말 이루어진 근본적인 변혁의 원인이 되었다.[4] 배경과 환상을 위한 입체이자 하나의 표면, 연기 공간, 그리고 무대로 배우들은 전면의 3분의 1 정도만을 사용하고 있다. 게다가 배우들의 몸이라는 현실은 원근법으로 된 그림과는 양립 불가했으므로 환영의 허구성을 더욱 드러냈을 것이다.

인간 조물주

왜냐하면 환상은 인간이 실제에 대해 가진 상상과 닮은 것이므로, 원근법적 이미지는 점점 더 이미지로서의 자신의 위상, 즉 재현으로서의 위상을 잃고 현실과 혼동되는 경향이 있다. 사람들은 때로 원근법이 여러 가지 재현 방식 중의 하나임을 잊는데, 그 결과 예를 들어서 그 자체 생각할 수 없는 개념인데도 오늘날 사고나 언어 속에서 통용되는 **잠재적 현실**이라는 용어를 사용하게 되었다. 마치 모든 것이 20세기말에 우리가 이미지의 다른 쪽으로 무심코 옮겨오거나 또는 마치 재현의 지주가 그 역할과 전초 기능을 잃은 것과도 같다. 어지러운 자리바꿈 속에서 원근법은 재현의 코드로서의 지위를 상실하고 진실 다음이 진실과 잠재적인 현실, 현실의 잠재가 되려고 한다.

그 존재가 워낙 강해서 원근법은 오히려 은근한 것이 된다. 우리에

---

4) 8장 참조.

게 볼거리로 제시된 거의 모든 이미지들은 이 방식의 재현에 의해 구축된다. 그러나 우리가 잊고 있거나 알지 못하는 것은 비록 이 코드가 항상 알려진 것으로 여겨져도 실제로 발전되고 일반화된 것은 최근의 일로써 이탈리아 르네상스 시기부터, 단지 약 6세기의 일이며, 인류 역사의 긴 시간에 비하면 짧다는 것이다. 이른바 원근법에 대한 첫 개론서 중의 하나[5]를 1435년에 쓴 알베르티*와 그의 후계자들은 우주의 관찰자로서의 인간의 중심적 지위에 모든 강조점을 두며, 인간은 우주의 척도이고, 원근법이라는 재현 체계 덕분에 인간은 우주의 형상을 만들 수 있다는 것이다. 인간은 스스로 자신의 기준과 뜻에 따라 세상을 생각하고 재현하는 창조자로 삼았다.

2. 연극 형태가 탄생한 전초기(14-16세기)

원근법으로 된 재현은 우선 르네상스 시기 이탈리아 화가들에 의해서 시도되었다. 무대 장식의 실행이 약 두 세기 늦게 화가들의 실천을 뒤따랐다. 실제로 **이탈리아식 극장**의 형태는 **애초에는** 서로 어울리지 않는 두 가지 요소, 즉 배우의 몸이라는 현실과 원근법이라는 평면적 허구의 충돌에서 해결책을 시도하는 과정에서 생겼다.

원근법, 르네상스의 '창안'인가?

원근법은 흔히 이탈리아 르네상스의 창안이라고 받아들여진다. 알베르티*에 의해서, 그리고 브루넬레스키*의 전기를 쓴 마네티에 의해

---

5) 레옹 바티스타 알베르티, 《그림에 관하여》, 피렌체, 수기 원고, 1540년 인쇄, 이탈리아 원본의 비평본. 루이지 말레, 피렌체, 1950. 프랑스판은 장 루이 셰페, 마쿨라 데달, 파리, 1992.

서 거의 동일한 용어로 표현된 요구 사항을 거기에서 발견할 수 있다. 원근법의 규칙에 대해서 마네티는 브루넬레스키의 이름으로 다음과 같이 쓰고 있다.

이러한 것들을 그에게 가르쳐 줄 수 있었을 사람들은 이미 수백 년 전에 사망했다. 그것에 대해 글로 씌어진 어떤 흔적도 찾을 수 없고, 또는 아무도 그것을 해독할 수 없다. 그러나 그의 노련함과 예민함 덕분에 그는 그것을 재발견하거나 창안했다.

안토니오 마네티, 〈필리포 브루넬레스키의 생애〉,
《브루넬레스키, 근대 건축의 태동》, 파리, 에케르, 1980, p.68.

알베르티, 그도 역시 원근법의 창안자로 통한다.

그리고 만약 우리글을 읽는 사람들이 내가 아는 한 아무도 다루지 않았던 이 어려운 주제를 잘 이해한다면 우리가 일을 잘했다고 생각할 수 있을 것이다.

레옹 바티스타 알베르티, 《그림에 관하여》, 상게서, p.73.

이 두 가지 경우에 창안은 "그가 그것을 재발견하거나 창안했다"라는 마네티의 약간 모호한 표현과 함께 확언된다. 알베르티의 경우 그는 이 주제가 한번도 다루어지지 않았다고 확언하는데, 그렇다고 그 주제가 한번도 사용되지 않았다고 말하는 것은 아니며, 그는 이 단언을 '내가 아는 바로는'을 의미하는 미묘한 라틴어 표현과 함께 사용한다. 그가 사용한 이 은근한 심적인 제약은 후대에 그다지 간직되지 않고, 원근법을 발견한 '공적'은 흔히 이탈리아 인문주의자들에게 부여되었다. 이런 언급에 다음과 같은 뉘앙스를 더할 수 있다. 15세기 이탈리아인들이 발견한 것은 소위 평면적*이고 인위적*이거나 원추형*의 원근법이 아니라 예술가들이 도식적으로 원근법을 사용하게 하고 그들이 사용 가능했던 다른 모든 재현의 코드들보다 원근법을 더 선호하도록 이끈 인간중심주의였다고 말할 수 있다.[6]

원근법의 사용은 실제로 우리가 이중으로 인간중심주의라고 부를 수 있는 것을 말해 준다.

— 첫째, 원근법으로 재현하는 것은 오직 화가의 시점을 중심으로 구축되고 조직되기 때문이며, 또한 그것은 관중에게 그림을 바라보기 위한 정확한 장소를 지정해 주기 때문이다.

— 둘째, 직선은 인간의 정신이 만든 소산이기 때문이다. 우리는 자연 속에서 수평선과 구름 사이로 비치는 햇살이라는 두 개의 예만을 찾을 수 있다. 원근법은 인간의 정신적이자 자의적인 구축에 의해서 관찰자의 시선 앞에서, 그의 눈과 수평으로 무한대의 주요 방향(또는 주요 무한대의 방향)을 특화한다. 이러한 선택은 인간중심주의의 두번째 단계의 표현이다.

시공간상으로 멀리 떨어진 문화들에서 취한 몇 가지 예들은 르네상스 시기 이탈리아인들이 원근법을 창안한 것이 아니라 그것을 여러 다른 코드에 비해서 특화했다는 생각을 뒷받침해 준다. 그래서 이집트 신전에서 나오스*로 가는 연속된 문들 속에서 공간의 구성을 보면 문의 크기를 폭과 넓이에서 축소하고, 나오스의 성스러운 돌이라는 중심점을 향해서 수렴하고 있음을 알 수 있다. 이 구성은 원근법의 수렴과 비슷하다.

원근법으로 재현한 흔적을 고대 그리스에서도 찾을 수 있다. 플린의 《자연사》 몇 문단을 보면 파라지오스 데페즈와 같은 몇몇 그리스 화가

---

6) 반면 르네상스 이탈리아인들이야말로 대부분 구전으로 전달된 지식을 문자를 사용하여 이론화한 첫번째 사람들이다.

에게서 오늘날 원근법이라 지칭할 수 있는 평면의 상대적인 구성, 즉 크기의 점차적인 축소에 관한 작업, 그리고 직각의 소실점, 즉 공간의 평면적이고도 사실적인 재현에 대한 작업이 존재했음을 가정할 수 있게 해준다.

로마 문명에서는 적어도 두 가지 원근법으로 된 프레스코의 예를 알고 있는데, 하나는 오플로니스 마을에 있고 다른 하나는 팔라틴 언덕 위 아우구스투스 집 가면의 방에 있다. 거기에서 화가는 평행선을 오직 하나의 소실점을 향해서 수렴시킨다. 프레스코는 극장을 재현한다.

극장은 축 부분에서 봉헌의 기둥에 의해 중심이 된 시골풍의 배경과 연결되는 문을 향해서 열려 있다. 공간의 깊이는 우선 솜씨 있게 그림자를 담아낸 도면에 의해서 즉각적으로 파악된다. 그리고 특히 네모난 기둥과 그 기단과 갓돌, 또한 중앙 천개가 기둥의 하단에 위치한 단 하나의 점을 향해서 사라지고 있는데, 그 점은 우연인지 화가의 장난인지 모르지만 받침돌 주위에 펼쳐진 식물 모양의 화환 장식 열매인 검은 점에 의해 구체화된다.

장 피에르 아담, 《재능과 과학, 공간의 이해와 원근법의 구조》,
《예술과 과학》 학회 발표문, 낭트대학,
1993년 2월 27일, 원고 p.11.

앞에서 든 몇 가지 예들은 원근법적 재현 양식이 이집트인이나 그리스인, 그리고 로마인들에게 이미 알려져 있었다고 해도 고대에는 철학적 · 형이상학적 · 종교적 이유로 그다지 특권을 부여받지 못했다는 사실을 생각하도록 해준다. 이미 플라톤에게서 이에 대한 비난을 읽을 수 있다.

왜냐하면, 그의 말에 따르자면 그것은 사물의 '진정한 차원'을 파괴

하고 주관적 외관과 자의성을 가지고 실제와 법(노모스)을 대체하기 때문이다.

어윈 파노프스키, 《상징적 형태로서의 원근법》,

파리, 미뉘 출판사, 1975, p.179.

인간의 시각과 유사한 인간중심적인 재현의 사용을 글로 이론화하고 전파하고 일반화시키면서 15세기 이탈리아인들은 의식적이건 무의식적이건 자신들을 세상의 중심에 위치시키기 시작했는데, 이들은 그 세상이 유한한 것이 아니라 무한하다는 사실을 발견하기 시작하고[7] 그 세상을 자신들의 기준에 맞추어서 재단했던 것이다.

의미의 변화: 초월-무한-소실점

이런 새로운 '관점'의 출현, 또는 더 정확하게 말해서 그것의 시각적이고 지적인 표현을 15세기 이탈리아라는 시공간 속에 명확하게 위치시킬 수 있다. 게다가 재현의 문제에 있어서 인간중심주의적 움직임은 같은 인간중심주의를 다른 용어로 표현하는 부수적인 현상들과 관련시킬 필요가 있다.

— 그것은 한편으로는 언어의 측면에서 시간의 구성을 화자의 현재에 따른 상대적 시간의 출현이며,

— 다른 한편으로는 그리스도의 형상과는 차별화된, **있는 그대로의** 인간 형태로 신을 재현하는 것의 증가이다.[8]

원근법 사용을 일반화하는 일과 인간중심주의적 신의 이미지가 증가

---

7) 위대한 탐험가들 · 학자들 · 천문학자들 · 지도제조사들 등의 연구와 발견 참조 (피보나치 1175-1240년경, 마르코 폴로 1254-1324년, 피친 1433-1499년, 바스코 다 가마 1469-1524년, 코페르니쿠스 1473-1543년, 모어 1478-1535년, 메르카토르 1512-1594년, 갈릴레이 1564-1642년 등).

하는 일의 공존이 우연한 일로 치기에는 너무나 정확하게 수립되었다는 것이다. 이러한 공존은 하나의 가정을 낳는다. 그 가정에 의하면 르네상스 시기에 무한이라는 개념과 무한을 원근법으로 재현하는 물질성 사이에 하나의 혼돈이 점차 자리하게 되었는데, 이는 무한 초월(infini-transcendant)이 점진적으로 무한 소실점(infini-point de fuite)의 일반화에 의해서 영향을 받은 것이다.[9]

회화에서의 선례들

예로 든 표시들은 물론 전부가 아니다.[10] 여기서 나는 재현을 인간의 시점에 의해서 특화하도록 하고, 이탈리아식 극장을 창안하도록 이끈 모험 중에서 가장 눈에 띄고 가장 명확한 몇 가지 요소들에 한정할 것이다. 파울로 우첼로 · 피에로 델라 프란체스카, 이상적 도시의 표지판 등이 예로 선택될 수 있을 것이다.

● 치마부에와 조토

14세기부터 이탈리아 화가들은 그들의 작품에서 화면으로 사용되던 평면에서 벗어나고자 하는 시도를 시작했다. 두 화가 치마부에*와 조토*는 그들 생전에 단테에 의해서 혁신자들로 인정받았다. 바사리는 16세기 자신의 저서 《이탈리아 최고의 건축가 · 화가 · 조각가의 생

---

8) 프랑수아 뵈스플뢰그, 《예술 속의 신, 교황 베네딕투스 14세의 칙서 첫머리 문구(1745)와 카우프베렌의 크레상스 사건》, 앙드레 샤스텔의 서문, 레오니드 우스펜스키의 후기, 파리, 세르 출판사, 1984, p.178-179.

9) **무한 소실점**은 16세기 무대 장식가들에게는 왕자의 눈의 위치에서 보았을 때 무대 안의 벽 위에 놓인 하나의 못일 뿐이었다.

10) 더 완전한 논의를 위해서, 특히 매우 소중한 세 가지 저작을 참고할 것. 필리프 코마르, 《문제시되는 원근법, 이미지의 이면》, 〈발견〉 총서, 138호, 1992; 어윈 파노프스키, 《상징적 형태로서의 원근법과 다른 논문들》, 상게서; 존 화이트, 《회화적 공간의 탄생과 재생》, 파리, 아당 비로, 1992.

애》에서 단테가 한 칭찬을 되풀이하고, 공간을 좀더 사실적으로 재현했던 치마부에와 조토의 새로운 방식을 암흑의 시기에 뒤이어서 온 하나의 재생으로 인정한다. 치마부에와 아시시에 있는 산프란체스코 성당의 프레스코, 그리고 흔히 파도바에 있는 아레나 성당의 프레스코가 흔히 대표작의 예로 언급되는 조토는 실제로 체계적으로 깊이의 환상을 재현하고자 했던 최초의 사람들이었다. 그러나 원근법을 사용한 그들의 구조물들, 그림의 평면과 그곳에 재현된 공간 사이의 새로운 분절은 결코 화면의 평평한 물질성과 급한 단절 상태에 있지 않았다. 그것은 바로 환영을 완화하는 비스듬한 원근법적 광경이었다.

아레나 성당에 있는 조토의 몇몇 프레스코 보드에서처럼 원근법이 전면적이라면 화가는 수평선을 강조하면서 깊이 효과를 항상 완화하려고 주의한다. 실제로 이 선 위에서, 그리고 이 선 위에서만 현실에서 수직인 곧은 수평선의 재현이 수평선과 혼동된다. 이것은 예를 들어 파도바의 아레나 성당에서 〈카나의 결혼〉이나 〈카이프 앞에 선 예수〉를 그린 보드에서 수평선이 벽지의 제일 높은 곳이나 천장 대리석의 상위 코니스〔벽, 기둥 꼭대기에 얹힌 쇠시리 있는 수평 돌출부-역주〕로 두드러져 보이는 경우이다.

결국 조토는 가끔 정말로 깊이의 환상을 주는 원근법을 사용한 것이다. 예를 들면 교회당의 중앙 홀 양쪽에 활모양의 아치 높이에 두 개의 작은 교회를 재현한 경우를 들 수 있는데, 아치 뒤에는 교회제단이 위치한다. 그랬을 때 깊이의 환상은 단순히 회화적 효과를 위한 것만이 아니라 신자들의 시선을 제단으로 향하게 하는 수단이었다.

모든 경우에 원근법은 14세기 화가들에 의해 단지 그림의 생각을 느낄 수 있도록 옮기기 위한 여러 수단이나 방식 중의 하나로만 여겨졌다.

● 브루넬레스키와 타볼레타의 경험
15세기초에 이론가이자 화가들의 거동이 강화된다. 한 사람의, 그리고 오직 사람의 관점에 의해 원근법으로 재현하는 것은 당시에 재현의 주제 그 자체가 된다. 이런 움직임의 가장 명확한 예는 1415년 피렌체에서 브루넬레스키*에 의해 시도된 체험과 1435년 그의 전기 작가인 마네티에 의해서 상술된 것으로 이른바 **타볼레타**라는 체험이다.

브루넬레스키는 거기에서 원근법으로 재현하는 것은 관찰자가 실제와 원근법으로 된 그것의 재현 사이에 차이를 느낄 수 없을 정도로 눈을 속일 수 있다는 것을 증명했다. 그는 피렌체 세례당을 마주 보면서 나무판자 위의 정확한 한 점에서부터 그것을 원근법으로 재현했는데 이것이 바로 유명한 **타볼레타**이다. 그 다음, 한 관찰자가 같은 점에 서서 **타볼레타**를 렌즈구멍을 통해서 쳐다보았는데 원근법적 구성은 사실상 두 눈이 바라보는 시각을 고려하지 않은 것이다. 그때 환상을 완전했고, 관찰자는 재현과 실제 사이에 아무런 단절도 찾을 수 없었다. 재현은 '타볼레타'의 물질적 한계를 넘어서 관찰자의 눈에 아무런 단절도 없이 실제에 의해 연장되었던 것이다.[11] 이런 극단적인 체험에 의해서 브루넬레스키는 재현을 뒷받침하는 물질성은 원근법의 환상에 의해 부정될 수 있다는 것을 증명했으며, 인간의 관점은 매우 새로운 차원에서 재현의 대상과 주제에 다가갈 수 있었다.

같은 시기에 르네상스 건축가·화가, 그리고 이론가들은 그때까지 구전을 통해서만 전해지던 지식을 이론화하면서 원근법에 대한 개론서들을 출판하기 시작했다. 그들은 재현의 표면을 부정하고 싶어 했는데, 그 바탕인 **그림의 평면**은 알베르티*[12]에 의해서 **열린 창문**으로, 레오나르도 다빈치[13]에 의해서 **유리칸막이**로 불렸다. 그 진전은 급격했고, 공격적이며 재현의 표면이 항상 고려되는 동양이나 서양의 중세

---

11) 필리프 코마르, 상게서, p.31-36 참고.

12) 레옹 바티스타 알베르티, 《그림에 관하여》, 상게서.

13) 레오나르도 다빈치, 《트라타토 델라 피투라(Trattato della pittura), 레오나르도 다빈치의 수첩》, 재출간, 파리, 갈리마르, 〈텔〉 총서, 1987.

기독교 예술, 이슬람이나 중국 예술[14]과는 전적으로 대치되었다.

인문주의적 사고를 매우 잘 표현했던, 원근법을 사용한 그림의 증가를 통해서 르네상스 이론가들은 15세기부터 회화에 있어서 새로운 길을 열었다. 그들의 경험은 약간 늦기는 했지만 재현의 다른 영역인 연극으로 자연스럽게 확장되었다.

3. 환상주의적 무대 장식 기술의 빠른 발전(16-17세기)

이와 같이 이탈리아식 극장의 기원은 배우의 육체라는 현실을 원근법으로 재현된 공간이라는 허구 속에 통합시킨다는 일종의 논리적 모순을 해결해 나가는 역사에서 비롯한다. 이러한 통합이 느렸던 것은 앞에서 강조한 것처럼 이것이 입체로 이루어진 현실과 평면적인 허구라는 본질적으로 상호 모순적인 두 가지 요소를 하나로 모으기 때문이다. 그 주요 단계는 다음과 같다.

16세기: 저부조로 된 무대 배경

1. 극장을 장식하기 위해 원근법을 체계적으로 사용한 것으로 알려진 첫 예는 16세기초이다. 그것은 바로 1508년 카니발 축제 때 페라레의 공작 궁의 대연회실에서 공연된 아리오스트의 〈라 카사리아〉를 위해서 펠레그리노 다 우디네*가 만든 무대 장식이었다. 페라레에 머물고 있던 만토바의 연대기작가 프로스페리가 그 공연을 보고 감탄하면서 자세히 묘사했다.

---

14) B. 마치, 〈중국 회화의 선 원근법〉, 《동양 예술 3》, p.113-139.

"그 모든 축제와 공연 중에서 가장 나았던 것은 바로 (페라레의) 공작을 위해 일하는 페레그리노라는 화가가 만든 무대 장치[15]였다. (…) 그것은 집·교회·종탑과 정원을 가진 도시를 원근법으로 그린 일종의 모순 된 그림이었다. 사물이 그토록 정교하고 잘 담겨진 것을 보면서 만족하지 않을 사람은 없을 것이다. 이 장식들이 파괴되지 않고 다른 기회에 다시 쓰기 위해 보존되었을 것으로 생각한다."[16]

참고 도감이 없어서 펠레그리노 다 우디네의 장식이 무대에 설치된 것에 관하여 세 가지 가능성을 생각해 볼 수 있는데, 이것은 1513년 우르비노에서, 로베레 가문의 궁정에서 카니발 때 열렸던 공연을 위해 상상된 젠가*가 만든 무대 배경에 준한다.

— 원근법을 사용한 도시 그림이 무대 안쪽 평면에 그려진 경우로써 측면에 섀시로 된 보충 화면이 더해졌을 수도 있다.

— 또는 원근법이 얕은 저부조*로 만들어진 요소들과 함께 공간 속에 미약하게나마 펼쳐졌을 것이다.

한 가지 사실은 분명하다. 공간의 환상을 주기 위해서 그것이 무대 안쪽에 있었다는 것이고, 배우들은 어떤 식으로도 그곳으로 들어가지 않고 그 앞에서 공연했다는 것이다. 이른바 **이상적 도시**라는 판자는 때로 연극 무대 장식용으로 여겨져 왔는데, 펠레그리노 다 우디네나 젠가의 원근법적 양상에 대한 하나의 개념을 줄 수 있다.

2. 또한 발다사레 페루치*의 무대 장치를 인용할 수 있는데, 예를 들면 로마의 성천사 성에서 1514년 레온 10세 앞에서 공연된 비비에나 추기경의 코미디 〈라 칼랑드리아〉, 또는 1531년에 공연된 플라우투

---

15) 무대, 장식을 뜻하는 이탈리아어 셰네(scene)의 번역.
16) 저자가 번역했다.

스*의 〈레 바키스〉가 있다. 페루치의 소묘가 남아 있는 반면에 무대 장치에 관한 도면은 남은 것이 없다. 남아 있는 자료에 따르면 그가 그린 원근법들은 하나의 차원이 아니라 아마도 이미 공간 속에서 여러 가지 다른 도면이 연속되고 원경을 위해서는 화폭에 그린 그림으로 보충했던 것으로 생각된다. 그러나 이 환상의 공간은 배우들이 그 속으로 들어가지 못하는, 저부조*로 된 바탕으로 언제나 기능했다.

바사리*는 그것을 다음과 같이 묘사한다.

레온 10세 시기에 발다자레는 두 개의 놀라운 무대 장치를 만들어서 동시대인들에게 길을 열었다. 어떻게 그토록 제한된 공간[17] 안에 그만큼의 길과 궁전, 그만큼 환상적인 성당과 외랑, 코니스를 넣을 수 있었는지 상상하기가 어렵다. 이들 모두는 매우 잘 만들어져서 가짜로 보이기는커녕 전체가 완전히 사실적으로 보이고 광장도 그린 것이거나 좁아 보이지 않고 사실적이고 매우 넓어 보인다.

바사리, 〈발다사레 페루치의 생애〉, 《이탈리아 최고의 건축가 · 화
가 · 조각가의 생애》, 1550년 초판, 밀라노 출판사 재출간,
밀라노, 1878, IV권, p.600-601(저자의 번역).

1540년 세를리오에 의한 중간 부조 무대

세를리오*의 무대 장식 기술은 1545년 파리에서 출간된 그의 《건축에 대한 두번째 책》과 1540년 파르마 공작 궁정의 안뜰에 임시로 마련된 극장 도면과 단면도로 우리에게 알려져 있다. 세를리오와 함께 16세기 중반에 무대 배경의 저부조*는 중간 부조*로 변화한다. 원근법

---

17) '그토록 제한된 공간'은 연속된 도면과 돋을새김으로 원근법이 이루어진 공간을 말하는 것일 터이다.

으로 된 허구의 공간은 점차 확장된다. 집을 표현하는 깨진 새시들*은 경사진 무대에 놓이고, 집의 전면은 관객의 시선과 수직을 이루며 원근법으로 그려진다. 새시를 배치하는 것도 원근법의 방식을 따른다. 원경에 공간은 화폭에 그려진 그림에 의한 눈속임으로 연장된다. 원근법으로 된 공간의 앞에는 **프로시니엄**이 자리한다.

세를리오의 연극을 위한 원근법은 비트루비우스*의 세 가지 무대, 즉 비극 무대를 위한 거리, 희극 무대를 위한 계단이 있는 소박한 거리, 풍자극 무대를 위한 숲을 참조한다. 거기에서 안마당 쪽*(관중 쪽에서 무대 오른편)과 정원 쪽*(무대 왼편), 즉 무대의 좌우측에 위치한 요소들의 완전한 대칭은 아직 찾아볼 수 없다. 그러나 소실점은 무대 장치나 층계참과 대칭축에 위치한다.[18]

세를리오의 원근법에 나오는 첫번째 길과 첫 면의 집에 있는 문들은 사용 가능한 것으로 배우들의 몸에 둘러싸여 있었다. 어쨌든 사람의 실제 몸이 원근법적 공간에 통합되는 것은 비록 그런 일이 있다고 해도 아직 시작 단계에 머물렀다. 배우들은 주로 **프로시니엄** 위에서 연기했고, 배우의 몸은 원근법의 공간에 완전히 통합되지 않고 있었다.

이런 사실은 세를리오가 1540년 파르마 공작 성의 안뜰에 세운 극장 도면에서 포석을 그린 그림을 잘 관찰하면 분명히 알 수 있다. 무대의 정면에 네모난 포석은 마치 실제 포석처럼 원근법을 고려하지 않고 그려져 있다. 이것들은 경사가 시작되는 곳, 집의 첫번째 새시 도면에서부터는 원근법으로 된 포석으로——즉 기존의 환상주의적 재현으로——변화한다. 도면[19]에는 지워지지도 확인되지도 않은, 그러나 주어진 그대로의 간격, 그리고 실제 공간과 환상주의적 공간 사이의

---

18) '무대 장치'와 '층계참'이라는 표현을 사용하는 것은 16세기 중반에는 무대 공간의 건축술이 아직 빈약했기 때문이다.

19) 반면 세를리오는 그의 책에 새겨진 나무판자에서는 도면과는 달리 간격을 없애고 포석 전체를 일체화한다.

변이가 두드러지게 하는 간격이 있다. 배우들의 실제 몸이 몇 번 들어오고 나간 것을 제외하고는 **프로시니엄**이라 불리는 원근법이 없는 포석에 자리잡고 있었음이 확실하다.[20]

그러나 연기 공간과 환상 공간 사이의 간격은 세를리오의 《건축에 대한 두번째 책》(파리, 1545)에서 세 가지──희극·비극·풍자극──무대를 재현하는 나무판자 위에서는 거의 눈에 띄지 않는다. 이 판자는 원근법에 대한 원근법이므로 눈을 속이고 있는데, 왜냐하면 포석의 기하학적 건축 구조는 세를리오의 극장 현실을 도면이 이해하게 하듯이 현실을 존중하지 않고 있기 때문이다. 실제로 **프로시니엄**의 직각은 이어지는 부분의 것과 같은 소실점을 향해서 사라진다. 이런 부당한 건축 구조는 세를리오 무대의 두 부분 사이 간격을 시각적으로 없애는 결과를 가져온다.

저부조에서 고부조로

● 1580-1585년 비첸차 올림피코 극장의 예

올림피코 극장 이전에 팔라디오*는 여러 임시 극장들을 짓게 했는데, 예를 들면 1561년 비첸차 대성당 영예의 전당에 세워진 임시 극장에서는 피콜로미니의 〈변함없는 사랑〉이 공연되었고, 1565년 베네치아의 자선학교의 안뜰에 세워진 임시 극장이 있는데 이 자선학교는 팔라디오가 개조한 수도원에 인접해 있었다. 베네치아의 이 임시 극장은 '매우 귀중한 가치를 가진 곳'으로 여겨져서 허물지는 않았는데 1570년에 화재로 소실되었다. 1580년 올림피코 아카데미──팔라디오가

---

20) 《건축에 대한 두번째 책》 그림에 나오는 프로시니엄의 전면에 그려진 이중 층계참이 있는 계단의 존재는 배우들이 프로시니엄의 정면을 향해서 순환(입장과 퇴장)하는 것이 가능함을 지시하는 것으로 보이고, 원근법으로 된 부분에 위치한 입구나 출구는 배우들이 그다지 사용하지 않았다는 가정을 확인하는 것일 터이다.

회원이었던 인문주의자 지성인들의 모임——는 영구적인 극장의 건축을 시도했다. 팔라디오가 죽은 그해에는 극장의 초석만 자리를 잡았다. 극장 건축은 그의 아들인 실라에 의해서 계속되었으며, 1584년에 건축 부분만 완공되었다. 그때 스카모치*가 무대 또는 무대 장식 기술을 상상하기 위해 불려져서 1585년에 극장이 완성되었으며, 당시 올림피코 아카데미 회원들이 주스티니아니 연출로 소포클레스의 〈오이디푸스 왕〉을 번역하여 공연했다.

올림피코 극장(그림 6 참고)은 르네상스적 사고에 있어서 상징적인 흔적이 되었다. 이는 혼성의 극장 건축으로, 로마 극장 건축을 충실하게 참고한 것인 동시에 놀랍게도 혁신적인 점이 있었다.

— 평면도에서나 입면도*에서나 마찬가지로 건물의 배열 전체 속에서 고대에 대한 충실함을 읽을 수 있다. 지름이 18.1미터인 반원으로 된 층계참은——땅이 비좁은 이유로 해서 로마식의 **오케스트라**의 반원을 약간 납작하게 만든 듯한——높이를 올린 **프로시니엄**을 마주 보는데 각각 문(**귀환의 문**)으로 인해 구멍이 뚫린 두 개의 벽에 의해 양쪽의 한계가 지어지고, 큰 벽 한쪽에는 로마식의 **무대 전면**이 충실하게 재현되어 있다. **프로시니엄**은 폭이 25미터이고 깊이가 6.7미터이다. 로마 극장과 마찬가지로 올림피코 극장은 상단의 갓돌이 코린트 양식의 기둥으로 장식되어 있다. 건축술의 요소들과 균형, 쇠시리 장식의 윤곽은 로마식 극장에 대한 16세기말 박식한 학자들의 모든 지식이 재생산된 것이다.

— 그러나 형태의 동일함은 근본적인 변화를 수반한다. 이것이 팔라디오나 스카모치 중 누구에게서 비롯한다고 해야 할지를 결코 알 수가 없다. 실제로 올림피코 극장의 **프론스 스케네**는 길이 만드는 다섯 개의 전망[21]에 의해 시각적으로 연장되어 있는데, 이것은 고부조*의

---

21) 중앙 문에서 보이는 전망은 세 개의 길로 다시 나누어진다.

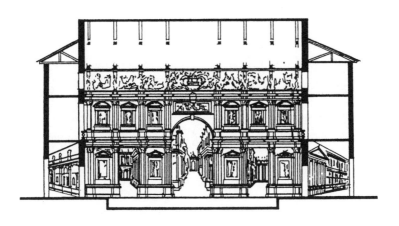

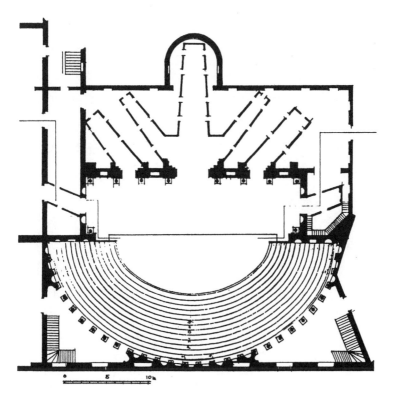

그림 6. 프론스 스케네에서 무대 틀까지.
　팔라디오-스카모치, 비첸차 올림피코 극장(1580-1585년). 전체 단면도와
무대 벽, 길의 투시도가 있는 입면도.*
　도미니크 르콩트 그림.

형태로 되어 있고 다섯 문의 테두리 안에서 보이며, 그래서 다섯 개의 문은 전망을 위한 틀이 된다.

16세기말, 왕족들이 도시로 들어올 때 열리는 축제 시 임시 개선문이 세워졌다는 것을 상기하자. 왕족의 행렬은 로마 황제의 행렬처럼 개선문의 중앙 문을 통해 도시로 들어왔다. 르네상스 시기에, 측면에 있는 두 개의 문은 때로는 도시의 광경을 묘사한, 눈속임으로 된 그림으로 가려졌다.[22] 팔라디오 그리고(또는) 스카모치는 개선문과 **프론스 스케네**를 겹침으로써 문 테두리 안에서 보이는 도시의 모티프를 다시 취하고, 전망에 공간적 확장을 부여하여 배우들이 그곳에 자리잡도록 했다. 공연 공간은 차후에는 벽 뒤쪽으로 확장된다. 사실상 올림피코 극장에서 길거리에 있는 첫번째 집들도 역시 연기 공간이었다.

로마식의 **프론스 스케네**는 물질적으로는 **스케네**의 벽과 유사하다고 해도 이미 보았듯이 그 의미는 상실했다. 그것을 넘는 것은 더 이상 위반도 신성을 드러내는 기호도 아니었다. 그것은 장식이 되었다. 상징의 논리, 그리고 공간 사용의 논리는 팔라디오 그리고(또는) 스카모치로 하여금 배우에게 벽 뒤에서도 연기를 하도록 함으로써 그것을 넘는 일을 진부한 일로 만들게 하고, 관객에게는 시각적 연장을 제공했다. 배우의 몸은 화면*의 평면을 넘어서 원근법의 허구적 공간 속에서 틀 뒤로 들어갔다. 팔라디오 그리고(또는) 스카모치는 로마식 무대의 안쪽 벽의 기능을 뒤집었다. 공연 공간을 폐쇄하는 것으로부터 허구를 위한 틀로 열려져서 틀을 연장했던 것이다. 비첸차에서 틀은 아직도 세 부분으로 나누어져 있었고, 귀환에 쓰이는 측면의 두 '틀'에 의해 보완되었다.

● 이니고 존스: 왕의 문이 무대 틀이 되다

---

22) 예를 들어 베로네세는 개선문을 위해 도시의 일부를 눈속임으로 그렸다.

팔라디오 그리고 (또는) 스카모치의 창안 이후 매우 빠르게 **프론스 스케네**는 쇠퇴를 계속하여 몇 년 후에는 결정적으로 오직 하나의 틀로만 남는다. 무대 장식 기술을 기획하거나 꿈꾼 이니고 존스*의 그림은 비첸체의 세 개의 틀과 그것이 구축된 형태인 이탈리아식 극장의 유일한 틀 사이의 중간 단계를 표시한다. 그림 7에서 보듯이 **프론스 스케네**의 왕의 문은 이니고 존스의 기획에서는 과도하게 확대되어서 더이상 나머지 건축물의 벽과는 균형이 맞지 않았다. 게다가 그것이 벽 같은 건축적 용어로 계속 구성되는 반면 도면에서는 마치 하나의 장식처럼 구축되어 있음을 볼 수 있다. 그것은 마치 상상 속에서 열망되는 것으로 더 이상 돌로 만든 직각의 구조물이 아니라 벽으로 구성된 부분에 기댄 일종의 섀시이다. 왕의 문은 원근법을 명백하게 돋보이게 하는 요소가 되어서 무대를 위한 틀이자 연기와 허구의 공간을 위한 틀이 된다. 그후 옛날의 **프론스 스케네**는 결정적으로 소멸되어 무대의 틀이 되고, 이탈리아식 극장의 유명한 네번째 벽이나 부재하는 벽, 유리로 된 칸막이벽이 된다.

환상 상자의 구축

이탈리아식 극장 형태를 특징짓는 거의 모든 요소를 가진 극장의 첫번째 예로는 베스파지아노 공작을 위해 세워진 이상적 도시 사비오네타에 스카모치*가 만든 작은 극장을 들 수 있다. 1590년에 세워진 사비오네타 극장은 오직 극장의 용도만으로 만들어진 첫 건물들 중의 하나이다. 무대는 폭이 대략 11미터, 깊이가 10미터이고 그 중 3미터가 프로시니엄이다. 스카모치는 그곳에 원근법으로 된 길을 고정 무대 장치로 설치하게 했는데, 표현 기법에 있어서는 비첸차의 것과 매우 비견할 만하다. 그러나 사비오네타에서 **프론스 스케네**는 전혀 없고, 세를리오*식의 고정된 접는 섀시*로 된 길이라는 단 하나의 전망을 가

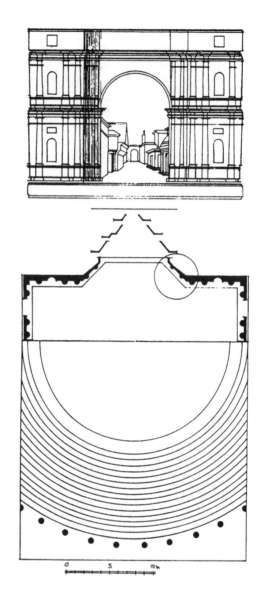

그림 7.

프론스 스케네 또는 무대 틀. 이니고 존스의 극장 계획. 전체 도면과 무대 벽과 원근법으로 된 길 장식의 입면도. 옥스퍼드 우스터대학에 보관된 17세기초 원본 그림의 사본. **프로시니엄**과 무대 벽, 그리고 귀환의 문은 남아 있으나 왕의 문은 올림피코 극장에서 여전히 존중되고 있는 그것의 표준 크기에 비해서 과도하게 확대되어 있다. 벽의 두께는 건축물로서가 아니라 하나의 장식으로 다루어지고 있다(원으로 둘러싼 부분에서 건축에서 무대 배경으로 이어지는 부분을 보라).

도미니크 르콩트 그림.

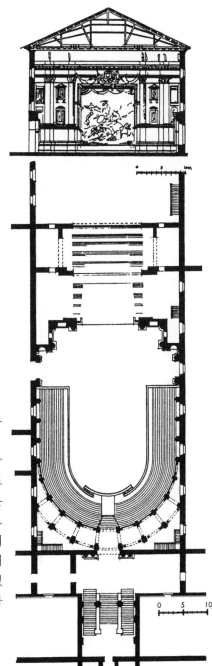

그림 8. 프론스 스케네에서 무
대 틀로.

알레오티가 지은 파르마 공작
의 극장(1618-1628년). 전체 도
면과 무대 입면도. **프로시니엄**은
사라졌다. 귀환의 문은 남아 있으
나 연기 공간과 분리되었다. 왕의
문은 무대 틀로 변형되었고 그뒤
에 연기 공간이 있음을 알 수 있
다. 무대 빙은 무대 장치를 번경하
기 위해서 홈이 갖추어져 있다.

도미니크 르콩트 그림.

진 장소만을 남긴다.

파르마에 알레오티*가 세운 극장인 파네제(그림 8 참조)는 **이탈리아식** 형태를 창안하는 데 있어서 결정적인 단계가 된다. 1618-1619년에 지어지고 1628년 오도아르도 파네제와 마르게리타 드 메디치의 결혼 때 개관한 파르마의 극장은 제2차 세계대전 동안 폭격으로 일부 파괴되었으나 오늘날 알레오티의 도면을 통해서 복원되었다.[23]

이 극장은 앞에서 정의내려진 이탈리아식 모델을 구성하는 모든 요소들이 최초로 모인 하나의 전형이다. 세 도면의 비교와 그림 6, 7, 8의 입면도*는 어느 정도까지 이탈리아식 극장이 로마 극장과 근본적으로 차이가 있으면서도 그것을 계승하고 있는가를 보여준다. 실제로 파네제 극장에는 객석과 **프로시니엄**의 벽들 사이에 건축학적인 관련성이 보인다. 거기에는 두 개의 **귀환의 문**이 있으나 사라진 **프로시니엄** 쪽으로는 더 이상 열리지 않는다. **프론스 스케네**로부터는 왕의 문이 유일한 무대 틀로 과도하게 확대된 채 남았다. 왕의 문은 올림피코 극장에서 여전히 확인되는 벽의 불투명함을 가렸다. 허구의 공간은 뒤로 물러나서 벽을 넘어섰다.

당시에 무대는 무대 배경의 변화를 가능케 하는 상부와 하부의 기계 장치를 가지고 있었다. 부피감은 납작한 섀시 위에 원근법으로 형상화되었다. 배우의 몸은 허구와 원근법에 사로잡혀 다른 문화권에서 금지된 공간을 더 이상 위반하지 않고 에워쌌다. 관객도 마찬가지로 아무런 위반 없이 예전의 비가시적인 것을 쳐다본다. 인간은 무대-천막을 소유하고, 거기에 왕의 시선에 따라 정돈된 공간 속에서 때로 신을 재현하는 인간들을 볼거리로 제공한다. 원근법으로 된 허구의 이상적 모델은 반영 효과에 의해 왕에 의해 조직된 세상의 질서를 가리킨

---

23) 극장의 크기는 길이가 87미터, 넓이가 32미터, 높이가 22미터이다. 무대 틀의 크기는 12미터이며 무대의 깊이는 40미터이다.

다. 이탈리아식 극장은 르네상스 시기에 널리 발전된 사고를 표현하는데, 그에 따르면 현실과 허구, 극장과 세상 사이를 반영하는 균형과 일치가 있다는 것이다. 동형성에 의해서 극장은 마치 15세기에 **이상적 도시**의 화가들이 그러했듯이 왕의 세계를 조직하고 확대하는 것을 지향한다.[24]

관점의 변화

이처럼 **이탈리아식 극장**의 형태는 17세기초, 이탈리아에서 구축되었다. 이 형태는 이어서 계속 발전했는데 객석의 단면도에 있어서의 변화는 우선 파르마와 같은 U자 형태에서 벌어진 U자로, 그리고 원형 또는 타원형으로 바뀌었다. 무대와 객석의 분리도 강조되었다. 가장 빠르고 놀라운 진전이 무대 장식을 위해서 창안되었다.

17세기 중반까지 소실점이 중앙에 있는 전면 원근법은 관객을 향해 열린 부채꼴 형태의 뚜렷하고 대칭적인 수렴에 의해서, 무대나 객석에 공통되는 대칭 구도 속에서 관객의 시선을 강하게 멀리로 이끈다. 원근법은 관객의 시선과 상상력을 그 실제 공간에서 잠재적이지만 가시적인, 또는 적어도 암시적이고 지적으로 재현된 무한으로 곧장 빠져들도록 이끈다.

17세기 중반에 무대 장식 기술자들은 시점을 변화시키기 시작한다. 첫 이탈리아식 무대 장치는 거대한 공간과 도시와 경치 등을 재현했던 것이다. 점차적으로 무대 장식 기술자들은 더 짧은 거리를 가지고 작업했다. 예를 들어 당시에 무대는 궁전의 방 안과 같은 더 가까운 장면을 재현한다. 그들은 동시에 극장의 건축과 그 기능이 내포하는 엄

---

24) **이상적 도시**를 재현하는 판자에 대해서는 위베르 다미시, 《원근법의 기원》, p.157-182, p.217-254 참고.

격한 대칭에서 탈피하고자 했다. 당시 무대 배경의 소실점은 때로 대칭축에 비해서 약간 벗어나기도 했는데, 예를 들면 1695년 볼로냐에서 공연된 페르티의 오페라 〈네로네 파토 체자레〉의 그림을 위해 키아리니가 만든 무대 배경의 경우를 들 수 있다. 무대 배경의 초점은 아직도 무대 틀에 머물러 있지만 대칭축으로부터는 벗어났다.

뛰어난 솜씨를 보여주는 효과를 추구하다가 무대 장식 기술자들은 17세기말에 **측각 조망**(vue sur l'angle)이라고 불렸던 시점의 완전한 전환을 창안했다. 이 방식은 언제나 장소를 배정받은 관객에게 재현된 공간을 정면이 아니라 측면을 바라본다는 환상을 갖게 하는 것이다.[25] 비비에나 형제들*은 유바라*와 더불어 무대에 이런 새로움을 제안한 첫번째 사람들이다. 1687년 피아첸자 공작의 극장을 재개관하면서 페르디난도 비비에나는 오페라 〈디디오 줄리아니〉를 위해 만든 **측각 조망**을 이용한 자신의 첫번째 무대 장치로 큰 성공을 거둔다. 1711년에 그는 자신의 볼로냐 클레멘티나학교 학생들을 위해 원근법에 대한 개요를 출간하는데, 거기에서 그는 무대 배경을 어떻게 **측각 조망**으로 설치할 것인가를 설명한다(그림 10 참고).

측각 조망의 사용은 연극 무대 장치를 위해서는 뛰어난 솜씨를 연습하는 것이며, 그들의 무대 장식 양상을 변화시키는 하나의 수단이다. 이는 또한 원근법 이론에서 **화면의 구도***라고 불리는 것을 재확인하는 단계이기도 하다. 이것은 시선이 잠재적인 그러나 가시적인 무한대를 향해 빠져드는 것을 금지하고, 그것을 화면 밖으로 밀어내며, 시선이나 재현에서 무한대를 감춘다. **측각 조망**은 그 자체를 위해서가

---

25) 안 쉬르제, 《시선의 외면》, 신국가박사 학위 논문, 조르주 바누 지도, 파리3대학 누벨 소르본 극연구소, 1996년 참고.

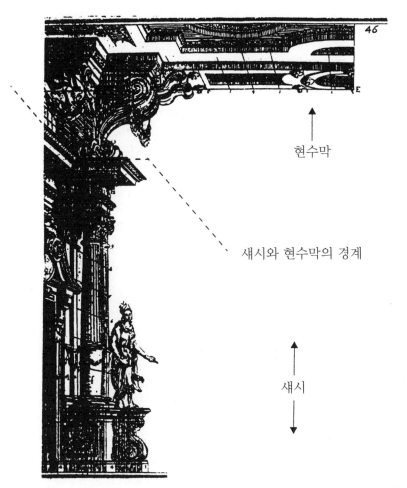

현수막

섀시와 현수막의 경계

섀시

그림 9a. 페르디난도 갈리 비비에나(1657-1743년), 《원근법 이론 교육》 (…), 제2판, 볼로냐, 1753. 제3부, 도판 46, 부분화.

정원 쪽〔객석에서 보아 무대의 왼쪽-역주〕 섀시와 그것을 보충하는(천장을 표현하는) 현수막의 절반을 나타낸 삽화. 무대 배경은 모양이 비슷한 섀시 예닐곱 개를 포함하는데, 그 크기는 원근법을 위해서 무대 바닥에 마든 홈을 따라 각각의 화면 크기를 점차 줄였고, 또한 천장을 나타내는 예닐곱 개의 현수막이 있었다.

파리3대학 가스통 바티 도서관의 협조로 복사. 원본은 밀라노 브라이데네제 도서관 소장.

그림 9b. 드로팅홀름 극장에 보존된 정원 쪽 무대 장식 섀시로 주세페 비비에나의 모형 또는 18세기초 이탈리아 스타일에 따라 1666년에 제작. 이 극장은 이런 섀시 여섯 쌍을 소유하고 있으며 밑바닥 부분은 망실되었다. 현수막으로 된 천장은 분명히 하늘을 표현했다.

스웨덴 드로팅홀름 극장 협조로 복사.

그림 10. 페르디난도 갈리 비비에나(1567-1743년), 《원근법 이론 교육》, 제3부, 도판 49, 작업 68 묘사. **측각 조망**으로 본 거실이나 방을 재현하는 다른 무대 장식을 그리기 위한 그림.

이 삽화는 출발점(아래 도면)으로 사용되는 단면도와 섀시 위에 원근법을 그리는 데 쓰이는 원근법 구도를 보여주는데 이것을 무대 장식의 배치, 즉 건물의 상단(상부 우측 도면)과 측각 조망으로 본 장식의 전체 모습(상부 좌측 도면)과 혼동하면 안 된다. 이 무대 장식은 천장의 현수막과 안쪽의 천으로 보충되는 일곱 도면의 섀시로 나누어져 있었다.

파리3대학 가스통 바티 도서관의 협조.

아니라 재현된 세상에 의해 실제의 세계를 무한대로 연장하려는 꿈을 위해서 상정된 하나의 장소——이탈리아식 극장——에 자리잡는다. 측각 조망이 내포하는 시선과 시점의 이러한 외면은 원근법을 부적절하게 사용하는 것의 위험이나 한계에 대해서 17세기 화가들이 주도한 성찰에 호응하는 것이다. 시점의 순환과 그것이 결과적으로 포함하는 소실점의 순환에 의해서 **측각 조망**(veduta per angolo)은 실제 세계에서 이탈리아식 극장의 기원인 이상적인 재현으로 빠져드는 것을 절대적으로 금지한다. 측각 조망은 시선에 장애물을 만들어 가시적인 무한대에 대한 꿈을 깨트린다.

*
**

이탈리아식 재현이라는 새로운 모험은 낯선 동시에 친숙하다. 그 탄생은 도시에서 신비극*과 기적극을 통해서, 앞서 분석한 바 있는 연극화된 전례가 발전되어 가는 것과 정확하게 동시대의 일이다. 그러나 모든 것이 이들을 갈라 놓는다.

— 우선 지리적 장소로 보면, 북유럽은 신비극과 기적극을, 이탈리아는 원근법과 환상주의를 선호한다.

— 관객 면에서 보면, 중세 연극은 사회의 여러 계층에 확산된 반면 이탈리아식 극장은 그 기원부터 엘리트에 제한된다.

— 공연의 주제나 소재 면에서 보면, 한쪽은 종교적이고, 다른 한쪽은 오락이다.

— 무대 장식과 건축술도 마찬가지인데, 왜냐하면 이 두 가지 형태의 기원인 재현의 코드가 서로 다르기 때문이다. 중세극은 이미 보았듯이 관객으로 하여금 끊임없이 본래의 의미와 비유적 의미를 오가도록 유도하는 상징적 코드, 그리고 공간, 가시적인 것, 장식, 들리는 대사 등을 가지고 유희한다. 연극의 새로움과 더 일반적으로 말해서 이

탈리아 인문주의자들이 창안한 공연의 새로움은 다음과 같이 요약될 수 있다. 이미지가 가진 본래의 의미는 비유적 의미의 우위에 선다. 공연은 상징적·우의적, 또는 종교적 관점에서 해방되어 현실을 향해 열린 하나의 '창'이 되고자 한다. 이 경우 **미메시스**는 재현과 실제 사이에서 반영 또는 재생산 효과에 의해 작동한다.

인문주의, 그리고 인간적 시점의 우위에 대한 긍정과 더불어 천막—고대 그리스의 **스케네**는 본래의 의미를 잃었는데 그 이유는 그 신성한 진수를 상실했기 때문이다. 숨겨진 것은 그것의 신비로움을 박탈당했다. 그러자 보이지 않는 것과 무대 밖은 짐작할 만한 것이 되었다. 이들은 무대의 가시적인 것을 상상을 통해 연장하며, 가시적인 것은 현실의 환상을 준다. **스케네**는 숨겨진 신과 보이지 않는 신비의 장소였다. 르네상스가 되자 **스케네**는 왕이자 신을 재현하는 배우의 장소가 된다. 스케네는 사람들이 조절할 수 있는 하나의 대상이 되는데, 그곳에서 인간이 스스로 모습을 드러내고 사람들에게 보이는 장소가 된다.

6

엘리자베스 시대의 무대
(16세기말–1642년): 시각의 수사학

엘리자베스식 연극이라는 표현은 16세기말에서 17세기초 영국에 고유한 공공 연극의 형태를 지칭하는데, 한편으로는 토머스 키드(1558-1594년)* · 말로(1564-1593년)* · 셰익스피어(1564-1616년), 또는 벤 존슨(1572-1637년)* 같은 작가들의 글쓰기와, 다른 한편으로는 건축물, 그리고 마지막으로는 연기나 공연의 양식과 밀접한 관계에 있다.

게다가 엘리자베스식 연극은 이전의 그리스 연극이 그러했듯이 강력한 정치 종교적 권력과 같은 시기의 것이다. 그리스 연극처럼 엘리자베스식 연극은 그 권력을 구축하는 도구이자 발산, 그리고 기호이다. 이들 두 연극 모두는 권력이나 글쓰기와 불가분의 것으로써 글쓰기는 연기, 무대 장식 기술–건축, 즉 공연의 코드를 내포하고 있다. 절대 권력, 연극적 글쓰기, 공연 양식이라는 세 가지 요소들의 같은 결합 관계는 프랑스 17세기 비극에서도 찾아볼 수 있다. 이처럼 극장과 공연, 그리고 권력은 구심적인 동시에 원심적인 복합적인 관계에 의해 연결되어 있는데, 연극은 권력의 구축에 기여하고, 또한 권력의 표현 방식으로 사용되기 때문이다.

엘리자베스식 연극이라는 명칭조차도 단어 그대로 연극과 권력, 즉 영국의 16세기말 여왕 엘리자베스 1세*의 권력과의 복합적인 관련성에 대한 명백한 흔적을 가지고 있다. 상징적 관계는 구체적으로 번역된다. 엘리자베스식 연극은 그 물리적 존재를 몇몇 귀족들과 여왕 엘리자베스 1세가 배우들과 작가들에게 부여한 보호에 힘입고 있으며, 차후 제임스 1세,* 그리고 찰스 1세*가 이 보호를 재차 확인하지만, 청교도와 왕당파 사이의 내전과 크롬웰*의 권력 상승은 1642년 이를 급작스럽게 종식하게 된다. 엘리자베스식 연극의 시작으로 여왕 엘리자베스 1세가 등극한 1558년을 들기도 한다. 더욱 자주는 여왕이 배우들에게 보호를 공식적으로 동의한 연도인 1574년을 그 시초로 여기기도 한다. 실제로 1572년 의회의 명령서인 '방랑자 처벌 규정'에 따르면 모든 극단은 귀족이나 사법부의 두 고관의 보호하에 있어야 했다. 배우들이 활동할 수 있도록 허가하는 이런 보호가 없는 경우 배우들은 방랑자의 부류로 여겨져서 감옥에 갇히거나 죄인 공시 대에 매일 수 있었다. 1572년 제임스 버비지*는 자신의 동료들을 위해 레스터 백작의 보호를, 그로부터 2년 후에는 여왕의 보호를 획득한다.

같은 시대에 청교도들은 왕권에 대항하여 싸웠다. 그래서 그들은 연극도 억압하려고 했다. 연극에 반대한 그들의 공격은 1579년 스테판 고슨의 《악습의 학교》나 1583년 필립 스터브스의 《악습의 해부》 등이 출판됨으로써 공식화되고 논쟁거리가 되었다. 1606년에 공포된 신성모독에 관한 법은 연극에 대항하는 청교도의 싸움에 있어서 또 다른 단계가 되었다. 그 마지막 단계는 1642년 9월 2일 의회가 투표한 법령으로 모든 연극 공연을 금지함으로써 엘리자베스식 연극의 종언을 고했다.

1. 공공 극장

세익스피어는 자신의 연극이 공연되는 장소를 지칭하기 위해 《헨리

5세》[1]에서 **나무로 된 이 O형**이란 표현을 사용한다. 엘리자베스 시대의 모든 극장은 다음과 같이 요약할 수 있는 형태에 의해 건축되었다.

— 전체적으로 보면 이것은 가운데가 빈(셰익스피어가 말하는 O형)[2] 지름이 25-30미터 되는 원주 형태이다.

— 속이 채워진 부분에서는 지붕이 있어서 왕관 모양 같은 외부와 착석 관객들을 위한 세 층의 갤러리가 있다.

— 중앙에는 하늘이 열린 빈 부분이 있는데 이것은 연기 공간이자 입석 관객들을 위한 공간이다.

'나무로 된 이 O형'의 기원은 복합적이다. 원형의 상징성은 많은 문명권에서 신성과 완벽함, 영원성의 개념을 가리킨다. 이미 그리스극장에서, 그리고 중세 극장의 경우를 보았다. 르네상스 시기에 알베르티* 는 교회를 위한 아홉의 형태를 추천한 바 있는데, 9각형은 원형에 해당된다.

소우주와 대우주 사이의 일치에 의한, 세계의 상징적이고 은유적인 형태로서의 원형에 대한 아련한 기억[3] 이외에도 엘리자베스 시대의 극장 건축은 틀림없이 그 기원을 좀더 가까운 과거에서 가져온다. 희곡 대본을 공연하기 위해 특별히 건물을 만들기 이전에——또는 1676년 이전에——16세기의 영국 배우들은 그들의 레퍼토리를 공연하기 위해 여인숙의 안마당이나 도시 외곽에 동물의 싸움경기를 위해 세워진 원형경기장에 자리잡았다. 엘리자베스 시대 극장 건물은 그 기억을 간직한 것인데, 층으로 된 갤러리나 중앙의 빈 곳에 관객과 배우가 인접

---

1) 《헨리 5세》, 서문, v.13.
2) 최근의 고고학적인 탐구는 엘리자베스 시대의 극장이 다각형의 도면에 건축되었다는 것을 보여주었다. 건물의 일반적인 외관은 원주 형태였다.
3) 극장의 원형 형태에 있어서 상징적이고 종교적이며 마술적인 기원, 또는 연금술과 연관된 기원에 대해서는 프란시스 A. 예이츠의 《기억의 예술》, 파리, 갈리마르, 1966(영어로 된 첫번째 판 《기억의 예술》, 1966), 특히 16장 〈플러드(Fludd)의 기억의 연극과 글로브 극장〉, pp.367-394 참고.

하고 있는 모습은 영국 배우들이 공연을 위해 단상을 설치하던 여인숙 안마당을 상기시킨다. 동시에 원형 형태는 배우들이 닭·곰·개의 싸움경기를 위해 세워진 원형경기장에서 공연을 하던 시절에 대한 유산이자——또는 어쩌면 다소 냉소적인 인용인지도 모른다. 게다가 셰익스피어는 《헨리 5세》에서 이런 암시를 하고 있다. 즉 관객에게 건네는 첫 대사에서 합창단은 전적으로 수사적인 가짜 겸양과 함께 극장을 지칭하기 위해 닭(cock)의 피트라는 용어를 사용한다.

이렇게 상호 교차된 연관 관계로 인해 공공 연극 공연에 적합한 공간이 건축되기에 이른다. 이탈리아식 극장은 앞에서 보다시피 일련의 연구와 시도, 시행착오의 결과이다. 그것은 15세기말에서 17세기초에 이르기까지 서서히 발전해 왔으며, 이어서 계속 발전하고 있다. 게다가 **이탈리아식** 원칙은 영국 엘리자베스 시대 궁정 연극에서도 존재했다. 특히 이탈리아에서 팔라디오*에게 수학하고 귀국한 이니고 존스*에 의해 발전되었다. 한편, 엘리자베스식 극장은 초안을 그려보지 않고도 완성된 형태를 발견한 것과 마찬가지로, 다시 손을 대지 않고도 완성된 형태를 부여받은 일종의 완벽한 유형이라고 할 수 있었다. 이 두 가지 대표적인 형태의 극장의 기원에 있어서 중요한 차이점은 분명히 각자 원칙에 있어서 존재하는 근본적인 차이에서 기인한다. 즉 이탈리아식 극장은 인문주의 이론가이자 건축가들이 엘리트를 위해 만든 것인 반면, 엘리자베스식 극장은 그보다 더 대중적인 관객들을 위해 자신들의 생각을 실제로 작품으로 만들던 작가 겸 배우들이 창안한 것으로, 여왕 엘리자베스 1세가 사용한 표현에 따르자면 **그들이 이미 사용하고 연구해 온 대로**였다.

첫번째 엘리자베스식 극장은 런던의 북쪽 변두리에 존 버비지* 극단에 의해 그들 자신을 위해 1676년 또는 여왕이 그들에게 공식적인 보호를 약속한 지 2년 후에 세워졌다.[4] 그 극장의 이름은 **더 시어터**(The

Theatre)라는 웅변적인 간략함으로 불려졌다. 당시 영국에서 극장을 지칭하기 위해 주로 쓰이던 용어는 **플레이하우스**였다. **극장**이란 용어의 선택은 순진하지도 진부하지도 않았다. **시어터**는 그리스-로마 어휘 영역에 속했고, 앵글로-색슨의 관습적인 어휘 영역과는 분명히 분리된 것이었다. 버비지가 자신의 공연 공간을 **시어터**라고 불렀을 때, 그는 박식하고 인문주의적인 참고 자료를 택하여 그것을 가지고 자신의 직업과 극단, 그의 작가와 관객에게 '귀족의 문자'를 부여하고자 하는 열망을 표현하고 있는 것이다. 이를테면 영국에서도 고대 그리스-로마는 참조해야 할 대상으로 쓰였던 것이다. 이 첫번째 엘리자베스식 극장은 그가 지은 건물에 이름을 붙일 단 한 사람의 건축가가 만든 것이 아니라 공동 작품으로 버비지와 그의 극단이 실제로 일하고 경험하고 생각한 결과에서 비롯된 것이었다. 게다가 유일한 단 한 명의 건축가의 작업이었다면 이탈리아식 극장의 건축가들이 그랬듯이 자신의 작업에 대해 도면이나 초안이나 크로키 등 씌어진 흔적을 남겼을 것이다. 엘리자베스식 극장이 세워졌을 때 이런 유형의 문서는 존재하지 않았는데, 이러한 사실은 엘리자베스식 극장의 실제 현실에 대해서 아직도 많은 의문과 질문이 남은 채로 있다는 것을 설명해 준다. 역사가들은 몇 가지 가정들을 세울 수밖에 없는데 그 중 몇몇은 아마도 결코 증명될 수 없을 것이다.

극장이 점차 성공을 거두자 시의 권력층은 우려를 표명했는데, 이들을 두렵게 한 것은 우선 공연 때문에 사람들이 모이는 것과 그로부터 생길 수 있는 우발적인 무질서, 그리고 혼잡 때문에 생길 수 있는 페스트 같은 전염병이었다.[5] 또한 1580-1599년 사이에 극단은 런던 중

---

4) 셰익스피어는 그로부터 4년 후인 1680년 스트랫퍼드에서 도착하면서 버비지 극단에 들어갔다.

5) 주된 전염병인 페스트는 대략 10만 명의 사망자를 낳았는데 그 연도는 1564, 1593, 1603 그리고 1623년이다.

심부를 떠나 사우스워크 청장의 재판권이 미치지 않는 변두리로 자리를 옮겼다. 17세기초에 런던에는 비슷한 유형의 극장이 열 개나 있었는데 20만 시민들이 거주하는 시의 경계 밖에 모두 세워졌다. 즉 더 시어터(1576년), 뉴잉턴 버츠(1576년), 더 커튼(1577년), 더 로즈(1587년), 더 스완(1595년), 더 글로브(1599, 1613년 화재 이후 대부분 제임스 1세*의 재정 지원을 받아서 재건축됨), 더 포춘(1600년), 더 보어스 헤드(1600년), 더 레드 벌(1604년), 그리고 더 호프(1614년) 극장이 그것이다. 연극 공연은 런던의 중심부에서도 행해졌는데 천장이 가려진 더 블랙프라이어스나 더 콕핏, 그리고 1594년까지는 벨 새비지 인·크로스 키 인 또는 더 벨 인 등의 몇몇 여인숙에서도 공연이 있었다. 이런 극장들에는 언제나 **호사스러운, 웅장한, 화려한** 등의 수식어들이 뒤따랐다.

2. 공연 공간

이탈리아 모델은 앞에서 보다시피 틀과 원근법을 사용하여 현실과 허구 사이의 분리와 시각적으로 주어진 현실의 환상에 기반을 두고 있다. 엘리자베스식 사고로는, 객석을 무대와 연결하는 원칙 또는 재현된 허구 속의 현실은 이탈리아 원칙과는 반대된다. 공연 모델에 있어서의 이런 차이는 물론 공간 속에 기록된다.

엘리자베스식 극장 건축은 잘 또는 잘못 알려져 있다. 이 모든 극장은 1642-1644년 사이에 의회의 명령에 의해서 청교도들에 의해 사실상 파괴되었다. 극장이 지어진 시기로부터 우리에게 남겨진 것은 단지 여행자들이 남긴 묘사나 런던에 관한 판화들, 몇 가지 그림, 그리고 연극 출판에 실린 책의 첫머리 그림이나 삽화뿐이다. 이 모든 문서들은 소중하지만 이것들은 여전히 대답 없는 질문을 남겨 준다.

관객

첫번째 엘리자베스식 공공 극장의 건축과 동시대인 유일한 그림이 존재한다(그림 11 참조). 이 크로키는 스완 극장의 내부를 재현한다. 1880년에 발견된 이 그림은 몇 가지 가정에 대해서 확신을 주었지만 다른 질문들은 그대로 남았다. 게다가 그림을 해석하는 일은 복합적인데 그 이유는 이것이 원본이 아니라는 것이다. 이것은 복사본——또는 묘사에 대한 해석——으로 스완 극장이 지어진 지 1년 후에 홀란트 학자 아렌트 반 뷔헬이 홀란트 여행자인 드 위트의 그림이나 이야기를 바탕으로 만든 것이다.

여기에는 왕관 모양으로 놓여진 세 층으로 된 갤러리가 보이고, 마치 보석을 물리는 반지의 거미발처럼, 극장에서 하늘이 열린 부분[6]을 둘러싸는데 이곳은 배우나 입석 관객을 위한 공간이다. 엘리자베스식 극장은 1천 명에서 3천 명의 관객을 수용할 수 있었고, 당시를 지켜본 토머스 데커에 따르면 성공작에서는 더 많은 관객도 수용했다.

그 극장들은 오후가 될 때마다 냄새나고 서로 달라붙은 사람들로 인해 연기를 피웠는데 그 무리가 하도 빽빽해서 그들이 나올 때면 거친 호흡으로 인한 김 때문에 얼굴 전체가 마치 물에 삶은 듯했다.

《글로브 극장, 재건축된 엘리자베스식 극장》,

런던, 스피니 출판사, 1998, p.42.

---

6) 고고학적 조사에 따르면 빗물을 모으고 흐르게 하는 체계가 존재했다. 빗물은 경사에 의해 하늘이 열린 부분의 공간 중심을 향해 흘렀으며 거기에서 물은 땅에 묻힌 통 속에 모아졌다. 이 통으로부터 속이 빈 나무등걸로 만들어진 배수관이 시작되어 빗물을 하수구나 가까운 템즈 강으로 처리했다.

그림 11. 드 위트에 의거한 반 뷔헬의 그림으로 스완 극장의 내부를 나타
낸다. 1696년.

원본은 위트레히트, 리쿤베르시테이트 도서관 소장.

갤러리나 바닥자리에서 관객들은 배우를 260° 이상 둘러싸고 있었다. 건물의 대칭 도면을 참조한다면 일부 관객은 무대를 마주하고 있었고, 일부는 측면에서, 그리고 또 일부는 무대 뒤쪽 4분의 3에서 보기도 했다.

관객이 거의 무대를 둘러싸고 있었다는 것은 배우의 연기 양식에 영향을 미쳤다——또는 그 역으로도 말해졌다. 이탈리아식 극장은 전면의 외형 때문에 배우들로 하여금 몸의 부피를 게을리 하게 하고, 등을 보이도록 되어 있지 않기 때문에 그들의 '등'을 잊게 만들었다. 그와는 반대로 엘리자베스식 극장 건물과 소통 방식은 배우의 몸 전체——모든 방향에서 보이도록 되어 있던——와 연기 공간 속에 이 몸을 기입하는 것을 고려했다. 오늘날 일본의 가부키 공연자가 하듯이 엘리자베스 시대 배우들은 그들 육체가 전체적으로 달변에 이르도록 노력했으며, 거기에는 '등을 가지고 말하는 달변'[7]도 포함된다.

관객을 층별로 분할하는 것은 사회적 계급과 일치한다. 바닥자리는 가난한 사람들을 위한 자리이고 갤러리, 그 중에서도 특히 첫번째 층은 부유한 사람들을 위한 자리이다. 갤러리의 첫번째 층에 특권층을 위한 세 개의 장소가 있었다.

— 우선 영주의 자리(**영주님의 방**)는 무대가 대칭되는 중심축 위에 있었는데, 이곳에 여왕 엘리자베스 1세*와 이후 왕들이 자리잡았고, 극단이 대중을 위한 공연을 할 때는 극단의 공식적인 보호자들이 자리잡았다.

— 한편 귀족들을 위한 두 개의 자리(**귀족의 방**)가 무대 양 측면에 있었다. 귀족을 위한 자리의 위치는 프랑스 왕과 왕비의 자리의 위치를 연상하게 하지만 차이 또한 엄연히 존재한다. 프랑스 17세기 왕의 두

---

7) 이는 《되돌아오지 않는 배우, 일본에서의 연극의 날들》에서 조르주 바누가 사용한 표현이다. 파리, 갈리마르, 〈폴리오/에세〉 총서, 225호, 1993, p.65. 오비에 출판사에서 첫 출간, 1986.

좌석은 무대 틀에, 현실과 허구의 상징적 경계에 위치한다. 왕의 권력은 보이는 동시에 공연되었으며 이와 같이 공연의 일반적 체계 속에 포함되었다(7장 참조). 그와는 반대로 귀족의 두 좌석은 상징적 경계에 위치한 것이 아니라 관객이 자리한 대열에 단절되지 않고 놓여 있다. 여행자인 토마스 플라터는 다음과 같이 기록하고 있다.

. 만약 (방문자가) 가장 안락한 자리의 쿠션 위에 앉기를 원하면 그는 그곳에서 모두 볼 뿐만 아니라 또한 모두에게 보일 것이므로 그는 다른 출입문에 추가로 영국 돈 1페니를 더 지불해야 할 것이다.

여기에서 플라터가 영주의 자리를 말하는지 아니면 귀족의 자리를 말하는지는 알 수 없다. 그것을 명시하지 않은 것이 흥미롭다. 이것은 우리에게 엘리자베스 시대의 공간이 방향 지시상 단일하지 않았다는 것을 이해하게 해주는 보충적인 요소이다. 그것은 원심적이자 구심적인('사람들이 바라보고 바라다 보이는'), 비어 있는 중심을 둘러싸고 배우와 관객이 동시에 점유하고 있는 실린더 모양의 공간이다.

엘리자베스식 극장에서 관객 좌석과 특권층의 좌석이 분리된 것에 대한 이와 같은 간략한 분석은 부피에 대한 전체적인 고려 속에서 그 특이성을 해석해 낼 수 있도록 해주는 요소 중의 하나이다. 극장의 이러한 공간적 조직은 이탈리아식 극장에서 전해 내려온 전면성을 기억하고 항상 영화나 사진 같은 다른 형태의 재현 속에 놓여진 20세기말 서구의 관객에게는 때로 상상하기 어려운 일이다.

무대

이탈리아식 무대와는 달리 엘리자베스식 무대는 하나의 단면이 아니라 연기의 부피라고 할 수 있다. 주된 연기 공간은 하늘이 열려 있는 부분의 빈 중심에 위치하고 있다. 이곳은 장방형의 무대로 바닥에서 1.5미터 정도 높여져 빈 공간의 적어도 절반을 차지한다. 무대의 평균 크기는 폭이 12내지 15미터에 깊이가 대략 8미터 정도였다. 관객은 무대를 둘러싼 세 면에 나누어져 있었고 마지막 한 면은 덮개가 있는 고리에 기대 세워져 있었다. 공연은 오후에 있었는데 그렇다고 해서 태양이 유일한 광원인 것은 아니었으며, 전반적인 분위기를 바꿀 수 있는 보조 인공 조명도 사용했다. 16세기의 조명 기술은 여러 가지 숨은 수단을 이용해서 실제로 빛의 강한 변화, 필터를 사용한 색조의 변화, 광원과 방향의 변화를 가능케 했다.

어떤 문서를 보면, 드 위트가 **프로시니엄**, 영국인들이 **스테이지**라고 지칭했던 무대는 난간으로 테두리져서 그려지는데, 예를 들면 윌리엄 앨러배스터의 《록사나》(1632년판)나 나타나엘 리드샤르의 《메살리나》(1640년)가 그렇다. 난간은 무대와 객석 사이의 분리, 현실과 재현 사이의 분리를 물질화한다. 이런 방식은 동시대 프랑스에서는 '구획된' 또는 '초기 고전주의'라고 불리는 무대 장식에서 나타난다(7장 참조). 건축술이나 무대 장치 분야에서의 물질적인 분리는 항상 뭔가 상징적인 것이 도입된다는 기호가 된다. 엘리자베스식 무대 위의 난간에 대한 이 두 가지 그림은 예외적인 것이며, 글로브나 시어터 극장 같은 유형의 열린 공간을 가진 극장에서는 그런 흔적이 존재하지 않는다. 게다가 이 두 연극 작품은 그 그림이 무대와 객석이 분리된 명백한 흔적을 담고 있지만 분명히 《록사나》는 콕핏에서, 《메살리나》는 솔즈베리 코트와 같은 런던 내의 실내 극장에서 초연되었던 것이다. 현실과 허구 사이의 관계에 있어서의 이러한 다양한 예는 엘리자베스식 극장에서의 재현 방식이 17세기초에는 절대적으로 균일한 것이 아니었음을 보여준다. 실내 극장에서 일부는 건축술로 인해서, 그리고 일부는 실외 극장에서보다는 더 귀족적이고 덜 다양화된 관객으로 인해서, 이탈리아 모델에서 몇 가지를 차용한 것이 동의를 얻을 수 있었던 것으로 보인다.

삼차원 무대

　무대는 나무로 된 두 개의 커다란 기둥이 지지하는 차양에 의해 절반쯤 덮여 있었는데 "대리석 모양의 그림이 진짜 같아서 잘 아는 관객들도 속을 뻔했다"라고 드 위트가 자신의 글에서 쓰고 있다. 당시 런던에 재건축된 지구 극장은 기둥의 높이가 7.3미터이고 기둥 사이 거리가 12.5미터였다. 차양 덮개의 일부는 무대의 3분의 2 정도를 가려 주고, 다른 일부는 반지 모양의 관객 전용 장소에 기대고 있는 층진 구조물을 가려 주었다. 이 건물의 안쪽 부분은 배우들이 몸을 숨기는 장소로 쓰였고, 이들은 그곳에서 준비하거나 분장을 하고 공연에 필요한 의상이나 소품을 정돈해두었다. 반 뷔헬은 그곳을 드 위트의 기록에 의하여 'mimorum aedes' 또는 '배우들의 신전(또는 집)'이라고 불렀다.[8]

　'배우들의 집'의 전면의 하나는 관객의 시선에 보였으며 그것은 무대 안쪽 벽의 하나로 여겨졌다. 여행자들이 남긴 묘사와 몇 가지 점에서 일치하는 반 뷔헬의 그림에는 벽 낮은 곳에 두 개의 문이 뚫려 있고, 높은 곳은 갤러리로 변화되어 있는 것을 볼 수 있다.

● 출입문들
　엘리자베스식 극장이 세워지던 것과 동시대의 유일한 그림은 '배우들의 집'의 벽에 출입문이 두 개라고 언급하고 있다. 혹시 어떤 '배우들의 집'에는 무대 높이에 세 개의 출입문이 있지 않았는지 아는 것이 문제로 남는다. 이런 가정의 근거는 특히 지문에 있다. 불행하게도 엘

---

　8) 드 위트는 '배우들의 집(mimorum aedes)'이 '로마식 형태와 비슷하다'라고도 기록하고 있다.

리자베스 시대의 원본 대본에는 이런 지문이 남아 있지 않고, 그후 이 어지는 대본, 즉 흔히 첫번째 공연과 아주 가까운 시기에 출판되는 대 본에 실리곤 했다. 지문은 연출에 관련된 전통에 대한 자세한 내용들을 싣고 있다. 그러나 엘리자베스 시대 무대 장치에 관한 완전히 믿을 만한 정보를 가지고 있지는 못하다.

무대에 대한 다른 가정들도 제시되었는데, 특히 프란시스 예이츠는 체임버스의 가정을 받아들여 다음과 같이 쓰고 있다.

플러드에 따르면 무대에 다섯 개의 출입문이 있었는데, 바닥 위치에 세 개, 테라스로 향하는 높은 위치에 두 개가 있었다. 이것은 여러 전문 가들이 생각하던 문제를 해결해 준다. 즉 그들은 적어도 세 개 이상의 문이 있어야만 한다고 생각하는데 바닥 위치에는 더 이상의 공간이 없 어 보이기 때문이다. 체임버스는 다섯 개의 문이 존재한다는 가정을 제 외했었는데 이는 고대의 무대인 **프론스 스케네**의 다섯 개 출입문과 일 치하는 숫자인 것이다. 우리가 여기서 보는 것(로버트 플러드의 '아르스 메모리에(Ars memoriae)' 극장 그림에 나오는)은 고대 극장의 **프론스 스 케네**의 다섯 개 출입문과 같은 것으로써 그것이 여러 가지 높이로 적용 된 것이다.

프란시스 A. 예이츠, 상게서, p.375.

그림으로 남겨진 다른 자료가 없으므로 이런 가정들 중에서 어떤 것 도 증명될 수는 없다. 런던에서 글로브 극장의 재건을 위해 건축가들 은 무대 높이에 있는 배우들의 집에 세 개의 문을 내고, 관객에게는 보이지 않는 갤러리 높이에 출입문들을 보충하는 해결책을 선택했다.

● '배우들의 집'의 갤러리
갤러리는 배우들의 집의 이층에 위치한다. 이에 대해서 불확실한 것은 최소한이다. 역사가들은 엘리자베스 시대의 공연은 공간 속에서 전개되었고 갤러리는 대본과 극행동이 높이의 차이를 포함할 때, 예를 들어 셰익스피어의 《로미오와 줄리엣》에서 발코니 장면이나 성채 위에서 망을 보는 많은 장면들과 같은 경우에 이용되었다는 사실에 동의한다.

● 높은 층

배우들의 집은 차양 위로 한층 더 높은 층을 포함한다. 반 뷔헬의 그림에서 보면 차양 지붕의 꼭대기는 환상형의 갤러리를 덮은 밀짚 아랫부분과 함께 아래를 굽어본다. 배우들의 집의 마지막 층은 극장의 외관에서도 잘 보이는데 환상형의 갤러리 지붕의 높은 곳을 충분히 넘어선다.[9]

높은 층의 전면에는 한두 개의 창문이 나 있어서 배우들이 모습을 드러낼 수 있었다. 반 뷔헬의 그림에서는 측면의 창문 중의 하나에서 트럼펫을 연주하는 군인이자 연주자가 보인다. 아마도 《템페스트》의 프로스페로가 이런 창문에서 나타났을 것이고, 전통에 따라 프로스페로가 '꼭대기에서'[10] 나타났다고 지문에 기록함으로써 그의 출현을 나타냈을 것이다. 배우는 무대에 있는 다른 배우들에게는 보이지 않았지만 모든 관객에게는 모든 면에서 우월한 인물이자 호의적인 마술사로 보였을 것이다.

마지막 층의 안쪽은 소품이나 의상을 보관하는 뒷무대로 사용되었음이 분명하다. 확실한 증거는 없지만 흔히 이곳에 기계 장치나 비상을 위한 장치가 있었으리라고 여겨진다.

공연중에는 배우들의 집 꼭대기에 깃발이 걸리곤 했는데, 이것으로

---

9) 위쪽 지붕의 구조는 극장과 그림에 따라 다르다. 꼭대기의 선은 단순하고 극장의 대칭축과 직각을 이루거나 또는 극장의 대칭축과 두 배가 되거나 평행을 이룬다.
10) 셰익스피어, 《템페스트》, Ⅲ, 3.

극장 외부에 공연을 하고 있다는 사실을 알렸던 것이다.[11]

● 천장

차양 아래에 위치한 천장은 분명히 잎 모양의 금박 화장 회반죽 장식이나 그림 등으로 풍성하게 장식되었다. 셰익스피어 시대의 글로브 극장에서는 천장은 "전세계가 연극을 공연한다(Totus mundum agit histrionem)"라는 라틴어 문구와 함께 세상과 하늘의 우의적인 그림들로 장식되어 있었다. 최근에 복원된 글로브 극장에는 격자 천장이 해와 달, 별자리를 나타내는 장식——우의적이고 상징적으로——과 중심에는 빛을 발하는 한떼의 구름이 그려졌다. 천장은 모든 관객에게 보이지는 않았고 입석이나 첫번째 갤러리의 측면에 위치한 관객들만이 볼 수 있었다. 확실한 증거는 없으나 하늘을 나타내는 격자 천장은 움직이는 트랩으로 되어 있어서 정령이나 유령들의 출현을 위해 열릴 수 있었다.

막

한 가지 다른 중요한 요소가 개입되었다. 그것은 영국인들이 **발견**이라고 부른 무대 막으로 **놀라게 하는 효과**가 가능했다. 반 뷔헬의 그림이 발견되기까지 역사가들은 '배우들의 집'의 벽이 두 개의 출입문 이외에 하나 더 개방된 곳이 있어서 갤러리 아래에 위치한 **안쪽 무대**라고 불리는 공간으로 열려 있다고 생각하고 있었다. **안쪽 무대**는 오셀로가 데스데모나를 죽이는 것과 같이 은밀하고 숨겨진 장면들이 일어나는 곳이다. **안쪽 무대**는 무대 막에 의해서 보이거나 가려지거나 했

---

11) 장 누벨은 이 원칙을 리옹 오페라에서 다시 사용했다. 공연중이라는 사실을 유리로 된 지붕의 조명을 밝힘으로써 외부에 알렸던 것이다. 조명의 강도는 관객의 수에 따라 바뀌었다.

다. **안쪽 무대**의 존재는 엘리자베스 시대의 텍스트에서는 증명되지 않았다. 게다가 배우들의 집의 갤러리 아래에 뒤로 물러나 있는 무대를 가정한다는 것은 시야 확보나 소리듣기에 큰 문제를 제기하는 것이다. 배우 주변으로 관객이 260° 둘러싸고 있다는 것과 **안쪽 무대**의 협소함을 고려한다면 제한된 수의 관객만이 그곳에서 연기되는 장면들을 보거나 들을 수 있었을 것이다.

반면 무대 막(**커튼**)의 존재와 놀라움의 효과는 판화에서 그 증거를 찾아볼 수 있다. 또는 17세기 지문에서도 그 증거를 찾아볼 수 있는데, 비록 그것이 절대적인 증거는 아니라고 해도 당시 연기의 관습을 알려 주기는 한다. 예를 들면 말로의 포스터스의 실험실이나 셰익스피어의 《헨리 8세》 2막 2장에서 지문은 '헨리 왕이 커튼을 잡아당긴다'라고 지시하고 있다.

비록 완전하게 증명되지는 않았지만 가장 보편적으로 받아들여진 가정은 현재로서는 다음과 같다. 아마도 차양이 있는 천장에 매달린 무대 막이 배우들의 집의 전면 앞쪽으로 당겨져서 놀라움의 효과나 드러냄과 숨김의 효과를 냈을 것이다. 무대 막은 보강된 **안쪽 무대**가 아니라 배우들의 집의 전면——또는 일부분——을 가렸을 것이며 이렇게 해서 모든 사람에게 보이는 무대 공간 그 자체를 드러냈을 것이다. 무대 막은 그 모양이 다양했는데 《메살리나》의 책표지 그림에서 몇 가지를 짐작할 수 있듯이 천이나 장식 융단 또는 화폭으로 되어 있었다.

기계 장치

기계 장치의 효과나 속임수는 이미 고대로부터 잘 알려져 있다. 이는 중세의 전례극에서, 그리고 유랑배우들에 의해서 마법의 효과를 내기 위해 계속 사용되어 왔다. 엘리자베스 시대의 텍스트는 거의 모두 갑작스러운 출현이나 사라짐, 참수, 그리고 다른 장대한 효과들을 포함한다. 기계 장치와 속임수를 사용하는 전통은 비록 그 흔적은 거의 사라졌지만 그렇다고 해서 이런 전통이 사라졌다고 말할 수는 없다.

● 무대 밑의 장치

그림이나 연대기들은 흔히 사악하고 강한 힘을 가진 지하 인물들의 출현을 위해 무대 마루 위에 있던 트랩의 존재를 확언하게 해준다. 예를 들면 《메살리나》의 판화에서는 트랩이 분명하게 그려진 것을 볼 수 있는데, 무대 대칭축에 비해서 약간 중심으로부터 벗어나 있다. 햄릿 부친의 유령이 이런 종류의 트랩으로 출현했으리라고 짐작할 수 있다.

셰익스피어의 《맥베스》 4막 1장에서는 인물의 출현에 대한 자세한 지시가 있는데, 맥베스를 두번째 방문하면서 마녀들은 "오라, 그대가 낮은 곳에 있건 높은 곳에 있건 간에"(v.67)라는 말로 그들의 '주인'(v.63)을 부른다. 이런 지시가 중요한 것은 그것이 지문이 아닌 대사로 제공되기 때문이다. 인물의 출현이 이처럼 위나 아래에서 가능하다는 것은 작가에게 연기에 관해 많은 자유가 주어지고 있다는 것과 기계 장치가 존재한다는 사실을 함축한다. 이 장면에서는 《리처드 3세》와 마찬가지로 인물의 출현이 매우 빠른 리듬으로 계속된다.

— 첫번째 출현은 무장한 머리로서 7행 길이(v.69-76)로 기계 장치와 속임수에 의한 마법의 효과를 낸다.

— 두번째 출현은 피투성이 아이로서 4행 길이(v.87-81)이다.

— 세번째 출현은 손에 나뭇가지를 들고 왕관을 쓴 아이로서 9행에 이른다(v.86-94).

— 네번째 출현은 여덟 명의 왕이 나타나고, (…) 방코우의 유령이 이들을 뒤따르는데 18행 길이(v.112-130)이다.

이와 같이 해서 약 3분간에 걸쳐 61행에 이르는 대사 중에 열두 번의 출현과 사라짐을 헤어볼 수 있는데, 그렇다면 무대 위에 여러 개의 트랩이 있었다는 사실을 짐작할 수 있다. 관객은 출현 장면을 매우 기다렸는데 무서워하면서도 그 장면을 지켜보았다.

● 무대 위쪽의 장치

무대 위쪽의 장치에 관해서 말하자면 아마도 장치는 배우들의 집 위층 꼭대기에 위치해 있었을 것이다. 판화에 지시된 공간적 부피의 크기로 미루어 보면 경우에 따라 복잡할 수도 있는 비상을 위해서 권양기와 실린더 등의 기계 장치를 가정해 볼 수 있다. 위쪽 장치로 조작되고 장비를 갖춘 배우들은 차양의 천장에 난 트랩으로 출현했을 것이다. 이 가정은 그럴 듯하지만 아직 증명되지는 않았다.

셰익스피어의 《리처드 3세》가 광기에 사로잡힌 장면[12]에서는 열한 명의 유령이 60행에 걸쳐서 출현하고 사라지는데(또는 두 번 이상의 출현과 사라짐, 그리고 매 분마다 다른 유령이 등장하는 셈인데 이런 리듬은 《맥베스》의 정령들의 출현과 비교할 만하다), 이것은 무대 위쪽에 막대한 기계 장치가 있었음을 가정하게 한다. 각각의 배우/유령은 독자적인 장치를 사용했을 것인데, 60행의 대사라면 그 사이에 한 배우가 장치를 벗고 다른 배우가 그 장치를 다시 사용하기에는 시간이 부족했을 것이기 때문이다.

《맥베스》와 《리처드 3세》에서 출현이 있는 두 장면을 분석해 본 결과 무대 위쪽에 기계 장치가, 무대 위에 트랩들이 있었다는 사실을 말해 준다. 그러나 다른 가정을 게을리 해서는 안 된다. 즉 유령들과 귀신들을 무대 위에서 실제로 보이는 배우로 해석한 것이 아니라 대본 상의 배우들의 목소리를 '죽인 채' 오브제들(인형·너울 등)을 사용하는 경우이다. 이 경우 기계 장치의 중요성은 적을 수도 있다. 이 마지막 가정은 최소한의 기계 장치를 쓰면서 배우들의 집 위의 창문이나 갤러리로 출현을 하3도록 하는 것이다.

---

12) 셰익스피어, 《리처드 3세》, V, 5.

3. 엘리자베스 시대의 공연 규칙: '상상을 발휘하여 연기하라[13]

엘리자베스 시대 연극의 경우처럼 지나간, 또는 **하물며** 사멸한 형태에 대해 성찰할 때, 가장 큰 어려움 중의 하나는 과거의 것을 현재의 시각(filtre)을 가지고 해석하지 않도록 가능한 한 주의해야 한다는 것이다. 그런 시점은 흔히 자신도 모르는 사이에 하나의 관점을 부과한다. 물론 그것을 완전하게 제거하는 것은 자신이 처한 시대에서 벗어날 수 없기 때문에 불가능하다.

우리 시대의 시각은 다음과 같이 정의될 수 있다. 재현의 역사는 흔히 진보해 나가는 움직임 속에 있다고 생각되며, 현재로서 이런 진전의 가장 최선의 단계는 인간 중심의 이미지, 즉 인간의 시야(vision)와 가장 유사한 이미지이다. 우리는 그것을 르네상스 시기 이탈리아 사람들에게서 물려받았고, 아직 그것이 반박되어 왔고 아직도 반박되고 있다고 해도 어디나 존재하고 전능한 힘을 행사하게 되었다. 예를 들면 이 시각 때문에 20세기초 추상 예술은 많은 이들에게 이해되지 못했다. 연극의 역사에서 널리 알려진 가치 판단이 은밀한 방식으로——그리고 때로는 드러내 놓고——발전하면서 그리스 극장이나 중세극장, 나아가서 엘리자베스 시대 연극의 무대 배경 속에도 상대적인 '서툶'이 있다는 생각과 같아지게 되는 것 또한 바로 이것 때문이다. 현재 우리는 눈앞에 펼쳐지는 이미지와 언어 사이에서, 하나가 다른 하나와 겹쳐지지 않으면 이해가 안 되는 잉여의 규칙 속에 살고 있다.

---

13) 셰익스피어의 《헨리 5세》 III부 프롤로그, v.7. '상상을 발휘하여 연기하라.' 원어인 fancies는 이미지를 가진 생각·상상·환상·부러움 등 그 의미가 열려 있다.

상상력이 책임진 볼거리

모든 공연이나 모든 공연 장소가 그렇듯이, 엘리자베스 시대 극장의 건축과 무대 장식 기술은 세계관의 표현이자 공연의 저자——그가 건축가 · 무대 장식 기술자 · 극작가 · 배우, 그리고 왕이라고 해도—— 가 세계와 함께 구축하는 상징적 관계의 표현이다. 여기에 왕을 공연의 저자에 포함시키는 이유는 역사가 보여주듯이 강력한 상징적 권력 없이는 강력한 공연 체계도 없기 때문이다.

이탈리아식 사고, 즉 연극 공연이 가시적인 세계와 유사한 환상을 중심으로 구축된다는 생각——즉 눈속임으로——은 엘리자베스 시대의 사고로서는 낯선 일이다. 첫번째 증거는 여성의 역할이 필요한 경우에는 여자 주인공의 역할도 포함해서 남성이 담당했다는 사실로써 알 수 있다. 내용이 빈약하기는 하지만, 다른 증거로는 연기를 하는 배우의 이미지가 남아 있는 게 거의 없다는 것이다. 이탈리아식 극장과는 반대로 그림은 공연 계획을 세우는 일에도, 그것을 이해하는 데에도 쓰이지 않았다. 그림으로 남겨진 이미지는 어디에도 없다.

엘리자베스 시대 연극의 사고나 실천은 시각적인 유사성이나 진실다움과는 다른 참조물 위에 근거하고 있는데, 이는 실제에 대한 재현이 흔히 인간의 시각과 유사한 가시적인 것을 거쳐 가던 르네상스를 계승하고 있는 현대 우리의 생각과는 다르다. 시각적인 부분은 아마도 의상을 제외하고는 대본과 비슷한 방식으로 중첩되고자 애쓰지 않았다. 이와 관련해서 1613년 셰익스피어의 《헨리 8세》 공연 때 글로브 극장의 화재를 묘사하는 글을 인용해 보자.

왕의 배우들은 헨리 8세 재위중에서 중요한 순간들을 보여주는 '모든 것이 진실이다'라는 이름의 새로운 연극을 공연하고 있었다. 공연은 크고 장엄한 장치와 무대에 놓인 장식 융단에 이르기까지 괄목할 만했다. 기사들은 가터 훈장을 달고 근위병들은 수놓은 망토를 입고, 또 나머지로는(…)

헨리 워턴, 《워턴 유고집》, 1671. 프란시스 A. 예이츠,
《셰익스피어의 마지막 작품들》, 파리, 벨랭, 1993, p.67에서 인용.

묘사에 따르면 시각적 웅장함은 주로 의상에 의해서 이루어졌다. 만약 무대 배경을 위해서 장식 융단 이외의 '크고 장엄한' 요소들이 사용되었다면 저자가 그것들을 언급했을 것이다. 관객에게 감동을 주기 위해서 공연은 묘사적인 시각적 효과들 이외의 수단을 사용했는데 그 수단으로는 목소리·배우의 몸·리듬, 그리고 상상력(환상)에의 호소 등이 있다.

셰익스피어의 《헨리 5세》에서 합창단이 개입하는 것은 공연에 필수적인 구성 요소로 여겨진 관객의 상상력을 지속적으로 참고로 한다는 사실에 대한 명백한 예를 제공한다. 관객에게 말을 거는 일은 공연 장소와 배우들에 대해 수사적인 비하("이 보잘것없는 무대, 닭싸움에나 쓰일 경기장, 나무 따위로 된 이 원형 모양의 장소" 또는 "저 모자란 사람")로부터 시작된다. 이것은 관객의 상상력에 호소한다는 것을 증명하며 다음과 같이 표명된다.

그러나 상냥한 친구여, 용서하라/이 보잘것없는 무대에서/이토록 거창한 주제를/감히 다루고자 나선 저 모자란 사람을/닭싸움에나 쓰일 경기장이 담을 수나 있을까/프랑스의 넓은 벌판을? 우리는 어디로 들어가게 할 것인가/아쟁쿠르의 공기 속에 공포를 심었던/투구를 쓴 사람들을 나무 따위로 된 이 원형 모양의 장소에?/오! 용서하라, 완전히 둥근

숫자가/꼬리에 놓여서 백만을 뜻할 수 있는 이상/이 많은 숫자에 비해 영에 가까운 우리가/당신들의 상상력의 힘에 작업하는 것을 용서하라/ (…) 군사들을 1천 명씩 나누어서/상상 속의 군대를 창조하라./우리가 말 이야기를 하면, 당신들은 그 말들을 본다고 상상하라(…).

셰익스피어, 《헨리 5세》, 프롤로그 1막, v.8. 장 미셸 드프라 번역,
파리, 갈리마르, 폴리오 연극, 59호, 1999, p.44-47.

관객의 상상력의 능력에 대한 호소가 3막 초엽에 코러스에 의해서 반복된다.

이처럼 상상력의 날개 위에 우리의 무대가 난다/이토록 재빠른 움직임으로/마치 생각의 속도처럼. 당신이 보았다고 상상하라(…)/당신의 공상에 몸을 맡기라(…)/(…)우리를 믿어 달라,/우리 공연을 당신의 정신으로 채우라.

상게서, 3막 1장, p.140-143.

마침내 상상력에의 호소는 더욱 복합적이고 더 근본적인 하나의 명령이 된다. 예를 들면 《헨리 5세》 2막 초엽에서 코러스가 개입하는 경우가 그렇다.

왕은 런던을 떠났고, 그리고 무대는,/친구여, 사우샘프턴으로 이전한다./현재 극장이 있는 곳은 그곳이며, 거기서 그대는 자리를 잡으라(…).

상게서, 2막 1장, p.84-87.

여기에서 코러스의 지시에 따르면, 극적 행동의 장소(**장면**)와 공연의 장소(**무대**)를 겹치는 일이 일어나는 듯하다. 행동이 자리를 옮기면 관객은 생각으로만이 아니라 물질적으로도 그 이동된 장소를 따라가야 한다. 이 세 개의 행은 사고와 상상력의 작업 덕분에 허구와 관객 간의 분리가 줄어들거나 없어지는 것을 가리키는 것으로 보이는데, 마치 관객들이 극장에 들어간다는 사실이 허구 속에 들어가는 것과 마찬가지이다.

담론의 수사학과 시각의 수사학

만일 보이는 것보다 이야기된 것에 우선권이 주어진다고 해도, 대본과 시각적인 것 사이에는 강한 연계성이 존재한다. 그러나 그 연계성은 대본이 장소나 행동 또는 사건으로 묘사하는 것을 시각적으로 재현하거나 그것과 동일한 질서에 들지는 않는다. 말해진 것과 보이는 것 사이에 있는 엘리자베스 시대의 연계성이 어떤 종류의 것인가 하는 이해를 돕기 위해서 셰익스피어 작품 속에서 선택한, 하늘에 관한 두 개의 예를 우선 들어 보자.

《베니스의 상인》에서 로렌조는 제시카에게 말한다.

저기를 봐, 하늘의 뒷판 모두 빛나는 금판 장식이 박혀 있네.
《베니스의 상인》, 5막 1장, v.58-59.

햄릿이 로젠크란츠와 길덴스턴에게 하는 대사에서도 이와 동일한 이미지를 찾아볼 수 있다.

(⋯) 보라! 저 창공을, 저 빛나는 천개, 금빛 불꽃으로 굴레를 씌운 저 장엄한 지붕을(⋯)
《햄릿》, 2막 2장, v.311.

이 두 가지 예에서 셰익스피어는 문자적 의미와 동시에 피에르 퐁타니에가 **정신적 의미**라고 지칭한 의미를 가지는 수사학의 문채를 사용한다.[14] 이 경우에 사용된 문채는 제유이며 이에 대한 정의는 다음과 같다.

결합에 의한 전유는 한 가지 사물(여기서는 하늘·천공 등)을 다른 사물의 이름(여기서는 그림이 그려진 극장의 천장)을 가지고 지칭하는 것으로, 이것을 가지고 정신적이거나 형이상학적인 하나의 전체를 형성하는데, 하나의 존재나 생각은 다른 존재나 생각 속에 포함된다. 바로 그것이 잘 설명되고 잘 이해된다면, '제유'라는 공통된 이름이 의미하는 것으로 이는 결국 이해로 귀착된다.

피에르 퐁타니에, 상게서, p.87, 90.

덧붙여 말하자면 여기에서 사용된 제유는 소위 재료의 제유이다.

이것은 바로 한 가지 사물(하늘·천공)을 그것이 만들어진 재료(천장 또는 금 굴레가 씌워진 상감세공)의 이름으로 지칭하는 제유를 말한다.

상게서, p.90.

대본의 구성과 엘리자베스 시대 극장 건축의 구성 사이에 존재하는 평행을 강조하는 것이 적합하다. 대본의 수사학적 조직이 건축—무대 장식 기술의 조직과 각 용어마다 겹쳐진다고 말할 수 있다.

— 대본에서 문자 그대로의 묘사가 담론의 수사적 문채인 제유에 의해 정신적인 의미를 취한다.

---

14) "(…)**정신적**인 것을 가지고 우리는 **지적**인 것과 거의 같은 것을 의미하고자 한다. 그것은 뒤마르세나 흔히 **신비적**인 것과 같은 것을 말하고자 하는 것은 아니다." 피에르 퐁타니에, 《담론의 문채》, 제라르 주네트 서문, 파리, 플라마리옹, 〈전망〉 총서, 15호, 1995, p.59.

— 건축-장치에서 나무와 화장 회반죽, 그리고 금으로 만들어진, 그림이 그려진 천장은 비슷한 제유에 의해서 정신적 의미를 취하는데, 이를 **시각의 수사학**의 문채라고 부르고자 한다.

배우는 그가 보는 것과 관객이 마찬가지로 보는 것을 문자 그대로 묘사한다──그림이 그려진 천장 등. 담론의 수사학과 시각의 수사학이라는 이중적 수사법에 이끌려서 관객은 착각이나 눈속임 같은 유사성에 기반을 둔 재현──이탈리아식 극장에 필요한──의 도움을 받지 않고 정신적인 의미로 옮겨간다.

시각의 수사학이 작품화된 것에 대해서 다른 예를 들 수 있다. 사실상 나무 한 그루를 가지고 숲을 나타내거나 몇 명의 배우로 군대를 나타내는 엘리자베스식 재현 방식은 앞의 예에서 사용한 것과 매우 가까운 수사적 문채와 닮아 있는데 그것은 바로 부분의 제유이다. 이 문채는 "전체의 한 부분을 전체 그 자체로 여기는 것으로, 이 부분을 가지고 정신에 충격을 주는 나머지, 당장 그것밖에는 보이지 않는다고 여기게 된다."[15]

이처럼 《헨리 5세》의 코러스가 아쟁쿠르 전투를 관객이 상상하도록 돕기 위해서 그들에게 "한 사람을 1천 명으로 나누라"고 충고할 때, 이들은 제유에 도움을 청하는 것으로, 여기에서 시각적 수사학의 문채는 관객을 문자 그대로의 시각(한 명의 배우)으로부터 정신적 시각(1천 명의 군사)으로 이끈다.

*
**

요약하면 엘리자베스 시대 극장의 장소는 원형적이고, 자체로서는 닫힌 동시에 하늘로는 열려 있어서 빛을 발하는 동시에 수렴되며, 그

---

15) 상게서, p.87.

속에서 공연은 입체감을 가지고 진척되었다. 극장은 관객의 현실과 공연의 허구 사이의 복잡한 뒤얽힘을 이용한다. 그것은 가능한 수많은 관점——물질적인 의미나 비유적 의미——을 제공한다. 무대 장식 기술을 읽는 것은 엘리자베스 시대의 공연이 어떻게 진행되었는지 질문을 제기하도록 하고——그리고 역으로 더 잘 이해하게 한다——거기서 연기와 관객의 입체적인 발전은 정신적이고 형이상학적인 개념의 기호인 동시에 반영이다. 프란시스 예이츠는 《기억의 예술》에서 엘리자베스 시대 극장에서의 물질성과 정신성 사이의 관계에 의해 제기된 질문을 다음과 같이 요약한다.

> 셰익스피어의 무대는 고대의 종교적 장면을 재생과 연금술로 변화시킨 것인가? 그 단계들은 (…) 세상을 통하여 그것의 세 가지 형태로 보이는 신과 인간 간의 관계 제시를 구축하는가? 그러므로 기본적인 천하의 세상은 네모난 무대이고, 그 위에서 인간이 자신의 역할을 연기할 것이다. 원형으로 된 천국의 세계는 인간 위에 매달려 있는데, (…) 그것은 '개념들의 그림자'이자 신의 자취이다. 끝으로 하늘 위에 개념들의 천상 세계가 존재함에 틀림없다(…).
>
> 프란시스 예이츠, 상게서, p.390-391.

엘리자베스 시대의 연극은 셰익스피어에 따르면 '자연의 거울'이고자 했다. 그러나 엘리자베스 시대의 사고에서는 거울 효과, 달리 말해서 **미메시스**는 우선 대본, 즉 배우에 의해서 작용한다. 예를 들어 햄릿은 다음의 용어를 사용하여 배우들에게 말을 건다.

> 그렇다고 지나치게 억제하지도 말고, 너희들의 판단에 몸을 맡기도록 하라. 몸짓을 말에, 말을 몸짓에 걸맞도록. 그렇지만 자연의 법도를 지나치지 않도록 조심하면서. 왜냐하면 무엇이건 지나치면 연극의 고

유한 대상에서 벗어나지. 연극의 목적이란 말하자면 예나 지금이나 자연에 거울을 비추는 것이지.

《햄릿》, 3막 2장, v.20.

거울 효과는 시각적인 것에 의해 얻어지는 것이 아니라 언어와 언어의 증식에 의해서 얻어진다. 햄릿은 배우들에게 수사적 낭송 수업을 하고 있을 뿐, 공간이나 무대 장치, 의상에 대한 설명을 하는 것은 아니다.

대본의 부분과 공연의 시각적 부분은 여러 가지 다른 방식으로 변주된 오직 하나의 같은 형태를 이용하는데, 그것은 한편으로는 담론의 수사학이고 다른 한편으로는 **이미지의 수사학**이다. 극장이라는 거울은 현실의 이미지를 되돌려 보낸다. 그러나 엘리자베스 시대의 극장에게 이미지는 시각적인 질서가 아니라 상상적인 것의 질서이다. 발화되고 호흡되고 육화된 대본에 의해서나, 또 건축이나 무대 장식 기술을 중개로 관객이 스스로를 위해 구축하는 것은 정신적이고 내적이며 영적인 이미지이다.

7

17세기 프랑스의 무대 배경

　프랑스 16세기 후반은 연극으로서는 일종의 전환 시기로 실천의 면에 있어서 상대적으로 무기력한 상태로 표현되었다.[1] 참고 삼아 그 중에서 몇 가지만 지적하면 다음과 같다.

　— 1548년 의회의 칙령에 의해 파리에서 성사극* 공연이 금지되었다.

　— 행정관과 지방의회가 유랑극단이 보수를 받고 대중 앞에서 공연할 허가를 요구하는 것에 대해서 경계심을 표했다.

　— 궁정, 특히 카테리나 데 메디치〔카트린 드 메디시스; 앙리 2세 왕비-역주〕가 프랑스 연극과 비극처럼 부상하기 시작하는 새로운 장르에 대해 무관심을 표명했다.

　이러한 모색과 변환의 시기가 끝나는 해로 흔히 1629년을 꼽는다. 이것은 리슐리외가 재상으로 임명된 해이며, 그에게 연극은 중앙집권화된 왕권을 자리잡게 하는 도구 중의 하나였다. 나아가서 1629년에 왕의 참사원은 파리에서의 수난극 조합의 사실상의 독점권에 종지부를 찍고 왕립극단배우들에게 3년간의 임차 계약을 작성하도록 명했다. 전제군주의 지원을 받은 연극 세계는 다시 발전을 시작했다.

---

　1) 중등학교에서 행해진 연극은 예외이다. 그러나 이 경우 연극은 교육의 실천으로 여겨졌으며 한정되고 선별된 관객 앞에서 행해졌다.

연극의 행위는 관객과 배우가 만나는 그 현재에 존재하는 것으로써 어떤 형태의 연극도 결정적으로 고정된 적이 없으며, 그 중 어떤 것도 각 요소들의 한정된 합산으로 축소될 수 없다. 그래서 이른바 '바로크'와 '고전주의'[2]라고 지칭되는 시기의 무대 장식 기술을 이해하는 것을 돕기 위해서 프랑스 17세기의 연극적 모색과 실천에 있어서의 증가와 다양성을 다음과 같은 세 가지 중요한 형식으로 환원시켜 보는 것이 바람직해 보인다.

— 한편으로는 17세기 전반기의 **칸막이식 무대 배경**.

— 다른 한편으로는 왕의 축제 때의 무대 배경과 기계 장치들.

— 끝으로 소위 고전비극의 무대 배경인 **임의의 궁전**.

17세기에는 서구 연극에서 공연과 무대 장식 기술상의 '중요한' 다양한 유형들은 모두 창안되었다. 어떤 것은 엘리자베스 시대의 극장처럼 갑작스럽게 소멸했다. 또 다른 것들은 다른 곳에서 차용을 하거나 다시 나타나거나 재해석되면서 다른 형태 속에서 계속 쇠퇴했다.

1. 칸막이식 무대 배경

'세속적' 연극을 위한 장방형 공간

16세기말부터 연극은 종교와 연결되어 있던 관계를 단절했다. 그로부터 연극은 더 이상 중세에서처럼 성서의 현양에 사용되지 않았으며,

---

2) '바로크'와 '고전주의'라는 용어는 여기에서 따옴표로 처리되는데, 왜냐하면 그 의미가 다양해서 때로는 부정확한 원인, 나아가서 논쟁의 대상이 되기 때문이다. 예를 들어 '바로크'는 1860년에 이르러 부르크하르트가 그의 저서 《키케로 *Der Cicerone*》(발, 1860, 3vol.)에서 예술 사조를 지칭하기 위해 처음 사용했기 때문이다. 이름이 지칭하고자 하는 움직임의 이후에 생겨난 모든 명명 작업이 그러하듯이 이 용어는 그것을 태어나게 한 시대의 판단과 사고에 의해서 특징지어진다.

실제 또는 17세기의 표현을 사용하자면 **진실**과의 다소간 직접적인 유사성이나 합치와의 관계하에서 허구를 재현하는 것이 되었다. 물론 연극 공간은 연극의 이러한 세속화의 흔적을 담고 있다.

이탈리아의 영감을 받은 오페라를 위한 몇몇 극장의 예외를 제외하고는 프랑스에서는 17세기에 연극만을 위한 장소는 없었다. 극장은 실내 정구장이나 화려한 장식의 방들, 성이나 개인 저택의 안마당, 그리고 정원처럼 임시로 빌려온 공간에 그 임무를 맡겼다. 극장이 자리잡은 공간은 더 이상 원형이 아니라 장방형이었다. 상징적으로 장방형이나 네모는 지상의 차원과 세속적인 차원을 가리키며, 이는 곧 초월적인 것과 대조를 이루었다.[3]

부르고뉴 극장 무대 장치의 예

마흘로*의 《기록》[4]은 크로키가 곁들여진 일종의 장부인데 특히 오텔 드 부르고뉴에서 공연된 이른바 바로크 또는 전기 고전주의 연극의 무대 장치에 대해 상세한 개념을 제공한다. 옛 실내 정구장이 극장으로 개조된 오텔 드 부르고뉴의 크기는 가로 9 내지 10미터에 길이가 33미터이다(그림 12 참조). 본래의 공간이 제공하는 것으로는 관객을 위한 좌석과 장방형의 삼면에 놓인 층이 진 칸막이 좌석이다. 본래 정구 경기자에게 주어진 공간은 분할된다. 3분의 1은 높이를 높여서 무대로 사용되고 반대쪽 낮은 곳에 있는 나머지 3분의 2는——**파르테르**(입석)라고 불리는——서서 공연을 관람하는 관객들이 채우는 공간이다.

---

3) 중세 교회 공간의 상징성을 참고할 것. 장방형의 중앙 홀은 신자들을 위한 곳이고, 원형에서 출발한 교회당의 후진은 속인들의 접근을 허용하지 않았다.

4) 이 작품의 주석판으로는 H, 랭커스터와 P, 파스키에의 서지를 참고할 것. 1634년부터 작성된 마흘로의 《기록》은 1백92편의 작품에 나오는 무대 장치의 요소들과 소품의 리스트, 때로 의상 리스트, 그리고 무대 배경에 대한 여든일곱 개의 크로키를 제공한다.

오텔 드 부르고뉴의 무대는——당시에는 **테아트르**라고 불렀다——
폭이 7 내지 8미터, 깊이가 6 내지 7미터였다. 이 소박한 크기의 공간
에서 무대 장치는 각 작품을 위해서 세 개 내지 때로는 다섯 개, 드문
경우 일곱 개에 이르기까지 서로 다른 장소를 재현했고, 이들은 공연
동안 동시에 관객에게 보이도록 되어 있었다.

여기에 마흘로가 묘사한 두 개의 예가 있다.

뒤 뤼에의 〈클리토퐁〉.[5]

무대 한가운데에 5막에 사용되는 매우 훌륭한 신전이 있는데 송악과
번쩍이는 금으로 장식된 가장 훌륭한 무대로, 경계신의 흉상주 또는 기
둥 · 난간 · 제단 한가운데에 있는 디아나 여신의 그림, 양초가 있는 두
개의 촛대가 있다. 무대 곁에는 둥근 탑으로 된 감옥이 필요하다. 창살은
매우 크고 낮아서 세 명의 죄수가 보여야 한다. 감옥 옆에는 난간과 꽃
과 층계참으로 장식된 널따란 아름다운 정원이 있다. 무대의 다른 쪽에
는 높은 산이 있다. 그 산 위에는 무덤과 쇠고리, 기둥과 녹음과 바위가
있는 작은 숲의 제단이 있는데, 사람들 앞에 있는 그 바위 위에 올라갈
수 있도록 되어 있다. 바위 옆에는 닻과 바다, 그리고 배의 반쪽이 있다.

이 경우에는 다섯 개의 서로 다른 장소가 있다. 바위 옆의 바다는 이
탈리아식의 환상주의적 방식에 의해서 그럴 듯하게 재현되었는데, 그
림 그린 천을 연이어서 수직으로 된 화면 위에 못으로 고정하고 무대
위에 전면을 향해 배치했던 것이다.[6] **배의 반쪽**은 무대 뒤에서 나와 파
도 사이로 이동했다. 마흘로는 반쪽을 강조하는데, 왜냐하면 단지 배

---

5) 뒤리에의 희비극 〈클리토퐁〉, 1628년이나 1629년 초연.

6) 이런 '바다를 나타내는 방식'은 사바티니가 그의 책 《연극에서 무대와 기계를 제
조하는 방법》 2권 28장에서 묘사하고 있다(라벤, 1638, 루이 주베의 서문으로 재출간,
뇌샤텔, 이드 에 칼랑드, 1942. 31장과 33장은 선박들을 표현하는 방식을 다루고 있다).

의 전면만이 보였고 이동 또한 무대 틀의 면과 평행하게 움직였기 때문이다. 그것이 무대에서 바다와 선박의 환상을 주기 위해 가장 흔히 사용되는 방식이었다.

여기에 마흘로가 묘사한 다른 장면이 있다(그림 12 참조).

　　로트루의 극 〈잃어버린 기회〉.[7]

　　무대 한가운데에 정원 속에 있는 궁전이 필요하다. 두 개의 격자 창문과 두 개의 계단 또는 서로 이야기를 나누는 연인들이 있다. 무대의 한쪽에 숲 속의 샘이 있고 다른 한쪽에는 숲 속의 폐허가 있다. 첫번째 막에서는 종달새가 필요하다. 3막과 5막에 밤과 달, 그리고 별이 나타나도록 한다. 크고 둥근 방패와 창, 검, 밀랍으로 된 불꽃과 은빛나는 불꽃 또는 다른 것도 무관하다. 금으로 된 지팡이와 시동이 입을 짧은 외투도 필요하다.

마흘로의 크로키는 무대 배경의 묘사에 일치한다. '밤이 나타나도록' 하는 장면에서는 아마 그림 그린 천을 무대의 한쪽에서 다른 한쪽으로 당겼을 것이고 무대 배경을 이루는 요소들의 일부를 가렸을 것이다.

이런 형태의 무대 장식 기술을 **칸막이식 무대 배경**이라고 부른다. 실제로 무대는 서로 다른 요소를 가진 '칸' 으로 나누어져서, 각각이 하나의 극행동의 장소에 해당하도록 했다.

● 중세의 계승

공간을 사용한다는 것은 한편으로는 중세에 맨션을 위해 사용되었던 원칙과 관련을 갖도록 하는 일이다. 즉 한 공간에 특성을 부여하는 것은 두 경우 모두 암시에 의해서 '유사한' 요소가 관객의 상상력에 출

---

7) 〈잃어버린 기회〉는 로트루(1609-1660년)의 희비극으로 1633년에 초연되었다.

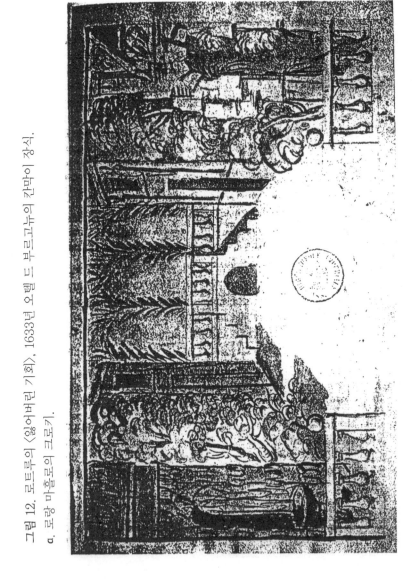

그림 12. 코르누이 〈잊어버린 기회〉, 1633년 오텔 드 부르고뉴의 칸막이 장식.
a. 로랑 마횰르의 크로키.

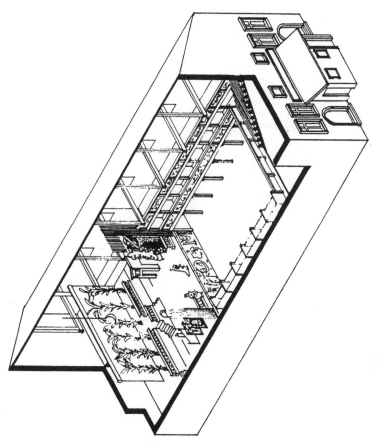

b. 부등각 투영도로 조망해 본 객석과 〈잃어버린 기회〉의 무대 장식과 함께 그린 오텔 드 부르고뉴 복원(17세기 전반의) 제안도. 아래에 그려진 전면과 관객을 맞이하고 관람권을 판매하는 데 쓰이는 구조물은 파리 오페라 극장이 도서관에 소장된 17세기말의 그림에 준해서 복원한 것이다.

도미니크 르콩트 그림.

발점을 제공함으로써 행해진다.

중세의 극장이나 엘리자베스 시대의 극장에서처럼 장소는 흔히 가시적인 것의 수사학적 문채인 부분의 제유로 표현된다. 즉 한 장소의 부분을 재현하는 것은 그 전체 장소를 의미하는 것이며, 관객에게는 본래의 의미에서 가시적인 것의 비유적 의미로 상상을 통한 이행을 하도록 부추긴다.

맨션의 경우와 마찬가지로 배우와 그의 대사가 장소를 특징짓는다. 칸막이는 너무 좁아 배우들이 거기에서 한 장면 전체를 공연할 수는 없었다. 장소의 변화를 나타내기 위해서 배우들은 칸막이 배경 중 한 곳 또는 그 앞에서 한 장면을 시작해 무대 한가운데서 그 나머지 장면을 이어 공연했다. 따라서 무대의 중앙은 중세의 맨션이 그러했듯이 대본에 정해진 각각의 장소에 따라서 다른 장소인 것처럼 기능했다.

칸막이식 무대 배경의 형태를 만드는 데 기여한 고대의 유산들 중에는 무대 전면에 위치한, 받침대 위에 세워진 난간에 대해서 질문을 해보는 것이 아마도 적당해 보인다.

이 난간들은 높이가 약 1미터이며 무대 좌우측 각각 4분의 1씩을 차지했다.[8] 관객에게는 보이지 않는 난간의 뒤는 무대 조명을 위해 쓰였다. 양초·아르간 등·기름 램프가 거기에 숨겨져 있었다.

그 규모나 기법 면에서 보았을 때, 이 전기 고전주의 시대의 난간은 교회의 본전을 둘러싼 낮은 울타리*와도 매우 흡사하다. 본전 울타리는 교회의 성가대석과 성상벽처럼 중앙 홀과 합창단의 끝에 위치한다. 오텔 드 부르고뉴의 난간은 그것에 대한 멀고도 잊혀진 기억인가? 아마도 그것은 그 본래의 의미가 비어진 채 남은 것이거나 무대가 신

---

8) 전기 고전주의 시대의 무대 전면에 있던 난간이 분명하게 재현된 것을 보기 위해서는 특히 아브라함 보스의 판화 〈연기를 하는 튀를리팽, 코티에 가르구이유 그리고 그로기욤〉(파리, 프랑스 국립도서관)을 참고할 것.

성한 장소였던 때의 회상인 것은 아닌가? 질문은 제기된 채로 남는다. 그렇지만 교회의 본전 울타리와 전기 고전주의 시대 무대의 난간 사이에는 어느 정도 물질적이고도 상징적인 유사성이 있는데, 이것이 단순한 우연의 산물이기에는 너무도 놀랍다는 가정은 해볼 수 있을 것이다.

● 이탈리아 르네상스의 영향

칸막이 무대 장치가 중세의 극장에서 차용된 것이라면 그것은 또한 이탈리아 환상주의의 유산이기도 한데, 우선 관객을 위한 공간(바닥의 입석과 칸막이 좌석)과 배우를 위한 공간(무대, 당시에는 **테아트르**라고 지칭함) 사이를 명확하게 구분했다는 점에서 그렇다. 중세 관객의 경우와는 달리 관객들에게 장소가 지정되었다. 이야기의 시간적 흐름과 일치하던, 맨션 앞에서 관객이 공간상으로 이동하던 것은 삭제되었다. 연이어서 나열되었던 맨션은 여기에서는 하나로 집약되어 대체된다. 즉 극행동의 모든 장소가 무대의 방이라는 한 장소로 모이게 된다. 관객과 배우 간의 분리, 또는 현실과 허구 간의 분리는 틀의 존재에 의해서 의미가 강조되고 그 실마리를 마흘로의 크로키에서 볼 수 있다. 틀이 주는 분리의 징조를 강조하는 데 기여하는 다른 요소들로는 무대와 바닥의 입석 사이에 높이가 차이나거나, 허구의 공간을 한정짓는 앞무대의 난간을 들 수 있다. 이것이 고대에 무대에 주어진 성스러운 기능을 어렴풋하게 기억한 것이라면, 이 난간들은 이와 동시에 이탈리아식의 틀을 강조한 것이다. 이것은 현실과 허구 사이의 추가적인 분리를 뜻하는 역할을 하며, 이탈리아식 극장에는 없는 '제4의 벽'의 흔적이자 이를 조심스럽게 물질로 표현한 것이다.

칸막이 무대 장치는 이탈리아식 극장에서 원근법에 의한 재현의 공간이라는 일반적인 구성을 빌려온다 마흘로의 무대 장치 속에 나오는 깨어진 섀시*나 그것의 전반적인 배치는 세를리오*의 무대 장식 기술의 요소들과 비교할 만하다. 관객의 상상력은 재현된 것과 인간의 시각 사이에 유사함을 제공하고자 설치되고, 그려진 무대 장치에 의해 인도된다.

세를리오의 무대 장치와는 달리 오텔 드 부르고뉴의 무대 장치는 완전히 배우의 몸에 의해 둘러싸여 있었다. 그러므로 거기에서 원근법은 세를리오에게서보다는 덜 강조되고 깊이의 느낌도 덜하다.

2. '기계 장치'를 이용한 무대 장치

이탈리아식 무대 장식 기술의 사용은 16세기에 프랑스에 점차 적응성과 특이함을 가지고 전파되었는데 특히 왕이 개최한 대규모 축제나 오페라, 그리고 기계극의 경우가 그러했다. 게다가 이런 공연을 맡아서 수행하는 사람들도 토렐리*나 가스파레 비가라니,* 그리고 그후에는 비가라니*의 아들 등 이탈리아인이었다.

이탈리아 모델의 차용

이탈리아식 무대 장식 기술을 도입한 것은 우선 루이 13세, 이어서 루이 14세의 왕권 중앙집중화의 표현인 동시에 그 도구 중의 하나였다. 이탈리아식 무대는 앞에서 보았듯이 **왕의 눈**이라는 기준점을 중심으로 하여 왕을 위해 창안되었다. 이탈리아식 환상주의적 무대 장식 기술은 관객의 시선을 그들의 실제 공간으로부터 허구적이고 정돈된 공간으로, 잠재적이지만 가시적인 무한대로 미끄러지도록, 적어도 은연중에 인지 가능할 수 있게 재현되도록 유도한다. 두 개의 세계(실제 세계와 재현된 세계)는 일종의 동형으로 일치했는데, 재현된 공간의 이상적 질서가 은연중에 현실에서의 질서를 가리키며 재현된 무한대는 거울처럼 왕의 눈에 일치했던 것이다.

13a.

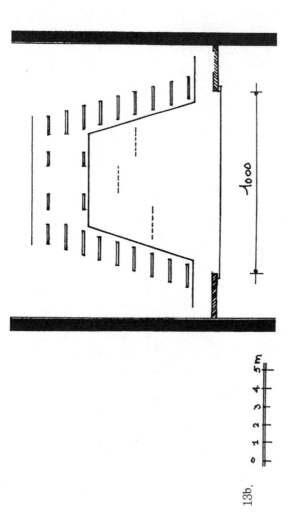

13b.

그림 13. 기계 연극을 위한 토렐리의 배경(코르네유의 《안드로메다》 5막, 1650).

a. 코르네유의 《안드로메다》 줄거리을 위한 쇼보의 판화. 5막의 무대 장치.
코르네유 프랑세즈 도서관—미술관의 허가. 장 루 샤르메 사진.

b. 프로티부르봉 규모의 방에 세워 세시 도면, 후광 장소와 함께 무대 장치의 배치를 복원하기 위한 제안.
도미니크 르콩트 그림.

프랑스에서는 왕이 마련한 대규모 축제[9]의 무대 장치는 물론 관객의 시선과 공간의 중앙집중화된 구조를 가능한 한 강조하면서 사용한다. 왕은 거기서 명백하게 공연 전체의 구성 요소를 이루며 그가 무대에 있건 객석에 있건 중심이자 주축을 이룬다. 왕의 중앙 좌석을 이렇듯 강조하는 것은 프랑스에서 왕의 축제를 상세하게 설명하는 판화에서 읽을 수 있다. 실상 16세기말과 17세기 이탈리아 그림 속에서 왕의 존재는 왕의 눈에 일치하는 중앙의 점을 둘러싼 허구적인 공간의 조직 속에서 충분히 느낄 수 있다. 그러나 이것의 존재는 암시적이고 거의 추상적인 것으로 남는다. 그와는 반대로 프랑스에서 무대 배경이 그려진 공연에는 항상 관객으로서의 왕이 중심축에 재현되고 있다. 이처럼 왕은 공간 전체의 초점을 구체화하고 있다. 그는 그것을 통해서 그가 질서와 균형에 참여하고 있다는 것과, 그가 그것들을 조직하고 재현하고 있다는 사실을 표명한다.

더욱 기술적인 면으로 이탈리아식 모델은 왕의 축제들이나 '기계 연극' 속에도 존재한다. '기계 연극'이라는 말은 극행동이 스펙터클한 장소의 변화를 필요로 하는 모든 연극을 의미한다. 전기 고전주의의 희비극, 코메디-발레, 오페라, 또는 비극과 기계희극들, 예를 들어서 몰리에르의 《동 쥐앙》《앙피트리옹》또는 《프시케》 등이 그러하다. **기계**는 이탈리아어 **마키나**의 번역으로 무대 배경의 변화를 요하는 장비 전체를 지칭하며 여기에서 **기계 설비**라는 말이 나왔다. **기계 설비**의 모든 효과는 관객을 놀라게 하고 감탄하게 하기 위해 시행되었다. 위에서는 스펙터클하게 출현하고 아래에서는 불안하게 사라지며, 신과

---

9) 왕의 이 화려한 축제의 좋은 예는 〈마법에 걸린 섬의 즐거움〉인데, 이는 1664년 베르사유 정원에서 열린 1홀간익 축제로서 몰리에르의 코메디-발레, 시합, 간식, 연회, 불꽃놀이 등을 포함한다. 비가라니는 이 축제 전체의 무대 장식 기술을 담당했다. 〈마법에 걸린 섬의 즐거움〉은 물질적으로나 상징적으로 루이 14세 친정의 시작을 알린다.

여신들이 복잡하게 날아다니고 원근법으로 그려진 납작한 섀시를 사용하여 그림이 재빨리 교체되거나 했다. 이탈리아에서처럼 무대 장식 기술은 눈을 '매혹'했다. 토렐리*는 '위대한 요술사-마법사'를 뜻하는 **스트레고네**라는 걱정스러운 별명을 얻었다.

프랑스식 적용의 특색

프랑스의 통합적 원칙 속에서 선택된 이탈리아 모델은 그곳에서 적응되고 변경되고 약간 변형되었다.

● 장방형 속에 내접한 공연장

17세기 이탈리아에서 관객을 위해 남겨진 부분은 곡선 형태의 원칙 위에 분할되었다. 프랑스에서는 그 반대로 기계를 사용한 공연장은 대략 1690년까지 공연장이 들어선 본래의 형태인 장방형의 흔적을 간직하고 있다. 예를 들면 리슐리외가 자신의 추기경 궁인 팔레카르디날에 세운 극장을 들 수 있는데, 이 극장은 1641년 데마레 드 생소를랭의 〈미람〉으로 개관했다. 다른 예로는 루브르에 있는 튈르리 궁에 자리한 기계 공연장이나 프티부르봉 공연장을 들 수 있다. 오텔 드 부르고뉴의 대공연장은 1572-1660년 사이 궁정 축제나 무도회, 여흥, 축하연, 그리고 연극 공연을 위해 사용되었다.[10] 그곳에서 1614년에는 삼부회가 개최되었다. 건물의 거대한 크기(75미터 길이에 12미터 폭)와 높은 천장(약 15미터)은 복잡한 기계 설비의 장치를 가능케 했으나 관

---

10) 프티부르봉 공연장은 루이 14세가 1658년 몰리에르 극단에게 그곳을 사용하는 허가를 내렸을 때 티베리오 피오렐리의 이탈리아 극단이 사용하고 있었다. 몰리에르는 이탈리아 배우들과 공연장을 나눠서 사용했다. 몰리에르가 월요일·수요일, 그리고 토요일에 공연을 했고 '보통날' ——화요일·금요일, 그리고 일요일—— 에는 피오렐리가 공연장을 사용했다.

객의 배치는 장방형 속에 내접한 채로 있었다(그림 14 참조).

● 무대 위의 관객들

이탈리아식 극장에서는 무대 틀로 인해 현실과 재현 사이의 상징적인 분리가 분명했으나 프랑스에서는 무대 위에 관객이 존재함으로써 완화되었다. 1637년 당시 몽도리* 극단이 마레의 실내 정구장에서 코르네유의《르 시드》를 공연했다. 그 성공이 대단해서 몽도리는 무대 위에, 무대의 안마당 쪽[관중 쪽에서 보아서 무대의 오른쪽—역주]*과 정원 쪽*에 자리를 판매할 것을 제안했다. 이런 관행은 프랑스의 다른 극장에도 퍼졌고, 이는 1759년까지 남아 있었다. 가장 부유한 관객은 **무대**의 양쪽에서 공연을 관람할 수 있었다. 그들은 연극의 허구적 재현 옆에서 사회적인 재현을 하는 셈이었다. 이것은 바로 이탈리아식 극장의 기원이 되는 원칙과 그것을 구성하는 선적인 원근법으로부터 우회하는 것이었다. 즉 무대 위의 관객의 존재는 기형적인 것이었고 재현으로부터 선회하는 것이었다.

● 엄격한 대칭

기계 연극의 무대 장치를 그린 그림이나 모형 중에서 남아 있는 예들은——드문 예를 제외하고는——공간의 조직이 엄격하게 객석이나 무대에 공통되는 대칭 도면을 중심으로 되어 있음을 보여준다.

프티부르봉에서 1650년 공연된 코르네유의《안드로메다》의 무대 장치는 엄격하게 대칭이 이루어지고 있다는 명백한 예를 제시한다. 작품의 여섯 장면 그림 전체는 1611년 출간된 책에서 코르네유의 설명이 덧붙여진 쇼보의 판화를 통해서 알려져 있다.[11]《안드로메다》의 무대 장

---

11)《안드로메다》의 여섯 개의 무대 배경 전체는 특히《피에르 코르네유, 안드로메다, 비극》, 크리스티앙 델마 서문과 주석, 마르셀 디디에 출판사, 파리, 1974 참고.

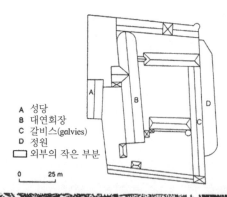

A 성당
B 대연회장
C 갈비스(galvies)
D 정원
☐ 외부의 작은 부분

0   25 m

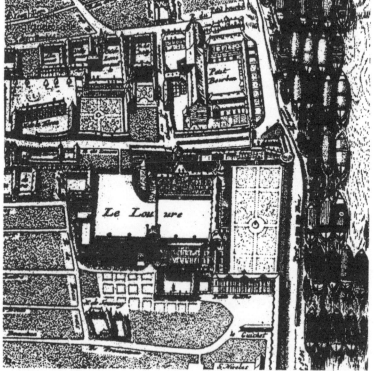

그림 14.

　a. 콩부에 따른 프티부르봉 복원 도면. 블레콩의 그림과 F. 부동, A. 샤텔, H. 쿠지, F. 아몽의 글, 《도시 건축 체계, 파리의 레알 구역》, 파리, CNRS 출판, 1977, p.188. 앙드레 샤텔 연구센터의 허가로 전재. UMR 85-97, 소르본 파리 IV-CNRS.

　b. 오텔 드 프티부르봉, 왕실 기술자 자크 콩부의 도면 일부, 1653년의 파리.

치는 팔레루아얄 극장에서 1647년 공연되었던 〈오르페오〉를 위해 토렐리*가 제작한 무대 장치를 프랑스의 사고와 취향에 맞도록 적응시켜서 다시 사용한 것이다. 실상 지나치게 이탈리아적인 〈오르페오〉의 화려함 때문에 비판이 있었으며 공연은 중단되었다. 토렐리는 그의 무대 배경을 변형시켜서 동시대인의 표현에 맞도록 '수정' 했다. 모든 장면 그림은 대칭으로 구성되고 가능한 한 곡선을 제한한다. 예를 들면 두번째 막의 '감미로운 정원' 은 식물이 재단되고 엄격하게 관리된 외부 건축물을 재현하는데, 오렌지나무는 화분에 있어서 건물의 리듬을 강조한다. 저 멀리에서 나무들은 같은 식의 건물을 형성한다. 나무는 아치형의 갤러리를 한정짓는다.

3막에서도 같은 질서와 엄격함을 찾아볼 수 있는데, 코르네유는 다음과 같이 묘사한다.

(…) 끔찍한 바위 덩어리가 고르지 않게 수직으로 끊기거나 기복이 심해서 자연의 변덕을 완벽하게 따르고 있다. 이처럼 바위가 극장의 양쪽에 놓이도록 기여한 것은 예술보다는 자연인 것처럼 보인다.

실상 **불규칙적인 덩어리**로 된 무대 배경은 아홉 내지는 열 개의 바위 장면을 연이어서 보여주는데 모두 높이가 같고, '끔찍한 바위 덩어리' 라기보다는 모서리를 깎은* 기둥줄기와 더 닮았다.

《안드로메다》의 다른 무대 장치 속에서 이탈리아식 무대 장치의 '프랑스식 버전' 의 특이함을 찾을 수 있다. 건축물은 5막의 신전(그림 13a 참조)의 예에서처럼 완벽한 대칭을 이룬다. 무대 배경은 무대의 안마당 쪽*과 정원 쪽*에 여덟 개의 편편하고 전면을 향한 섀시로 분리되어 있고, 코린트 양식의 기념비적인 기둥을 재현하는 데 짝지어진 기둥들은 네모난 대 위에 놓여서 기둥으로부터 튀어나와 기둥의 각 쌍마다 벗겨진 갓돌로 둘러싸여 있다. 갓돌은 연속적인 환상을 준다. 무대 바닥에 난 홈의 아홉번째 도면에는 납작한 섀시가 둥근 천장이 있는 반지 모양의 사원을 재현한다. 섀시에는 아치형으로 가운데에 세 개의 구멍이 나 있다. 대칭축에 놓인 구멍에는 전면에 기둥이 놓여 있고(아마도 홈의 일곱번째 도면에 있는 섀시 위에 재현된) 짝지어진 기둥이 주랑을 마감한다. 판화에는 또한 세 개의 **지복**——여기에서는 여섯 명의 배우로 표현되는——이 출현하고 비상하는 스펙터클한 효과를 위해 재현된다. 배우들은 목공소의 곤돌라 위에 위치하는데 그 전면은 눈속임으로 그려진 구름이 장식되어 있었고, 도르래와 기계 장치는 이 구름 섀시에 의해 감춰져 있었다. 하늘을 나는 것은 무대의 안 천장을 조작하는 기술자에 의해 북 위에 실을 감아서 윈치와 평형추로 조절되었다.

5장에서 보았듯이 17세기 초반 이탈리아에서는 소실점이 대칭을 이루었다. 동시에 무대 장식가들은 좀더 가까운 거리, 즉 근경을 그렸는데 이것은 그들에게 궁전의 내부를 표현하도록 했다. 이런 창안은 프랑스에서는 통용되지 않았는데 17세기말까지도 연극의 원근법이 대칭과 원경으로 남아 있었기 때문이다.

대칭을 위한 원근법적 무대 배경은 16세기 이탈리아 왕들과 관련된 것으로 이는 점차 강화되는 도중에 있는 권력의 이상적 현실에 대한 이미지였다. 왕의 축제와 기계 연극의 무대 배경은 하나의 현실을 가리킨다. 도시와 정원들, 루이 14세가 짓도록 지시했던 건축물들은 대칭과 정렬, 파급 효과를 원칙으로 하여 정돈된다. 장식의 대칭성과 안정성은 프랑스 왕권을 실천한다는 현실과 완벽하게 합치했다. 이탈리아에서 이미 유행이 지나간 형식을 유지하는 것은 의고주의가 아니라 절대군주권의 통일적이고 중심지향적인 원칙을 가시적으로 확언하는 일이었다.

3. '임의의 궁전' : 일종의 '연극적 허구'

장소의 일치라는 '불편한' 규칙

《르 시드》 논쟁(1637-1638년)이 있은 후 작가와 이론가들은 극시와 비극이 존중해야 했던 규칙의 정의에 대한 논쟁과 성찰에 적극적으로 개입하게 되었다. 이 논쟁은 후에 고전적이라고 지칭되는 '규칙' 비극이라는 새로운 장르를 낳게 했고, 1650년 이후에 출간된 이론서에서 체계화되며 《르 시드》 논쟁 이후에 이어지는 성찰들을 확인하는 기반이 되었다. 참고할 만한 이론서들은 특히 1657년에 출간된 아베 오비냐크의 《연극의 실제》와 코르네유가 1660년에 출간한 《극행동, 시간과 장소의 삼일치 법칙에 대한 담론》이다.

17세기 후반의 근대 비극이 복종해야 하는 규칙은 다음과 같이 요약된다.

— 비극의 정의에 참여하는 진실다움과 예법의 필요성.

— 장소와 시간과 극행동의 삼일치의 법칙의 존중.

'규칙' 비극의 5막 극행동이 진행되는 것으로 여겨지는 허구적인 장소를 **임의의 궁전**이라고 불렀다. 이는 총칭적인 장소인 것이다. 비극적 허구의 가시적인 공간인 **임의의 궁전**은 첫번째 금언인 진실다움의 필요성에서 파생한 것인데, 이 복잡한 개념은 역사의 흐름에 따라 그 의미가 바뀌어 왔다. 그 의미의 변화는 필연적으로 무대 장치에 변화를 주었다. 17세기에 진실다움은 진실처럼 보이는 것, 즉 사실이거나 자연스러운 것으로 이해되었다. 18세기부터 진실다움의 개념은 재현된 것과 자연스러운 것 사이의 동일성을 향한 개념으로 발전되었다.

아베 오비냐크는 이 용어가 그로부터 모든 규칙의 이론이 나오는 금언이라고 단언한다. 그는 이것을 증명해야 할 대상이 아니라 원칙으로 제시한다.

여기에 모든 연극 작품의 근본이 있다. 모든 사람이 그에 대해서 말을 하지만 이해하는 사람은 많지 않다. (…) 한마디로 진실다움이란 말하자면 극시의 진수로써 이것이 없다면 무대에서 아무런 합리적인 행동이나 말을 할 수 없다.

아베 오비냐크, 《연극의 실제》, 상게서, 2권, II장,
〈진실다움에 대하여〉.

이 원칙을 적용하면, 그리고 기계 비극에서 장소가 연속적으로 바뀌는 비이성적인 것에 대한 대답으로 진실다움의 필요성에 입각한 장소 일치의 법칙[12]이라는 두번째의 가정이 세워진다. '규칙' 비극의 이론은 이 경우 이탈리아 르네상스의 사고를 이어받은 것으로 실제와 유사한 이미지 또는 비유적 의미나 정신적 의미보다는 일차적 의미를 우위에 두는 이미지를 작품화한다. 이것은 바로 2세기가 지난 후에는 사실주의에 이르게 될 사고 발전의 초엽이라고 할 수 있다(8장 참조).

장소 일치의 개념을 명시하기 위해서 오비냐크를 다시 인용해 보자.

우선, 장식들이 필요하고 이런 장식들 없이는 연극이 공연될 수 없어야 한다. (…) 이것이 바로 내가 《안드로메다》에서 주목할 만한 약점이라고 여기는 것이다. 여기에서 1막과 4막에 두 개의 서로 다른 크고 멋진

---

12) 장소 일치의 법칙에 대해서 특히 오비냐크의 《연극의 실제》, *op. cit.*, 1권, VIII장 〈어떤 방식으로 극시인은 극작품에 필요한 장식과 극행동을 알려야 하는가〉, 2권, VI장, 〈장소의 법칙에 대하여〉, 4권 VIII장 〈연극의 장경, 기계 장치, 무대 장식에 대하여〉를 참고할 것. 일반적으로는 자크 셰레르, 《프랑스에서의 고전극 극작법》, 파리, 니제, 1951 참고.

건물이 있는데 대사에는 일언반구도 이에 대한 말이 없다. 왜냐하면 이 두 개의 막은 나머지 세 막에서도 선택할 수 있는 단순히 장식만으로도 극시인의 의도를 상하게 하거나 극의 어떤 사건이나 극행동과 모순되지 않고도 공연될 수 있기 때문이다. 2막에 대해서도 막 초반에 현재의 정원과 관계 있어 보이는 꽃이나 꽃장식에 대한 두세 마디의 말을 제외하고는 마찬가지라고 말할 수 있다. 게다가 그 대사들이 그다지 명확한 것도 아닌 바에 말이다. 이를 위해서 말을 거의 하지 않아도 충분하지만 그래도 분명하게 설명하는 것이 필요함은 확실하다. (…) 장소 일치의 법칙에 반대되는 장식을 할 필요는 없다. 예를 들어 왕의 침실을 전면 무대로 가정하면서 그 발치에 숲이 보이거나 하는 경우 말이다. 왜냐하면 눈에는 아름답게 보인다고 해도 그것이 가짜이고 불가능하며 우스꽝스럽다고 여기는 이성에는 이런 모든 허구들이 흉해 보이기 때문이다.

상게서, 4권, VIII장,
〈연극의 장경, 기계 장치, 무대 배경에 대하여〉.

이것이 바로 '임의의 궁전'을 창안하는 데 기여하는 '규칙' 비극의 이론적 요소 중에서 마지막의 것, 즉 이성의 우위이다. 엘리자베스 시대 연극의 '상상에 따라 연기하라'와는 반대에 와 있다.

시각적 수사학의 문채

코르네유의 표현에 따르면 장소 일치의 법칙은 실천하기에 **불편한** 규칙이다.

예를 들면 라신의 《베레니스》가 있다.[13] 극행동은 적어도 네 개의 다

---

13) 이에 대해 더 확대된 진전을 보고자 한다면 특히 피에르 볼츠, 〈라신, 로마인, 터키인, 그리고 유대인〉(《베레니스》《바자제》《아탈리》에 대한 시선), 《마르세유에서의 만남》, 피에르 롱조 주도하에 출간. CMR 17, 1986, p.51-75.

른 곳에서 진행되는 것으로 여겨진다. '공식적' 만남이나 극의 발단을 위한 궁전의 중성적인 장소, 베레니스의 사적인 방, 티투스의 사적인 공간, 그리고 끝으로 티투스와 베레니스의 속내 이야기를 위한 호젓한 장소가 필요하다. 어떻게 무대 장식을 바꾸지 않고 비극의 행동이 끌어들이는 여러 가지 장소를 한 장소로 표현할 수 있을까? 코르네유는 《삼일치의 법칙에 대한 담론》에서 다음과 같은 해결책을 제안한다.

— 한편으로는 "무대는 말하는 사람의 방이나 사무실을 표현한다."[14] 즉 대사가 극의 공간을 명시하는 것이다. 그 점에 있어서는 '규칙' 비극의 방식은 중세 연극의 오래된 코드를 차용한다.

— 코르네유는 또한 다른 해결책을 제시하는데 그는 이것을 장소의 **확장** 또는 규칙과의 **화해**라고 부른다.

관객을 전혀 방해하지 않기 위해서 (…) 아무것도 변화하지 않는 무대에서 보여주는 것이 선택에 따라서 방이거나 실내 정도로 머물렀으면 하고 바란다. 그러나 흔히 이것은 불가능하다기보다는 매우 불편해서 시간의 경우와 마찬가지로 장소의 경우에도 필연적으로 약간 확장을 해야 한다.(…)

우리의 선배들은 공공 장소에서 왕으로 하여금 말을 하도록 했으므로 그들의 비극에서 장소에 관한 엄격한 일치의 법칙을 쉽게 제공했다. (…) 그러나 우리는 왕이나 공주들을 그들의 처소에서 이끌어 낼 자유를 가지지 못한다. 같은 궁전에 기거하는 사람들 사이에서도 서로 이해 관계가 다르거나 반대되므로 이들이 한 장소에서 속내 이야기를 하거나 서로의 비밀을 여는 것이 어렵기 때문에 우리로서는 장소 일치의 법칙을 위한 무엇인가 다른 해결책을 찾아야만 한다.(…)

---

14) 피에르 코르네유, 《극행동, 시간과 장소의 삼일치 법칙에 대한 담론》. 《피에르 코르네유, 작품집》, 파리, 갈리마르, 플레야드, 3권, 1987.

그래서 나는 가능한 한 정확한 일치를 찾고자 하지만 이것이 모든 종류의 주제에 적당하지 않기 때문에 한 도시에서 일어나는 사건은 장소의 일치를 지키는 것으로 여기는 것에 기꺼이 동의하고자 한다.(…)

법률 고문은 권리의 허구를 인정하는데, 나는 그들의 예를 따라서 극적 장소를 세우기 위해 연극적 허구를 도입하고자 한다. 그것은 주인공의 이름을 딴 연극에서 클레오파트라의 방도 로도귄의 방도 아닌, 〈헤라클리우스〉에서 포카스도 레웅틴도 퓔세리의 방도 아닌 하나의 방으로, 그곳을 향해서 여러 방의 문이 열리는 곳이다.

피에르 코르네유, 《삼일치의 법칙에 대한 담론》,

상게서, pp.186-189.

코르네유가 꿈꾼 연극적 허구는 **임의의 궁전**으로서 이는 비극 등 고대의 영감을 받은 기념비적 건물의 갤러리나 방을 원근법으로 재현한 것이다. 이것은 이탈리아식 무대 배경의 수법인데(납작한 섀시를 연결한), 그러나 무대 배경이 고정되어 있고 스펙터클한 모든 변화를 금지하고 있기 때문에 허구적 기능 속에서가 아니라 물질적 기능 속에서 그러하다. 실상 임의의 궁전은 사실의 환상을 주고자 하지는 않는다. 그것은 정의상 허구적 공간이며 분명 궁전과 비슷하기는 하지만 특정한 궁전을 재생하고자 하지는 않는다. 그것은 비현실적 공간으로 합리적으로 파악되는 지리적 위치가 없으며 보이는 것 이상의 연장을 가지지 않는다. 무대 뒤에 숨겨져 있는 장소는 극행동이나 관객의 상상력 속에서 상상할 수 없으며 존재하지도 않는다. 숨겨진 장소는 비극의 진행을 위해서 아무런 이해 관계가 없다. 이곳은 비극의 극행동의 유일한 동인인 대화가 교환되는 장소이다. 가시적인 것은 언어에 종속된다.

비극의 무대 장치는 확인해 볼 만한 지리적 위치 없이 한 공간을 설정한다. 즉 '임의'의 장소인데, 배우의 의지와 배우와 육화된 말을 통해 허구 속에서 그것을 따라가는 것을 받아들인 관객의 의지가 원하는 장소이다. 말해진 것과 보이는 것 사이의 중언부언은 회피된다. 이곳은 다의적인 장소로써 이것을 가지고 특별히 한 장소를 재현하지 않기 때문에 극행동의 모든 장소를 재현할 수 있다. 다의성은 시각적 수사학의 문채를 통해서 획득된다. 임의의 궁전의 경우 이것은 하나의 **생략**이라고 할 수 있다. 생략의 정의를 보면 담론의 문채는 시각적인 것에 용어 하나하나 그대로 적용된다는 것을 알 수 있다.

> 생략은 특히 축약의 문채이다. (…) 말해진 것은 이해하는 데 필요한 최소한의 능기로 제한된다.
>
> 올리비에 르불, 《수사학》, 파리, PUF, 〈크세주〉 전집,
>
> 2133호, 1984, p.51.

'규칙' 비극의 무대 배경은 생략 속에서 규칙의 **불편한** 적용에 대한 해결책을 찾는다. 이것은 장소를 가능한 한 일화적으로 조금 묘사하고 건물의 웅장함에 의해서, 고대 건축물에 대한 어휘를 참조함으로써 장소에 **최소한**의 특성을 부여하고자 한다. 공간에 특징을 부여할 수 있는 시각적인 것의 모든 다른 기호는 생략된다. 따라서 장소의 일치는 시각적인 무대 배경의 일치로 이해되기도 한다. 시각적인 것의 생략은 대본에 의해서 끌어들여진, 그래서 관객이 상상하는 수많은 장소를 진실답게 해준다.

*

이와 같이 17세기 프랑스의 연극 공간에 있어서 이론과 실제의 증식과 풍성함을 요약할 수 있다. 고대 건축 용어의 몇몇 변형을 '복합적'이라고 지칭하는 것처럼 복합적인 스타일의 무대 장식 기술의 여러

가지 형태들이 창안되었다. 중요한 형태들에서 차용하면서, 그리고 그것을 재해석하면서 프랑스 17세기는 무대 장식 기술에 있어서 여러 가지 독창적인 형태를 창안했다. 이 모든 것들은 여러 가지 층위에서 문자적인 의미와 시각적인 것의 비유적 의미 사이를 상상력을 통해서 이행하고자 하는 필요성을 이용하는 것이다. 거기에서 **미메시스**는 사실의 재생산이 아닌 치환에 의해 작동한다.

8

이탈리아식 극장의 변천(18-19세기)

18세기에는 **이탈리아식 극장**이라는 유형이 필수 불가결했는데, 이탈리아 무대 장식 기술자들이 극장 건축, 무대 장식 기술, 기계를 이용한 효과, 축제 등에 관한 그들의 기술과 수완 때문에 유럽 전궁정의 부름을 받아서 작업했기 때문이다. 17세기 프랑스에 이탈리아식 모델을 전파하는 데 기여했던 토렐리*나 비가라니* 이후에, 18세기에 활동한 세르반도니*를 들 수 있다. 5장에서 이미 보았듯이 비비에나 가문은 4대에 걸쳐 17세기말에서 18세기말까지 드레스드에서 리스본에 이르는 유럽 전역에 그 영향력을 미쳤다. 영국에서 이탈리아식 모델은 16세기말 이탈리아에서, 특히 팔라디오*에게 교육을 받은 영국인 이니고 존스*에 의해서 만들어진 궁정 공연을 통해 널리 퍼졌다. 영국의 왕정복고[1] 이후 이탈리아식 모델은 공공 공연을 장악했다.

이탈리아식 극장의 유형은 문명이 진화함에 따라 계속 변화를 거듭했고 여전히 변화하고 있다. 18세기와 현재 사이에 이 유형에서 파생한 여러 가지 형태가 상상되고 작품화되었으며, 실험되거나 사장되었다. 이러한 발전에 대한 분석은 몇 가지 특징적인 예에 근거를 두고 있

---

1) 1658년 크롬웰의 사망 이후에 그의 아들이 지위를 계승했으나 1659년 권력을 포기해야 했다. 찰스 1세의 아들인 찰스 2세가 1660년 왕정을 복고했다.

다. 이 분석은 첫째 무대와 객석 간의 관계에 관한 문제에 접근하며, 두번째 사고나 연극 텍스트 속에서 이야기된 것과 보이는 것 사이에 구축된 관계가 점차 변화함에 따라 장식과 시각적인 개념의 변형 문제에 대해서 접근한다.

1. 무대-객석 관계의 발전

18세기의 제안과 이상들

프랑스에서는 이탈리아식 극장의 건축이 확고해지기 위해서는 18세기 후반을 기다려야 한다. 실제로 그때까지 연극이나 오페라 공연은 몇 가지 드문 예를 제외하고는 공연장으로 재정비된 실내 정구장에서 계속 행해졌다. 1748년 볼테르는 《세미라미스》 서문에서 그가 판단하기에 부적합한 이러한 상황에 반대해서 다음과 같은 표현을 가지고 항거한다.

나는 프랑스에서 극장을, 사람들이 거기에서 공연하는 훌륭한 작품과 그것을 즐기는 국민들에 걸맞는 곳으로 만들려는 노력을 거의 하지 않는다는 사실에 대해서 불만스럽고 놀라움을 금치 못한다. 《신나》와 《아탈리》는 실내 정구장이 아닌 다른 곳에서 공연되어야 마땅한데, 정구장 한쪽 끝에 나쁜 취향의 무대 장식을 세우고 그 속에 관객이 모든 질서나 모든 이성에 반하여 자리를 잡고 있으며, 어떤 사람들은 무대에 서 있기도 하고 또 어떤 사람들은 입석 공간인 파르테르[2]에 서 있기도 한다. 거기서 그들은 무례하게 서로 밀고 거북해한다.

볼테르, 《세미라미스》 서문, 파리, 1748.

1749년에 퐁파두르 부인의 요구에 따라 건축 아카데미는 건축가 수플로*와 무대 장치가 코생*을 이탈리아로 수학 여행을 보내 거기에서 회화, 조각, 그리고 연극을 공부할 임무를 부여한다. 그래서 연극을 위한 전용 건물을 짓는 것은 정치적이자 철학적인 계획이 된다. 많은 이론적인 저작들이 18세기 후반에 철학자와 연극인들에 의해 발간된다. 참고로 1758년 발간된 코생의 《이탈리아 여행기》나 자크 앙드레 루보의 《극장 건축과 연극을 위한 기계 개요》(1777), 또는 피에르 파트*의 《극장 건축에 대한 시론》(1782)을 들 수 있다.

극장 건물에 대한 이러한 성찰의 공통점 중 하나는 프랑스 공연장의 장방형 형태에 대한 비판에 의해서 이탈리아식 극장의 기본 원칙 중의 하나, 즉 **왕의 눈**을 중심으로 한 무대와 객석 공간 전체의 조직을 문제삼는 일이 일반화되었다는 것이다. 이런 특권적인 시점을 통일하는 원칙은 그 자체만으로 반박된다. 실제로 실내 정구장에 마련된 극장은 좌석에 앉은 관객의 대략 4분의 3이 무대 틀과 무대의 수직에 위치했다. 나머지 4분의 1은 장방형의 작은 구석에, 그러니까 무대의 전면에 위치하는데 틀로부터 거리가 너무 멀어서 원근법적 환상이 충분히 만족스럽지가 않았다. 관객을 이렇게 배치하는 것은 17세기에는 결코 방해가 되는 것으로 여겨지지 않았다. 파트*는 자신의 《극장 건축에 대한 시론》에서 시점의 문제를 비판적으로 제기한다.

대상을 가장 나은 동시에 가장 자연스럽게 보는 방법은 당연히 전면에서, 고개를 들거나 낮추거나 돌리지 않고 바라보는 것이다. (…) 이는 극장 무대 배경을 위해서도 마찬가지인데 무대 배경의 효과를 완전히

---

2) 18세기에 이르러서야 관객은 입석 공간이었던 파르테르에 앉을 수 있게 된다. 파르테르를 좌석으로 개조하는 일은 특히 건축가인 페이르와 와일리가 코메디앵 프랑세를 위해 세우고 1782년 테아트르 프랑세라는 이름으로 개관한 현행 오데옹이 그 계기가 된다. 관객이 무대에 머무는 것이 금지된 것은 1759년이다.

즐길 수 있는 관객의 수는 많지 않다. 그리고 그것에 유의하기만 하면 무대 배경의 끝이 벌어지거나 무대 배경의 위치나 원근법에 비해서 정확하게 사실적으로 보이는 시점은 단 한곳뿐이라는 사실을 관찰할 수 있을 것이다. 이 시점은 흔히 무대를 마주 보는 첫번째 열의 중간 좌석에 일치한다. (…) 바로 이 지점을 향해서 무대 장식가는 무대 위 그림의 주된 효과를 시도한다. 다른 좌석에서 이를 지켜보는 사람들은 너무 높거나 너무 낮거나 너무 옆쪽이거나 해서 그들의 시선을 돌려야만 하는 상황에 있다.

피에르 파트, 《극장 건축에 대한 시론 또는 시각과 청각의 원칙과
관련하여, 공연장에서 가장 이로운 배치에 대하여》,
파리, 무타르 출판사, 1782.

코생*은 이와 동일한 표명을 한다.

실내 정구장에 만들어졌던 우리의 초기 극장은 매우 좁고 깊어서 이후로 극장을 짓는 대부분의 사람들은 이런 생각으로부터 벗어나는 것이 금지되어 있다고 믿었고, 실제로 우리는 너무 단조로워서 더 넓게 만들거나 더 깊게 만들기를 감히 제안하는 사람은 정신 나간 것처럼 여긴다. (…) 그러나 이런 습관적인 편견을 번복한다면 곧 이어서 우리가 오늘날까지 극장에 부여해 왔던 형태처럼 결점이 많은 것을 이토록 오랫동안 참아왔다는 것에 대해서 놀랄 것이다.

샤를 니콜라 코생, 《이탈리아 여행 또는(이탈리아 주요 도시에서 본
회화와 조각 작품에 대한 기록 모음)》,
파리, 1758, t.3, p.185-186.

건축가들과 이론가들은 많은 수의 관객을 위해 세워진 극장을 꿈꾸었고 조명에 대한 철학이 요구되었다. 이탈리아식 극장처럼 벌어진 U

자 혹은 원주의 일부이거나 타원의 일부이거나 하는 곡선으로 된 도면에 객석을 짓는 것은 시점의 불평등을 완화하기 위해 제안된 해결책이었다. 18세기 후반기에 대부분의 극장이 되도록 많은 사람들에게 받아들여질 만한 시점을 제공하려는 고려를 하면서 건축되었다. 예를 들어 리옹의 수플로* 극장(1756년), 보르도의 빅토르 루이* 극장(1780년), 그리고 파리, 수플로가 1764년 U자형의 객석으로 개조한 살 데 마신, 페이르와 와일리가 타원의 일부에 객석을 배치한 테아트르−프랑세 극장(현재 오데옹, 1782년), 보졸레 극장(1784년)와 빅토르 루이의 테아트르 데 바리에테(1790년), 또는 생마르탱 그노아 대로의 오페라(1781년) 등이 있다.

　몇몇 건축가들, 그 중에 파트와 코생은 이상적인 해결책으로 무대 틀에 객석이 타원형으로 접하고, 무대 틀과 평행한 커다란 축과 객석이 타원형으로 접하는 근대적인 극장 옹호론을 편다. 두 사람 모두 시청각적인 이유를 위해서 그런 객석이 많은 수의 관객을 만족시켰으리라는 생각을 이론화했다. 게다가 이 이상적인 계획은 타원의 커다란 축이 무대 틀과 평행하다는 사실로 인해 과도하게 확장된 무대 틀의 균형에 영향을 미쳤기 때문에 결코 실행되지 않았다(그림 15 참고).

무대 틀과 나란히 앉은 관객

　만약 18세기의 이론가들과 건축가들이 유일하고도 특권적인 시점의 우위를 문제삼았다면 그들이 건축한 극장들은 이런 불편함에 대해 부분적으로만 대책을 세웠을 것이다. 그리고 비록 곡선으로 된 객석이 장방형의 객석보다는 관객들에게 덜 고통스러웠다고 해도 18세기의 극장과 이어지는 19세기의 극장은 관객에게 제공하는 좌석이나 환상의 질이 공평하지 않은 것에 계속 영향을 주었다. 19세기는 그에 순응했고, 덜 다양화되고 불공평했던 무대와 객석의 관계를 정립하는

데 있어서 어떤 혁신도 제시하지 않았다.

20세기의 3분의 2 시기까지 비연극적인 장소를 만들고 거기에 새로운 공연 장소를 창안하기 위한 많은 연극적 경험들이 이탈리아식 유형에서 나왔다. 즉 산업의 미개간지 · 폐쇄된 헛간 · 채석장 · 아비뇽의 교황청 안마당 등이 그 예이다. 변형 가능한 객석을 세우기도 했다. 이런 시도 중 가장 괄목할 만한 것이 아마 아리안 므누슈킨과 그의 극단이 뱅센의 옛 무기고(카르투슈리)에 공연장을 만든 것일 터이다.

넓은 의미에서 **이탈리아식** 모델에 대한 관심을 쇄신하기 위해서는 20세기 후반을 기다려야만 한다. 즉 **이탈리아식** 유형을 재해석한 것으로 시점 전체를 통일시키고자 한 것인데, 이런 해석은 1970년대부터 세워진 극장의 대부분에서 찾을 수 있다.

이탈리아식 유형에서 비롯한 것은 다음과 같다.

— 관객 공간과 허구 공간 사이의 분명한 분리인데 비록 이런 구분이 무대 틀을 벗어나는 허구 공간인 프로시니엄에 의해서, 그리고 때로 관객의 공간에 연기하는 배우의 존재에 의해 완화된다고 해도 말이다.

— 관객의 좌석이 지정되었다는 사실과,

— 관객의 시각 영역을 제한하고 시야의 밖을 한정하는 무대 틀의 존재가 그것이다.

그러나 이탈리아식 극장과는 달리 이런 건축적 형태는 객석의 곡선을 거의 완벽하게 제거하면서 관객 전체에게 가능한 한 통일된 시야를 제공한다. 관객은 모두 또는 거의 무대 틀 전면에 나누어지며 발코니나 갤러리에 의해 주어진 계층의 차이는 경사의 공평한 기울기에 의해 지워진다.

기 클로드 프랑수아[3]는 극장에 대한 그의 작업 개념의 출발점을 다음과 같이 설명한다.

나는 물리적인 근접, 그 결과 배우와 관객 간에 정신적인 근접이 있기를 추구한다. 준비 작업 동안 나는 배우의 점이라고 부르는 한 점에서 출발하고 객석을 이 중심점에서부터 조직한다. 무대 블록과 객석 블록 사이의 대치는 이 유일한 점으로부터 가능한 한 완화된다. 이런 유형의 극장에서는 비가시적인 공간에 여지를 제공하는 것은 가시적인 공간이다. 즉 사람들은 보이지 않는 것을 상상하게 하고, 비가시적인 것에 여지를 제공하기 위해 무엇인가를 보여주는 것이다.

극장은 드문 건축물이다. 즉 하나의 빈 공간에 서로 다른 목표를 가진 두 개의 집단의 존재를 친밀한 만남을 위해서 조직하는 곳이다.

20세기말에 재해석된 이탈리아식 극장은 더 이상 왕의 눈으로부터 출발하지 않고 **배우의 시점**에서 출발한다. 그리고 그것은 본래의 유형 속에서 분리되어 있던 두 개의 공간을 접근시키는 방식을 창안한다.

2. 무대 배경의 발전: 삼면 무대의 예

18세기 연극의 장소에 대한 성찰은 주로 무대 틀과 직각으로 위치한 좌석에서 관람하는 경우 생기는 불편한 각도에 대해서 행해졌다. 그러나 측면에서 보는 시각과 무대와 견주어 볼 때 4분의 3 뒤편에서 보는 시각까지는 이미 그리스 극장이나 엘리자베스식 극장에서 성공적으로 다루어진 바 있다. 18세기의 이론가들은 이 점에 대해서 한번도 명백하게 밝힌 적이 없는데, 그것은 아마도 그들이 그 문제를 한번도 생각해 본 적이 없기 때문일 것이다. 그 문제란 프랑스 극장의 단점은

---

3) 1999년 9월의 대담. 무대 장식가 기 클로드 프랑수아의 행적은 40년 전부터 연극에 활기를 주어온 큰 흐름 중에서 대표적이다. 연극 삭업과 병행하여 그는 현재 지신의 무대 장식 기술을 영화·미술관·쇼 비즈니스에 이르기까지 넓히고 있다. 그는 또한 공연장을 구상하기도 한다.

객석의 형태 때문이 아니라 객석의 배치와 무대가 볼 수 있도록 제공하는 것 사이의 결합 때문에 생긴다는 것이다. 연극적 관련성에 대한 두 개의 용어——관객과 가시적인 허구——에 대해서 그들은 한 가지 용어인 객석을 비판의 대상에서 빠트렸고, 다른 용어인 무대 또한 변경될 수 있다는 생각을 빠트린 것으로 보인다. 인간의 시각과 비슷한 환상주의적 공연의 탁월함은 대단해서 아무도 원근법이 재현의 여러 가지 방식 중의 하나일 뿐임을 생각하지 못했던 것이다. 원근법은 그것을 옹호하는 사람들만을 가지고 있었고 누구도 그것을 비판하지 않았다. 이런 이유로 공연 장소를 향상시키려는 문제는 출발에서부터 잘못 제기되었기 때문에 그에 대해서 제안된 해결책들은 불만족스럽거나 이상적인 것으로 남았다. 그와 관련된 한 가지 예가 삼분화된 무대 또는 세 개의 칸막이로 된 무대로 우리에게 제공된다.

볼테르: 진실다움의 재정의

18세기 비극과 드라마의 이론가들은 오비냐크 이후 금언으로 제시되었던 장소 일치의 법칙을 아직도 재검토하지 않았다. 이 법칙은 코르네유의 표현에 따르면 여전히 '불편한' 것으로, 볼테르에게는 '실천할 수 없는' 것으로 여겨졌다. 당시에 대본은 더 이상 **임의의 궁전**을 생략하기에 필요한 진실다움을 주기에 충분하지 않았다. 왜냐하면 18세기에 진실다움의 개념은 점차 이야기되어지는 것, 무대가 보여주는 것, 그리고 실제 사이의 일치를 지향하기 때문이다. 따라서 극장 건축은 이 규칙을 적용하는 것과 연결된 기능 장애들을 설명하기 위한 희생양으로 쓰인다. 그 예로 볼테르의 《코르네유에 대한 주석》을 들 수 있다.

우리는 오랜 옛날부터 지금에 이르기까지 지속되어 온 우리 극장의 나쁜 건축이 장소 일치의 법칙을 거의 실천할 수 없는 것으로 만들었다고 다른 곳에서 말한 바 있다. 역모 주도자들은 카이사르에 반대하는 음모를 그의 방에서 꾸밀 수는 없으며, 사람들의 개인적인 이해 관계에 대한 이야기를 공공 광장에서 나눌 수는 없고, 동일한 무대 배경을 가지고 동시에 궁전의 전면과 사원의 전면을 재현할 수는 없는 일이다. 극장은 장소의 일치에 위배되지 않으면서 관객의 눈에 장면이 일어나는 특정한 장소를 보여주어야만 한다. 한쪽은 사원의 일부분, 다른 한쪽은 궁전의 현관, 그리고 공공 광장, 구석 쪽은 길거리, 결국 눈으로 보기 위해 필요한 모든 것과 귀로 듣는 모든 것이 있어야 할 것이다.

볼테르, 《코르네유에 대한 주석, 작품집》, 제30권, 파리,
르페브르와 데테르빌 출판사, 1818, 세번째 담론
〈극행동, 시간과 장소의 삼일치 법칙에 대하여〉, p.38.

볼테르는 여기에서 확고하게 연극적 허구와 그것이 관객의 상상력에 미치는 기능에 대한 새로운 여건을 제시한다.

— 17세기 비극에서 여전히 활용되었던 것, 즉 이야기되어지는 것이 시각적으로 제시되는 것보다 더 우위에 있었던 것을 거부하기.

— 관객에게 당시까지도 암시적으로 요구되었던 문자적 이미지와 정신적 이미지 사이의 왕래를 거부하기.

— 이야기되어지는 것과 시각적으로 제시되는 것 사이에서 중언부언 시작하기.

볼테르는 장소의 일치에 대한 새로운 정의를 제시하는데, 그것은 17세기처럼 대본과 무대 배경의 진실다움에 의존하면서 있는 그대로를 인지할 수 있는 그런 것이 아니다.

장소의 일치는 눈이 별 어려움 없이 한번에 볼 수 있는 모든 광경을 말한다. 우리는 《거짓말쟁이》의 무대가 때로 도시의 끝에 있고, 때로 도시의 다른 끝에 있어야 한다는 코르네유의 의견과는 다르다. 장소를 가

깝게 설정함으로써 이런 오류를 고치기는 아주 쉬운 일이다. 우리는 《신나》의 극행동이 우선 에밀리의 집, 그리고 오귀스트의 집에서 일어난다고 짐작하지 않는다. 에밀리의 집, 오귀스트의 집, 광장, 그리고 로마의 거리들을 재현하는 무대 배경을 만드는 것보다 더 쉬운 일은 없었다.

상동서, p.38.

볼테르는 여기에서 매우 명확하게 마흘로*의 칸막이식 무대 배경을 다시 정의하고 있다. 전기고전주의 시대가 18세기의 이론가들을 위한 참조의 대상이 아니었으므로 이들은 참조의 다른 대상으로 로마인들이나 팔라디오*의 **프론스 스케네**를 찾았다. 사용된 해결책은 무대 틀의 면에 위치한 두 개의 기둥에 의해서 무대를 세 부분으로 나누는 것인데, 두 개의 기둥은 금박으로 된 틀을 더 작은 세 개의 틀로 나누며(그림 15), 세 개의 틀 뒤에는 서로 다른 세 개의 원근법이 시작되고 세 개의 틀 앞에는 또 하나의 연기 공간인 전무대가 마련된다.

샤를 니콜라 코생

타원형 도면의 중심축이 틀과 평행한(그림 15 참조) 도면상에서 객석을 이상주의적이고 평등하게 하려는 그의 계획 속에서, 코생*은 앞에서 보다시피 건축학적인 어려움에 부딪치게 된다. 즉 타원형의 배치가 틀의 균형을 과장되게 증가시킨 것이다. 세 개로 분할된 무대를 권하는 볼테르의 이론은 이러한 균형상의 단점을 최소화하는 것이었다. 이 이론은 또한 그로 하여금 앞에서 본 양립 불가능한 두 용어를 결합시키도록 해준다. 즉 가능한 한 평등한 객석에 대한 요구와 원근법을 사용하는 무대 배경을 유지하는 것이다. 1765년에 발간된 《연극을 위한 극장 계획》이라는 코생의 글은 이 주제에 대해 대단히 명확하다.

무대 전면에서 본 공연장 모습.

공연중인 극장.

a.

그림 15. 니콜라 코생의 제화안. 객석과 세 개의 칸막이로 된 무대 도면.
a. 입면도. 세 개로 나누어진 무대 틀과 각각의 무대 장식이 보인다.
b. 단면도. 세 개의 무대 장식을 설치하는 새시가 무대 위에 표시되어 있다.
사를 니콜라 코생, 《연극을 위한 극장 제화》, 린넨과 파티 사를 양투안 롱베르.
1765, 분류 번호 3280. 파리 시 역사도서관의 허가로 전재. G. 레리스 사진.

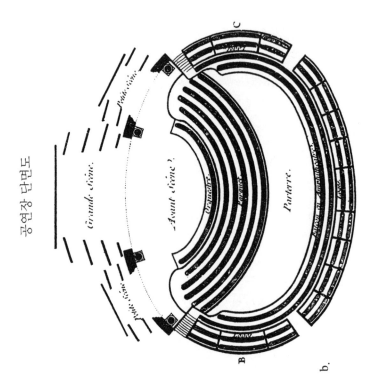

공연장 단면도

첫번째와 네번째 판화에서(그림 15에 다시 실음) 서로 다른 세 개의 무대로 이 공간을 분할함으로써 결과적으로 이러한 어려움이 극복된 것을 볼 수 있다. 중간의 큰 무대는 코메디 프랑세즈의 무대보다 약간 작지만 두 개의 작은 무대의 도움을 받아서 충분한 크기를 가지고 있으며, 이렇게 장식된 넓이에 의해서 더 많은 지출을 하지 않고도 더 멋진 공연을 제공한다. 그래서 왕의 박스석의 중앙에 앉은 사람들, 즉 가장 잘 보이는 자리에 앉은 사람들은 환상을 해치는 것은 아무것도 없고, 일부러 시선을 돌리거나 원하지 않고서는 다른 관객들이 보이지 않는다.

이러한 세 면의 무대에는 다른 장점이 있다. (…) 그것은 측면에 앉은 사람들(그리고 소수의 사람들)은 사실상 큰 무대의 한쪽만을 볼 수 있을 뿐이다. 그러나 그들의 눈앞에 제시되고 그들의 시선을 즐겁게 해주는, 작은 무대에 있는 무대 장식을 가지고 있는 것이다. (…) 이 속에서 무대에 닿은 박스석을 제외하면 모든 사람들은 배우가 무대 장식 앞에 있는 것을 볼 수 있다.(…)

작가들을 그토록 불편하게 하는 장소 일치의 법칙은 좀더 용이하게 지켜질 수 있는 것처럼 보이는데, 이 세 장면이 각각 다른 세 장소를 가리키고 이것을 합한 것이 무대의 앞부분이라고 하면 말이다. 그렇게 하면 진실다움은 덜 훼손될 것이다. 적어도 무대에서 진행중인 장면에 적합한 장소가 무대 배경으로 지시되고 배우들이 그곳에서 나온다면 말이다. 이와 매우 유사하고, 게다가 많은 성공을 거둔 예를 볼테르 씨의 비극 《올랭피》에서 보았다.

> 샤를 니콜라 코생, 《연극을 위한 극장 계획》, 런던과 파리,
> 샤를 앙투안 종베르 출판사, 포병과 공학을 위한 왕의 서점,
> 성모 이미지, 도핀 가, 1765, pp.16-18.

3. '사실주의'를 향한 노정

피에르 파트: 입체적 무대 배경에의 꿈

18세기 건축가 중에서 비록 암시적으로나마 원근법에 대한 문제를 제기한 첫번째 사람은 1782년 《극장 건축에 대한 시론》을 쓴 피에르 파트*였다. 그의 동시대인들과 마찬가지로 파트는 공연의 목적은 '자연스러움'을 내세워서 가능한 한 실제와 유사해야 한다는 전제에서 출발한다. 따라서 모든 것은 시각적인 것이 눈을 속이도록 작품화되어야 한다는 것이다. 이미지는 문자 그대로의 의미만을 가진다. 파트는 다른 사람들보다 더 멀리 추론을 개진하고 다음의 사실을 확립한다.

> (…) 실제나 입체감은 작위적이거나 단지 그림으로 그려진 것보다 항상 더 우위에 있다.[4] 전자는 그 다양함에도 불구하고 언제나 자연스러워 보이는 여러 관점과 양상들을 가지고 있으며 후자, 즉 무대 배경 그림이나 연극적 장식 또는 원근법은 오직 하나의 장소에서만이 원하는 효과를 낼 수 있으며, 그 이외의 장소에서는 일그러진 방식으로만 쳐다볼 수 있을 뿐이다. 예술은 결코 이런 결점을 정정하지 못할 것이며, 이러한 결함은 흔히 습관이나 사고의 부족함 때문에 무감각하게 느껴지는 것이다.
>
> 피에르 파트, 상게서, pp.25-26.

우선 주목할 것은 파트가 매우 분명하게 무대 틀을 그림의 평면과 동

---

4) 문맥에서 떼어 놓는다면 이 문장은 아피아가 썼다고 할 정도이다. 그림으로 '그려진'이란 단어가 담고 있는 경멸적인 부정에 주목할 것.

일시하고 있다는 점이다. 실제로 18세기에 연극적 허구의 공간은 마치 그것이 16세기초 이탈리아식 극장의 초엽에 그랬던 것처럼 새롭게 그림으로 여겨졌고, 그것은 배우의 몸에 대한 개념과 연기를 변화시키는 데 기여했다. 즉 배우의 몸은 점차 평면적인 허구의 근경이 되었던 것이다. 이에 따라 연기 또한 평면적이 되었고 몸은 그 두께를 잃었으며, 따라서 필연적으로 그 존재감과 의미를 잃었던 것이다. 19세기에도 공연에 대한 이러한 개념은 지속되었다. 배우의 등은 보이지 않았으므로 그에 대해서는 더 이상의 작업을 하지 않았다. 이런 망각과 더불어 몸은 전체로서의 완벽함과 입체감을 잃었으며, 동시에 공간 속에서의 지위도 잃었다. 19세기에 연기하는 배우의 몸은 단지 하나의 표면에 불과할 따름이었다.

파트의 텍스트에서 두번째 중요한 요소가 이번에는 선들 사이에 서로 연결되었는데, 그것은 이차원으로 된 평면적인 허구성에 대한 불분명하고 무의식적인 문제 제기였다고 할 수 있다. '자연스러운' 입체감이 그림이나 극장의 무대 배경에 대해서 가지는 우월함은 여기에서 '자연스러운' 유사성의 이름으로 확언되었다. 그러나 파트의 추론은 모방하는 것(입체감)과 모방된 것(자연스러운 것 또는 자연)이 거기에서 단지 하나이자 동일한 용어이기 때문에 성취될 수 없었다. 그래서 파트는 막다른 골목에 다다르게 되었고, 이것은 그로부터 한 세기가 지나서야 재현에 대한 커다란 혁명 덕분에 열리게 되었다. 즉 회화에서 큐비즘과 추상 예술의 탄생, 그리고 연극에서는 크레이그*와 아피아*와 더불어 연출이 창안되었기 때문이다.

사실적 환상

이처럼 18세기 후반부에는 사실적 환상의 원칙이 연극 공연의 목적으로 부과되기 시작했다. **미메시스**는 실제와 가시적인 것 사이의 동일한 유사성을 추구했다. 볼테르는 이런 현실적 원칙이라는 이름하에서 셰익스피어의 비극들을 '끔찍한 것'으로 규정지었고, 초자연적인 것을 재현하기를 거절했다.

확실히 세상에는 더 이상의 유령이나 마술사는 없으며, 만약 연극이 진실의 재현이라면 유령의 출현이나 마술사는 추방해야만 할 것이다.
볼테르, 《피에르 코르네유의 연극과 다른 흥미로운 작품에 대한 주석》, 2권, 아크스티와 메르쿠스, 암스테르담과 라이프치히, 1765, 1권, p.6.

사실적 환상이 필요한 것으로 제기되는 순간부터 무대 틀의 비율이 늘어났으며 무대와 객석 간의 분리는 무대 커튼의 효과에 의해서, 그리고 19세기 후반부에는 조명에 의해서 강조되었다. 즉 당시에 객석은 배우들이 연기할 때에는 어둠 속에 잠겨 있었다. 이렇게 다양화된 경계 뒤에서 무대 배경은 점점 실제에 가까운 것을 추구하는 이미지로 발전해 갔다. 보마르셰는 소위 부르주아 사실주의를 대표하는 첫 작가였다. 《피가로의 결혼》(1781-1784년)과 더불어 처음으로 연극 텍스트는 의상·무대 장치·인물들의 이동 등을 묘사한 내용인 **지문**을 포함하게 되었다.

1827년에서 대략 1843년에 이르기까지 프랑스 낭만주의극은 그것이 극장⁵⁾에서 상연된 10년간 극행동을 위해 서로 다른 여러 가지 장소가 필요하다는 사실과, 한편 그 원칙상 통일성을 추구하는 이탈리아식 재현의 논리 사이의 모순을 해결하려는 불가능한 시도를 했다. 빅토르 위고는 이 새로운 장르의 원칙을 《크롬웰 서문》(1827년)에서 제

---

5) 이는 뒤마의 《헨리 3세와 그의 궁정》이 코메디 프랑세즈에서 요란스럽게 공연된 해인 1829년과 빅토르 위고의 《뷔르그라브(성주)》가 실패한 1843년 사이를 말한다.

기했다. 실제로 행해진 무대 장식의 해결책은 극행동의 다양한 장소들을 이탈리아식 틀의 통일성 속에 담는 것이었다. 서로 다른 장소를 근접시키는 것은 현실에 대한 가시적 환상의 진실다움에 복종하지 않지만 연극 대본이 구축하는 지문이나 상황 속에서 정당화될 수 있고 정당화되었다. 시각적인 것은 약간은 전기고전주의의 **칸막이식 무대 배경**에 의거한 병치의 원칙에 의해서 작용했다. 예를 들면 1832년 코메디 프랑세즈[6]에서 낭만주의 연극의 위대한 화가이자 장식가의 계보 중에서 으뜸인 시세리의 무대 장치로 초연된 빅토르 위고의 《왕은 즐긴다》의 4막을 들 수 있다.

"투르넬(옛 파리의 성문)의 황량한 모래톱. — 오른쪽에는 커다란 도자기와 떡갈나무로 된 걸상을 가구로 들여놓은 허름한 오두막이 있고, 2층 다락방에는 초라한 침대가 창문으로 보인다. 이 오두막의 전면은 너무도 해가 잘 들어서 그 안이 전체가 다 보인다. 거기에는 탁자와 벽난로, 안쪽에는 다락방으로 가는 가파른 계단이 있다. 배우의 왼쪽에 위치한 이 오두막의 면들 중에서 전면에는 안쪽을 향해 열려 있는 문이 하나 뚫려 있다. 벽은 잘못 연결되어 있고 틈과 벌어진 곳으로 구멍이 나 있으며, 그곳을 통해 집 안에서 벌어지는 일을 잘 알 수 있다. 문에는 창살로 된 구멍이 있으며 그 바깥쪽은 차양으로 덮여 있고, 주막을 알리는 깃발이 세워져 있다. — 무대의 나머지 부분은 모래톱을 나타낸다. 왼쪽에는 다 허물어진 오래된 난간이 있고 그 아래에 센 강이 흐르며, 그 안에는 나룻배의 종을 매다는 지주가 봉인되어 있다. — 강 너머 저 안쪽에는 옛날 파리가 있다."

---

6) 《왕은 즐긴다》는 초연하는 날 저녁에는 공연이 되었으나 왕의 검열에 의해서 곧바로 공연이 금지된다.

지문에 묘사된 각 요소들은 장식적 효과에 앞서서 하나의 논리와 극적인 진실다움에 복종하는데, 예를 들면 벽에 '구멍이 뚫려 있어서 잘못 이어진' 틈을 통해 5장에서 블랑슈가 젊은이로 변장한 왕을 훔쳐보거나 또는 '다 허물어진 오래된 난간 아래로 센 강이 흐르고 투르넬의 모래톱'이 있고, 그곳에서 트리불레가 시체를 센 강에 던져야만 하는 것이다(5막 3장).

그러나 19세기에 있어서 진실다움의 의미는 17세기의 그것과는 달랐다. 앞에서 보다시피 임의의 궁전은 그것이 텅 비어 있어서 언어에, 그러므로 극행동에 한 장소를 부여하는 생략적인 면 때문에 진실다웠던 것이다. 19세기에 진실다움은 가시적인 것에 종속되고 극행동은 보이는 것에 의해서 지지되고 예견됨으로써 일어날 수 있었다. 빅토르 위고는 《크롬웰 서문》에서 그것을 증명한다.

이상한 일은 관습을 존중하는 틀에 박힌 사람들이 두 개의 일치의 법칙[7]을 진실다움에 의거하여 주장하는 반면에, 진실다움을 죽이는 것은 다름이 아니라 바로 실제인 것이다. 사실상 더욱 진실답지 않고 더욱 부조리한 것은 바로 그 현관이자 회랑, 그리고 대기실로써 이런 진부한 장소에서 우리 비극들이 즐겨 진행되는데, 도대체 어떻게 된 일인지는 알 수 없지만 거기에서 음모자들이 폭군에 대항해 말을 늘어놓거나 폭군이 음모자들에 반대해서 말을 늘어놓으려고 각자 그곳으로 온다는 것이다.(…)

어디에서 이런 식의 현관이나 회랑을 보았단 말인가? 스콜라 철학자들이 경시할 진실과 모순된다고 말하지 않는다고 한다면 무엇이 이보다 더 진실다움에 모순되는 것이 있겠는가? (…) 무대 대신 우리는 이야기를 듣고, 그림 대신 묘사를 듣는다. (…)

---

7) 장소의 일치와 시간의 일치.

오늘날 우리는 정확한 지방색이 현실의 첫번째 요소들 중의 하나임을 이해하기 시작한다. 말하고 행동하는 인물들은 관객의 정신에 사실에 대한 충실한 인상을 남기는 유일한 것이 아니다. 어떤 재난이 일어난 장소는 그것에 대한 끔찍하고도 분리할 수 없는 증명이 된다. 그리고 이러한 말없는 인물의 부재는 극에서 이야기의 가장 중대한 장면을 완성하지 못하게 할 것이다. 어떻게 시인이 감히 (…) 구시장이 아닌 다른 장소에서 잔 다르크를 화형시킬 것인가 말이다.

빅토르 위고, 《크롬웰》 서문, 빅토르 위고, 《연극 전집》, 1권,
파리, 갈리마르, 플레야드 전집, 1963, p.428-429.

당시 시각적인 것과 재현된 것의 개념은 살인 장면과 위반 행위를 스케네, 즉 보이지 않는 곳에 위치시켰던 그리스 시대의 개념과 반대이다. 이런 개념은 마찬가지로 '규칙' 비극의 작품화에서도 멀어지는데, 거기에서 대본은 무대화되기 위해서 시각적인 것을 생략하는 게 필요했다. 비록 진실다움이란 용어의 의미는 시대에 따라 변화해 왔지만 여전히 그 이름을 가지고 낭만주의 연극 이론은 장소의 다양화와 병치를 정당화한다.

더욱 내면적인 분위기 속에서 19세기 후반의 사실주의 연극과 부르주아 희극은 현실의 환상에 대한 추구를 연장시킨다. 대본과 더불어 비대해진 지문은 다가올 공연을 묘사하고, 그 반대로 공연은 대본을 한발 한발 따라간다. 대본과 공연은 실제를 묘사한다. 말은 더 이상 하나의 행동이 아니라 배우의 연기나 그의 의상, 연기가 진행되고 무대 배경의 그림에서 지시되고 있는 장소의 특성 속에서 보이는 심리적 상태의 결과이다. 상황은 대본과의 관계 속에서 첫번째의 것이 되고, 인물들은 그들의 말보다 앞서서 존재하며 공연의 시각적인 것은 실제와 동일한 것을 지향한다.

뒤마는 관객의 현재와 인물의 현재 사이에서 모든 재현——재현이란 다름 아닌 무엇인가를 다시 제시하는 것이기 때문에——이 구축하는 거리감을 제거하고자 하는 욕구를 증언한다. 그래서 실제의 감정은 그것을 재현하는 것보다 훨씬 더 우월한 특성을 가진 '구경거리' 라고 여겨졌다. 현실에 대한 욕망은 바로 이 현실을 형상화하는 단계를 취하고, 다음에 나오는 《몽테 크리스토 백작》의 한 문단이 그 사실을 증언한다.

— 나는 중죄 재판소는 한번도 본 적이 없는데 듣자 하니 매우 흥미롭다고 하더군요.

— 아가씨, 그건 정말 그렇지요 하고 검사대리가 말한다. 가장된 비극이 아니라 진정한 연극입니다. 연기된 고통 대신에 실제 고통을 볼 수 있으니까요. 거기서 보이는 사람은 배우처럼 막이 내리면 집으로 돌아가서 가족들과 저녁을 먹고 그 다음날 다시 시작하기 위해 마음 편히 잠을 자는 대신에 감옥으로 돌아가서 형집행인을 만나니까요. 아시다시피 감정을 찾으려고 신경이 곤두선 사람에게는 그보다 더 나은 광경이 없습니다. 아가씨, 그럴 경우가 생기면 제가 당신에게 그 광경을 보여드릴 테니 안심하시지요.

알렉상드르 뒤마, 《몽테 크리스토 백작》, 1권, 파리, 갈리마르,
〈폴리오 클래식〉 총서, 3142번, 1981, p.57-58.

연극에서 문자적 의미가 비유적 의미로 이행하는 것은 기대하기 불가능한 일이 되었다. 연극상의 원칙이 급변함에 따라서 현실은 하나의 구경거리, 그것도 다른 어떤 재현보다 더 재미있는 구경거리가 되었다. 환상의 연극은 난관에 봉착했으며 더 이상 존재할 여지를 갖지 못했다. 그러자 연출자와 무대 장식가들에 의해서 이 연극은 매우 활기차게 재검토되었다.

같은 시기에 회화도 마찬가지로 원근법의 우위를 거부하고, 예를 들면 큐비즘을 창안하는데 이는 동일한 화면 위에 같은 대상을 여러 가지 다른 각도에서 본 것을 합해 놓은 것이다. 관중은 더 이상 화가가 요구하는 정확한 위치에 있도록 정해지지 않았으며 복합적인 관점에서 상상의 여행을 떠나도록 요청되었다. 연극 또한 현실의 환상을 거부하면서 공연에 입체성을 도입하고자 했다. 이론가들은 배우의 신체가 입체적으로 펼쳐질 수 있는 허구를 위한 공간을 꿈꾸었다. 원근법에 의한 연극의 허구를 검토한 수많은 예들 중에서 특히 아피아*를 인용할 수 있을 것이다.

무대 배경을 위해 제시된 모든 무대 배경 그림은 거의 예외 없이 그 본래의 모습에서 임의로 잘려져 완전한 평면 위에 놓이게 된다. (…) 이 납작하거나 임의로 잘려진 평면은 그 위에 장치가 놓여짐으로써 배우의 존재에 의해서 만질 수 있는 현실이 되는데, 살아 있는 다리가 그 현실을 밟으며 각 발걸음은 그 무의미함을 더욱 강조한다. (…) 조명은 그 표현에 따라 등장 인물을 부각시켜 줄 수도 있는데, 화폭이나 무대 장치에 의해 독점된 채 거의 전적으로 이 그림을 위해서만 바쳐지기 때문에 직접적으로 배우에게는 그림이 허용하는 최소한의 실용성만을 제공할 뿐이다.[8]

아피아, 《작품집》, 마리 L. 바블레-한 주석, 3권, 〈인간의 세기〉,
스위스 연극협회, 1983, 1986, 1988, 제2권, p.80, 83, 84.

---

8) 19세기말에 무대와 관련하여 일어난 혁명적인 발전에 대해서는 다음의 서적 참고. 에드워드 고든 크레이그, 《연극 예술에 대하여》, 파리, 리외테르, 1943(초판은 영이고 1911년 발간). 에드워드 고든 크레이그, 《진보하는 연극》, 파리, 갈리마르, 1964. 드니 바블레, 《에드워드 고든 크레이그》, 파리, 라르쉬, 1962. 느니 바블레, 《연극외 무대 배경, 1870년에서 1914년까지》, 파리, CNRS, 1965. 드니 바블레, 《현대 연출 (1887-1914)》, 브뤼셀, 라 르네상스 뒤 리브르, 1968.

당시 이론가들은 하나의 개혁에 참여하고 있었는데, 그것은 연극으로 하여금 그것을 구성하는 요소들 전체를 전적으로 개조함으로써 연극을 전적으로 별개인 예술의 대열에 다가가게 하려는 것이었다. 1905년에 크레이그*는 《직업 연극인과 아마추어 연극인 사이의 첫 대화》에서 다음과 같은 표현으로 결론짓는다.

(…) 미래의 연극 예술가는 과연 그의 걸작을 어떤 요소를 가지고 만들 것인가? 그 요소는 바로 **움직임, 무대 배경,** 그리고 **목소리**이다. 지극히 단순하지 않은가?

움직임이란 용어는 몸짓과 춤을 뜻하는데 이들은 곧 움직임의 산문이자 시다.

무대 배경이란 눈에 보이는 모든 것, 즉 의상·조명, 그리고 본래의 의미에서의 무대 장치를 말한다.

목소리란 씌어진 언어와는 반대로 말해지거나 노래로 불려지는 언어를 뜻하는 것이다.

에드워드 고든 크레이그, 《연극 예술에 대하여》,
파리, 리외테르, 1943, p.125.

이러한 개혁은 연출가로 하여금 대본에 앞서서 연극의 중심축이 되도록 했고, 아피아*는 이를 다음과 같이 표현하고 있다.

회화가 창출하는 환상을 포기함으로써 우리가 우리 취향의 방향을 바꾸게 되었다는 것은 자명한 일이다. 그리고 내가 보기에 이것은 문제의 가장 흥미있는 부분인데, 내가 강조하고자 하는 것은 연출가의 영향이 작가의 창작과 연극이라는 개념 그 자체, 그리고 작가가 하나의 작품을 만들기 위해서 선택하고 발전시키는 모티프에 미치게 되었다는 것이다. 왜냐하면 연극에서 사실주의는 결정적으로 단조롭고, 상상력을 즉석에서 짓밟는 것이며, 특히 상상력의 죽음이라고 할 수 있기 때문이다. 게다가 그것은 유치하기까지 하다. 정념의 갈등은 우리에게 일상의 현실에서 보이는 외관 그대로 제시되는 것이 아니라 내면적인 현실 그대로를 전해야만 하는데, 그렇지 않으면 연극 예술은 예술이 아니며 또한 예술이란 이름으로 정당화될 수 없을 것이다.

아돌프 아피아, 《작품집》, 상계서, 3권, p.68-69.

*
**

이 장에서 제시된 예들은 20세기초 재현에 관련된 커다란 혁명 이후 성찰되고 씌어지고 공연된 그대로의 연극을 이해하기 위한 일종의 흔적, 하나의 **도입부**이다. 이 시대에 이탈리아식 연극은 그 기원에서부터 제기되었던 난관, 즉 원근법의 평면적 허구가 비록 높은 돋을새김*으로 발전되었다고 어떻게 그것에 입체적인 배우의 육체를 통합할 것인가 하는 문제에 봉착했다.

바로 그때 연극적인 삶에 있어서 새로운 단계가 시작되었다. 그 중심축은 이제는 더 이상 대본에 있어서의 가시적인 것에 직접적으로 의존하는 것을 설치하는 게 아니라 연출가의 관점을 표현하는 것으로서 이는 곧 대본의 주된 해석이 되고, 또한 힘의 복합적인 전체, 즉 대본은 물론이요 배우들의 연기 지도·무대 장식 기술·조명·사운드 등에 작용한다. 연출가의 역할이 부각되자 곧 명백해진 이런 부분들은 이제는 일상적인 것이 되었다. 오늘날 사람들은 스트렐러의 〈결혼〉, 셰로나 비테즈의 〈햄릿〉, 또는 더 최근의 예를 들자면 스테판 브라운슈비그의 〈베니스의 상인〉이라고 말한다.

결 론

    연극은 두 그룹의 사람들, 한편으로는 허구를 책임지는 배우집단과 다른 한편으로는 관객집단이 만나는 현재의 순간 속에서만 존재한다. 한번 그 만남이 완성되면 더 이상은 그 흔적들, 즉 대본이나 이미지 · 추억 등밖에 남지 않는다. 무대 장식 기술은 아마도 건축물처럼 그 만남의 순간, 즉 연극에 대해 읽을 수 있는 가장 명백한 흔적 중의 하나일 것이다. 실제로 무대 장식 기술은 동시에 하나의 직업이자 기술, 창안이자 도구이다. 무대 장식 기술자에 의해 작품화된 도구의 분석은 독자로 하여금 연극이 제안하는 여행을 이해하도록 도와줄 수 있다.

    그리스 시대의 기원에서부터 서구의 극장은 특히 **미메시스**, 즉 매우 일반적인 정의에 따르자면 자연의 예술에 대한 모방에 의해서 작동되어져 왔다. 고대 이후 연극적 유형의 다양성은 **미메시스**의 개념이 복합적이며 유동적이라는 것과, 또한 그 중심 명제인 **유사**에 부여된 의미 작용의 다양성 속에 그 기원을 두고 있다. 이러한 유사성은 **미메시스**에 관한 두 가지 용어인 모방자와 모방 대상을 상호 관련맺도록 하는 수단이다. 재현은 이 두 가지 가변적이고 유동적인 개념의 결과인데, 이는 다음과 같은 문제로 요약될 수 있겠다. 무엇을 모방하고자 하는가? 유사라는 말을 가지고 의미하고자 하는 것은 무엇인가? 그리고 따라서 어떤 수단으로 유사의 효과를 얻을 수 있는가?

    재현의 역사, 따라서 무대 장치의 역사는 이처럼 모든 재현에 선행되는 이 세 가지 질문에 주어지는 대답의 역사 속에 기입된다. 만약 모방 대상이라는 용어가 인간의 수준을 넘어서는, 보이지 않는 현실을 말하는 것이라면 연극은 이 두 가지 수준 사이의 이행 장소, 말하자면 그리스인들을 위한 신비로운 환영의 장소 또는 중세 시대의 성경 말씀이 현현하는 장소가 될 것이다. 모방 대상을 이상적인 현실이라고 여긴다면 연극은 마치 그 기원의 이탈리아 극장처럼 인간이 왕을 중심으로 왕에 의해서 이상적으로 정리된 세상에 대한 재현을 보는 장소가 될 수 있다. 반면 모방 대상이 현실이라면 연극은 가능한 한 현실과 다르지 않은 재현의 세계를 보여준다. 이것이 바로 19세기말 사실주의와 자연주의의 꿈인 것이다.

마찬가지로 중요한 의미의 유동성 또한 재현의 두 용어 사이, 즉 모방자와 모방 대상 사이의 **유사성**을 옮기기 위해 작품에 사용된 수단들을 언명하고 또 계속 그렇게 한다. 중세 시대에 마치 상징적인 것으로 이해되었던 **유사성**은 엘리자베스 시대의 연극에서나 17세기 프랑스 연극에서처럼 암시적이고 우의적이거나 수사적인 것이 될 수 있다. 유사성은 또한 가능한 한 그것이 진실——그것이 실제이건 이상적인 것이건——또는 '자연' 아니면 실제와 동일하게 재생됨으로써 얻어질 수 있는데, 그것은 마치 이탈리아식 극장의 원칙, 그리고 사진이나 영화 또는 텔레비전처럼 그것에서 파생한 것의 원칙과 마찬가지이다.

공연이 서로 결집시키는 요소들을 이해하는 여러 가지 방법, 그리고 유사성이 있도록 작품화하는 수단들로 인해서 여러 가지 유형의 극장들이 기원하게 되고 그것이 자율적이고 독특한 형태로 발전하게 되었으며, 연극의 무대 장치가 다양해졌다.

무대 장식 기술자에 대해 이어지는 명칭이 어떠했던간에 그의 기능은 언제나 존재했다. 그 기능은 연극이 관객을 이끄는 상상 여행의 여정과 공간을 창안하고 물질화하는 데 있다. 그 기능은 또한 숨긴 것과 보이는 것 사이의 물질적이고 상징적인 경계의 흔적을 긋는 일이다.

그리스인과 중세인들에게 그 경계란 보는 것이 금지되고 불가능했던 신과 그의 현현 사이의 이행을 표시하는 것이다. 로마식 극장에서, 그리고 이탈리아식 극장에서 보이는 것과 보이지 않는 것은 그 의미를 달리 한다. 이 두 가지 유형의 공연은 그 종교적 기원이 가졌던 기능에서 벗어나서 짐작할 수 없거나 보이지 않거나 재현할 수 없는 신의 존재를 인간의 수준으로 느낄 수 있도록 만드는 것을 더 이상 추구하지 않았다. 그러나 그것은 인간적 허구(우화와 배우들)과 인간적 현실(관객) 사이에 하나의 관계를 형성한다. 논리적으로 공연의 공간에 대한 점유 방식이 변화되었다. 배우들이 예전에 비가시적인 것에 남겨졌던 공간, 즉 무대-천막을 차지한다. 상징적인 경계의 의미는 근본적으로 변화되고, 한편으로는 관객과 연기하는 배우 사이에, 다른 한편으로는 무대에 보이는 등장인물과 무대 밖에 있어서 보이지 않는 인간이자 배우 사이에 있는 허구와 현실 사이의 경계가 된다.

저자와 배우처럼——그리고 19세기말 이후 연출가처럼——무대 장식 기술자는 안내인이자 중개인으로서 상상을 위한 자유의 공간을 창안하고 공연과 만남, 연극이 있도록 한다. 잘 알려진 첫번째 무대 장식 기술자는 아마 모세일 것인데 그에게 신은 **스케네**의 공간을 조직하도록 임무를 맡겼고, 그곳에서 신은 히브리인들에게 나타나기를 원했던 것이다.

용 어

거리의 초점(Point de distance(D)): 무대 배경 그림의 도면과 45°의 각도를 형성하는 직선의 교차점. 예를 들어서 달리 말하자면 수평과 전면이 이루는 사각형의 대각선이 교차하는 점. 이 점은 수평선 위, 주된 거리와 동일한 거리인 소실점의 무대 배경 그림 도면에 위치한다. 거리의 초점 위치의 변화는 깊이와 거리, 그리고 근접성의 느낌을 주는 여러 가지 조작을 가능케 해주는데 **짧거나**(완만한) **긴**(급한) 원근법으로서 무대 배경 그림(또는 무대 배경 장치)의 관찰자가 움직이지 않더라도, 즉 주된 거리에 머무른다고 해도 그러하다. 영화에서 짧은 원근법에 해당하는 경우는 근경(gros plan), 긴 원근법은 원경(plan éloigné)이라고 한다. 거리의 초점에 관련된 구축 문제에 대해서는 로베르 클라인, 《형태와 인지》 중에서 〈폼페이우스 가우리쿠스와 그의 원근법에 대하여〉라는 장, 갈리마르, 〈텔〉 총서, 파리, 1970, p.238 sqq 참고. 존 화이트, 《회화적 공간의 탄생과 재생》, 파리, 아당 비로, 1992, VIII장, p.127 sqq.

관점(Point de vue): 화가나 무대 장식 기술자가 생산하고자 원하는 오브제를 재현하기 위해서 위치하는 이론적 장소이다. 오브제의 외관과 이것들의 재현은 이 자리에 따라 변화한다. 오브제가 관찰자의 눈에서 멀리 있을수록 그 재현의 크기는 줄어든다. 이상적으로는 원근법으로 인한 환상이 있기 위해서 관찰자는 화가가 그림을 그릴 때 취하는 자리, 즉 그가 화가의 시점을 선택할 때 선택해야만 하는 자리를 점해야 한다. 극장에서 이 이상적인 자리는 **왕의 좌석**이라고 불렸다. 이탈리아 건축가─무대 장식 기술자들은 관객이 경사 좌석에 나누어 앉아 있을 때 본래 이 자리를 무대와 객석의 대칭축에 무대보다 약간 더 높은 곳에 위치하도록 했다. 원근법은 이 이상적 관점을 위해서 구성되었다.

16세기와 그리고 때로는 17세기초에도 원근법으로 된 배경을 발전시키기 위해서 무대 장식 기술자는 무대의 안쪽 벽 중간에, 왕의 눈높이에 못을 박으면서, 그리고 다른 하나는 객석에 왕의 눈의 자리에 못을 박으면서 그 소실점의 흔적을 설정했다. 두 개의 못은 이를 모아서 실로 팽팽하게 연결함으로써 왕의 시선을 물질화하면서 안점으로 사용되었다. 그리고 지붕의 뼈대 · 창문들 · 발코니 · 현관 등의 다양한 소실점들은 상수 쪽 섀시는 하수에, 하수 쪽 섀시는 상수에 놓여진 촛불로 밝혀진 안점의 실이 섀시 위에 만드는 그림자에 의해 만들어졌다.

관점적 피라미드 또는 시각적 피라미드(Pyramide optique ou pyramide visuelle): 무대 배경 그림 또는 극장 틀의 양측을 바탕으로 하고 관객의 눈을 정점으로 하는 피라미드. 이 피라미드의 각은 이론적으로 주된 시각의 광선과, 즉 무대 배경 그림의 화면에 대해서 이상적인 관객의 눈을 수직으로 이끈 직선 부분과 일치한다. 이 부분은 **주된 거리**라고 불린다.

교회의 본전을 둘러싼 낮은 울타리(Chancel): 중앙 홀과 교회의 합창단을 구분하는 난간. 확장에 의해서 낮은 울타리에 의해 둘러싸인 중앙 제단을 포함하는 합창단 부분을 지칭한다.

기하학적 원근법 또는 선적 · 원추적 · 인위적 원근법(Perspective géométrique ou linéaire ou conique ou artificille): 유클리드 기하학의 원칙에서 출발한 것으로, 한 표면 위에 삼차원으로 된 오브제의 모습을 제공하는 형상을 인간의 시각과 유사한 방식으로 재현하게 해주는 기술을 말한다. 예를 들자면 페르디난도 비비에나*가 《이론적 원근법의 지침》——볼로냐대학생들을 위한 개론서——에서 내린 정의를 인용할 수 있겠다. "원근법은 화가에게 하나의 표면——화폭이나 종이 또는 벽——에 그것이 건축물이거나 형상, 경치 또는 다른 것이건 간에 눈이 볼 수 있는 모든 것의 거리를 선을 이용하여 재현하도록 해주는 눈의 즐거움을 뜻한다. 이 예술은 건축가나 화가 · 조각가, 그리고 그림을 좋아하는 모든 사람들에게 필수 불가결하며 건축물의 초안으로 사용되는 그림을 가지고 한눈에 건물의 도면과 높이, 안과 겉을 보게 해주기 위해서는 이보다 더 중요한 건 아무것도 없다. 눈과 사고의 도움과 손의 실천적 개입으로 빛의 효과에 대한 지식 덕분에 원근법은 우리의 눈이 볼 수 있는 모든 것의 외관을 한눈에 볼 수 있게 해준다."

깨진 섀시들(Châssis brisé): 최소한 두 개의 면으로 구성된 섀시를 지칭하는 전문 용어. 일반적으로 이 중의 한 면은 전면을 향하고 있고, 다른 면은 첫 번째 것과 비교하여 비스듬하게 놓여진다.

나오스(Naos): 그리스 신전의 중앙, 내부 부분으로 그리스에서는 프로나오스와 신상이 보관되어 있는 내진 사이에 위치한다.

대살육(Hécatombe): 1백 마리의 소를 희생 제물로 바치는 것. 이후 의미가 확장되어 많은 수의 거세하지 않은 황소나 거세한 수소를 지칭한다.

돋을새김(Élévation): 건축 용어 중 이 용어는 한 입체의 여러 면들 중에서 한 면을 이 면과 평행하는 수직면 위에 그림으로 재현한 것을 지칭한다.

디티람보스(Dithyrambe): 고대 그리스에서 디오니소스 신을 위한 노래와 서정적 시. 의미가 확장되어 열광적이고 과장된 서정적 시를 지칭한다.

레넨(Lénéennes): 포도 압착기 축제. 이 축제가 행해졌던 디오니소스 신전인 그리스어 **레나이온**에서 유래. **레나이**란 바쿠스의 여 사제들을 지칭한다. 이 명칭에 공통되는 어근인 **레나이오스**는 속이 텅 빈 물건(꽃병이나 나무상자 등), 특히 포도 압착기를 지칭한다.

모서리 깎기(Épanneler): 돌이나 대리석 덩어리를 도면에 따라 깎고 다듬어서 주제의 형상을 드러내는 것.

무대 배경 그림의 도면(Plan du tableau): 오브제의 이미지가 재현된 표면. 이것은 그림의 크기에 의해 제한된다(그림을 액자에 의해 돋보이게 하는 것은 원근법의 사용이 일반화되던 르네상스 시기에 서서히 생겨났다).

바보극(Sottie ou sotie): 광대 의상을 입은 배우들에 의해 공연되는 풍자적 성격의 소극으로, 당시 사회의 알레고리인 상상적인 '바보 민중'을 여러 인물로 표현한다.

반합창대(Contre-Chœur): 교회 건물 전면부에서 합창단의 반대쪽에 위치한 제단을 포함하는 교회의 한 부분. 반합창대는 일반적으로 높은 심층

부에 의해 단이 높여져 있거나 현관 위쪽으로 커다랗게 벌어진 연단에 위치한다.

사제가 미사 때 목에 두르는 흰 천(Amict): 12세기부터 가톨릭 예배식에서 사용된 사각형의 흰 천으로 사제가 미사를 집전하기 위해 그의 목에 두르는 장백의(사제가 미사 때 걸치는 장백의(長白衣))와 성스러운 장식.

성상벽(Iconostase): 정교회의 교회에서 이미지나 성상으로 장식된 일종의 칸막이로서 사제가 집전하는 성소와 신자석이 있는 중앙 홀을 구분한다. 성상벽의 중앙에 있는 문은 그리스의 **스케네**처럼 왕의 문이라고 불린다. 성상벽은 창조된 것과 창조되지 않은 것의 경계를 표시한다.

수평선(Ligne d'horizon(HH')): 화면 위에 관객의 눈을 지나가는 상상의 수평선을 투사하는 것. 수평선의 보통 높이는 서 있는 관찰자가 보았을 때 지면에서 1.5미터나 1.6미터 정도이다. 이 수평선을 높이거나 낮추는 것에 따라서 시선은 위로 올려다보거나 아래로 내려다보게 된다. 알베르티는 이를 다음과 같이 정의한다. "두번째 선을 어떤 이들은 시야라고 하고, 또 어떤 이들은 수평선이라고 부르는데 수평선에서 우리의 전망이 끝나는 만큼 지평선이 정확한 용어이다."(《그림에 관하여》, 피렌체 1435, fol. 25*a*) 무대 배경이 왕의 좌석을 위해서만 조직되는 것이 아니라 더 많은 수의 관객을 위한 것이 된 이후에 일반적인 법칙은 극장에서 수평선을 무대 첫번째 면의 바닥에서 1.3미터 위에 위치시키거나 또는 오케스트라에 있는 관객의 눈과 첫번째 발코니의 관객의 눈 사이에 중간쯤의 높이에 위치시키는 것이다. 이탈리아식 극장에서는 이 이론적인 높이는 20 또는 30센티미터 정도(게다가 경사진 무대에서는 70센티미터)가 부족해서 배우들이 전체적인 공간의 구성이나 무대 배경 그림에 통합되기 위해서는 오케스트라의 관객에게는 1.3미터가 부족하고, 갤러리의 관객에게는 약 2미터가 부족하다. 그러나 수평선은 이론적인 출발점으로 선택된 것인데, 그 이유는 특정한 누구에게 적용된 것이 아니기 때문에 잘되면 가능한 많은 수의 관객 시점을 만족시킬 수 있다. 그리고 모든 규칙이 그러하듯 이 규칙도 자주 위반된다. 극장에

서 시점의 선택에 대한 일반적인 규칙에 대해서는 피에르 송렐, 《무대
장식 기술 개요》, 파리, 연극 서점, 1984, 27장, p.236 sqq.

신비극(mystère): 라틴어 ministerium(기능 · 직업 · 성직)에서 파생한 것이
지, mysterium(용어의 신학적 의미에서의 신비)에서 파생한 것이 아니다.
그러므로 본래 이 단어는 신비(mystère)라는 신학적 개념을 지칭하는 것
이 아니라 차라리 하나의 공적인 직분으로 예수의 수난이나 성서에서
이끌어 낸 에피소드를 연출하거나 실현하는 것을 의미한다고 하겠다.
이 두 단어가 중세에 음성적이나 철자상으로 동등했다는 것 때문에 두
의미가 겹쳐지는 결과를 가져왔고 결국 오늘날 성사극(mistère), 즉 15
세기부터 공연되어 온 성사에 관한 대본을 지칭하기 위해서 mystère 라
는 철자를 사용하는 것으로 일반화되었다. 프랑스에서는 첫번째 전문
배우 극단은 1406년 샤를 6세의 보호하에 구성되었다. 극단의 이름은
우리의 구원자이자 대속자인 예수 그리스도의 수난과 부활을 위한 조
합이었다. 같은 시기에 일부 성사극은 도시에 거주하는 비전문배우들
에 의해서 공연되었다. 1548년 신비극의 공연을 금지하는 파리의회의
명령에도 불구하고 조합원들은 극장 공연의 독점권을 유지했다. 1548
년부터 그들은 오텔 드 부르고뉴에 자리잡고 극장을 유랑극단에 대여
했다.

안마당 쪽과 정원 쪽(Cour et jardin): 무대의 좌우측을 분명하게 지칭하기
위한 전문 용어. 안마당 쪽은 무대를 마주 보는 관객이 보아서 오른쪽
에 있는 무대 방향을 말한다. 정원 쪽은 위의 관객의 왼쪽에 있는 방향
을 말한다. 이 두 표현은 프랑스에서만 사용되는 것으로 17세기말에 생
겨났는데, 루브르 궁에 비가라니가 지어서 1662년에 개관한 커다란 극
장인 살데마신의 상황에서 비롯한 것이다. 즉 살데마신은 튈르리 궁 별
채의 한 장소를 길게 차지하고 있었는데, 그 한쪽은 궁전의 '정원'을
면하고 있었고 다른 한쪽은 카루젤의 '안마당'에 면하고 있었다. 정원
쪽과 안마당 쪽을 틀리지 않도록 기억하는 두 가지 방법이 있다. 관객
은 지저스 크라이스트(Jésus-Christ)의 이름을 시각화하면 되는데 왼쪽

의 J는 정원 쪽이고, 오른쪽의 C는 안마당 쪽이다. 배우들에게 안마당 (Cour) 쪽은 심장(Cœur)이 있는 쪽이다.

열광(Enthousiasme): 이 용어는 그리스어 entheos, 즉 신적인 흥분에 사로잡 히거나 신에 의해 영감을 받은 상태, 그리고 enthousia, 즉 신적인 영감 을 뜻한다.

저부조(Bas-relief): 균일한 바닥 위에 약간 돌출되도록 조각한 작품. 이와 비교하여 이보다는 약간 더 돌출되는 중간 부조(moyen-relief) 또는 돌 출부가 이보다 더욱 강조되지만 그렇다고 해서 바닥과 분리되지는 않 는 고부조(haut-relief)가 있다. 이 세 가지 방식의 조각은 바닥과 완전히 분리되는 입체 조각(ronde-bosse)과 구분된다.

전면 직선, 또는 전면(Droite frontale, plan frontal): 그림이나 그림의 평행 한 면에 포함된 직선이나 면. 전면 직선은 원근법이 없다. 즉 그 소실 점이 무한대에 위치해 있고 원근법으로 된 재현은 전면 직선의 사이에 평행한 채로 있다. 전면 직선은 재현에서 그것이 수평적이라면 수평선 에 의해서 형상화되고, 그것이 수직이라면 수직선으로 형상화된다.

전면 토대 또는 서쪽 토대 또는 안테글리즈: 교회에서 성가대의 배치와 반대되는 끝쪽에 길게 연장된 도면의 구조상의 배치 전체. 흔히 탑·현 관·연단·중앙 공간의 첫번째 열, 그리고 드물게는 성가대 반대쪽*도 포함한다. "전면 토대는 중앙 홀을 포함하지 않는다."(장 마리 페루즈 드 몽클로).

주된 거리(Distance principale): 관찰자의 눈에서 그림의 면으로 직각이 되 도록 이르는 직선 부분의 길이.

주된 소실점(Point de fuite principal(P)): 무대 배경 그림을 관찰하는 사람 의 눈으로 낮추어진 수직선의 발치. 그래서 이것은 관찰자의 눈을 마 주하는 수평선 위에 위치한다. 전면 원근법의 경우에 이것은 무대 배경 그림의 면과 수직인 직선을 재현하는 교차점으로 **직교**라고 불린다. 주 된 소실점은 때로는 **관찰점**, **시점** 또는 단순히 **눈**이라고 불렀다. 이론 적 개론서에서 도면에 **OE**[눈을 뜻하는 œil의 첫 글자-역주]라고 표기된다. 소실점은 무한대의 기하학적 재현이다. 영국인들은 이것을 **사라지는 점**, 또는 시각 또는 의식의 소멸점이라고 재미있게 표현한다.

주의 공현(Épiphanie): 신 또는 신성의 현현. 의미가 확장됨에 따라 숨겨진 무엇인가가 드러나는 것을 지칭한다.

지평선(Ligne de terre(TT)): 무대 배경 그림의 바닥. 극장에서는 무대와 무대 배경 그림의 면간 교차이다. 연극의 원근법이 무대 틀의 볼륨 내부에 여러 면으로 나누어져 있기 때문에 이탈리아식 극장의 무대 배경 지평선은 여러 개가 있다. 이탈리아식 무대의 경사는 원근법으로 된 무대 배경 그림 속의 바닥을 공연 공간 속에 옮겨 놓은 것이다. 흔히 회화에서 선의 인위성에 얻어지던 것을 무대의 물질적 건축의 현실에 의해 얻는 일종의 눈속임인 것이다. 무대의 경사는 회화의 원근법과는 달리 연극적 원근법이 공간 속에 펼쳐지기 때문에만 존재한다. 현실——무대 틀의 부피감——과 허구——원근법에 의한 부피감의 재현——가 뒤얽히는 현상이 존재하는 것이다. 현실의 일부와 허구의 이러한 뒤얽힘은 항상 문제를 제기했다. 지평선의 수가 많다는 문제——섀시의 계속되는 수만큼 지평선이 존재한다——와 그로부터 일어나는 진실다움의 부족은 무대 장치 기술자에 의해서 결코 진정으로 해결되지는 못했다. 비비에나는 《이론적 원근법의 지침》 예순네 개의 작업에서 하나의 해결책을 제시한다. 그는 지평선 위에 위치한 건축물의 모든 선을 원근법 없이 선을 그을 것——즉 소실점으로 수렴됨 없이——을 추천한다. 이탈리아식 무대의 일반적인 경사는 4퍼센트이다. 어떤 극장은 파리의 오페라-가르니에처럼 6.5퍼센트에 이르는 더 심한 경사를 가진 경우도 있다.

파르스(Farce): 1476년부터 파르스(몇몇 요리 속에 채워넣는 다진 고기)에서 파생한 의미로서 심각한 극에 도입된 짧은 희극적 막간극. 의미가 확장되어 단순한 줄거리와 일상적이거나 우스꽝스러운 어조를 가진 희극적 소극을 지칭한다.

평면적 원근법(Perspective plane): 기술적인 면에서 한 도면에 공간을 기하학적으로 투사하는 것, 그리고 유클리드*에 의해 언급된 원칙이 시도하고 실현하는 작업. 유클리드의 개론서는 원근법적 구축의 기본이 된다.

합창단장, 무용단의 지휘자(Chorège): 고대 그리스에서 연극 공연을 위해 자신의 비용으로 무용합창단을 조직하는 책임을 맡은 시민.

인명 사전

(이 사전에서는 학생들에게 잘 알려지지 않은 인물들만을 인용한다.)

데모크리토스(DEMOKRITOS)(기원전 약 460-370년경): 그리스의 철학자
이자 수학자. 레우키포스의 제자로서 원자론의 주요 대표자였다.

루이, 루이 니콜라, 일명 빅토르(LOUIS, Louis Nicolas, dit Victor)(1731-
1811년경): 프랑스 건축가. 석수장의 아들로 그는 왕립건축학교에서 수
학했고 1755년 로마대상을 수상했다. 이탈리아에서 돌아와서는 리슐
리외 백작이나 미래의 필리프 에갈리테인 필리프 오를레앙 같은 영향
력 있는 인사들의 보호를 받았다. 그는 1770년 보홀 드 토레(Vauxhall
de Torré)에 있는 연회실을 재정비했고 1773-1780년까지는 브장송 시
청사, 1785년에는 팔레루아얄에 있는 테아트르 프랑세(현재 코메디 프
랑세즈) 등을 지었다. 그는 최초로 극장을 삼등분하여 지은(응접실과 큰
계단/객석/무대) 건축가 중의 한 명이며 이런 구성은 특히 1875년 개관
한 파리 오페라 극장을 지은 샤를 가르니에에 의해서 다시 사용되었다.

르 브룅, 샤를(LE BRUN, Charles)(1619-1690년): 프랑스 화가 · 실내 장식
가 · 이론가. 조각가인 부친에게서 수학하며 시몽 부에의 아틀리에에
입문했다. 1642년 그는 로마로 간다. 르 쉬에르와 함께 랑베르 저택에
서 작업했다(1649년). 마자랭, 그리고 이어서 콜베르의 지원을 받아
1662년 왕의 수석화가가 되었고, 이후 당시 장식 융단 밑그림(〈알렉산
드로스 역사〉 〈왕의 역사〉 등)을 제공하던 고블랭 직물(양탄자)과 왕의 가
구 제조사의 감독이 된다. 그는 보 르비콩트[총감 니콜라 푸케의 성-역
주]의 성 장식을 맡았다(1658-1661년). 베르사유 성 공사에서는 대사의
계단(1674-1678년)과 거울의 방(1678-1684년), 그리고 전쟁의 방
(1684-1687년)을 만들었다. 아카데미에 의존하면서, 그리고 이후에는

로마에 있는 아카데미 드 프랑스에 의존하면서 고대 모방과 라파엘로의 모방에 기본을 둔 엄격한 규칙을 부과하고자 애썼다.

마흘로, 로랑(MAHELOT, Laurent); 17세기 프랑스 '실내 장식가.' 그는 1633-1634년 사이에 오텔 드 부르고뉴에서 공연된 71편의 공연에 크로키를 덧붙여서 기록을 남겼는데, 이는 초기 고전주의 연극의 소중한 자료가 된다. 이 기록은 1686년까지 다른 무대 장식가에 의해서 계속되었다.

말로, 크리스토퍼(MARLOWE, Christopher)(1564-1593년): 영국 극작가. 셰익스피어와 같은 해에 태어났으며 연극이 우대를 받았던 케임브리지에서 수학했다. 정치인이자 연극인으로 그는 29세에 복수의 희생자로 사망했다. 남아 있는 그의 작품 중에서 《탬벌레인 대왕》(1587), 《에드워드 2세》(1592), 《포스터스 박사의 비극》(1588), 성 바르텔레미의 사건에서 영감을 얻은 《파리의 대학살》 등이 있다.

몽도리, 기욤 데 질베르의 가명(MONDORY, pseudonyme de Guillaume des GILBERTS)(1594-1667년): 프랑스 배우이자 극단장. 부유한 가정의 아들로 태어나서 18세에 발르랑 르 콩트 극단에 들어갔으며 네덜란드까지 공연 여행을 떠났다. 1629년에 그는 르 누아르와 함께 베르토 골목의 실내 정구장에서 극단을 이끌었는데 여기에서 코르네유의 《멜리트》가 성공적으로 초연되었다. 그는 로트루 · 메레 · 스큐데리의 극을 연기했다. 리슐리외의 보호를 얻은 이후에는 1634년 마레 극단을 창설했다. 그는 《메디아》의 이아손, 《연극적 환상》의 클랭도르, 코르네유의 《르 시드》의 로드리그, 스큐데리의 《시저의 죽음》에서 브루투스, 그리고 마지막 역할이었던 트리스탕 레르미트의 《마리안》에서 에로드 역할을 성공적으로 연기했다. 그는 1637년 뇌졸중으로 쓰러져 추기경의 연금을 받으며 무대를 떠나야만 했다. 샤푸조에 따르면 그는 '자기 시대에서 가장 능란한 배우 중의 한 명'이었다.

바르바로(BARBARO): 16세기 이탈리아 건축가이자 인문주의자. 특히 원근법에 대한 개론서의 저자이자 비트루비우스를 번역했다.

바사리, 조르조(VASARI, Giorgio)(1511-1574년): 이탈리아의 화가·건축가·작가. 그는 1550년 출간한 예술에 대한 역사서 《이탈리아 최고의 건축가·화가·조각가의 생애》의 저자이다. 바사리는 이 책에서 르네상스에 대한 강한 생각을 폭넓게 개진하고 있는데, 그에 따르면 중세 예술은 고대의 고전주의와 르네상스를 가르는 암흑기의 산물이라는 것이다. 이 생각은 그다지 진척되지 않았다.

버비지, 리처드(BURBAGE, Richard)(1567년경-1619년): 영국 배우. 배우 제임스 버비지의 아들로 1596년 글로브 극장의 기초를 세웠다. 셰익스피어와 연계하여 그의 작품을 연기한 유명한 배우 중의 한 명이다.

벤 존슨, 벤자민(BEN JONSON, Benjamin)(1572-1637년): 영국 극작가이자 시인. 그는 웨스터민스터 학교를 다녔는데 거기에서 윌리엄 칸덴의 제자였고, 그후 군대에 입대하여 플랑드르에서 전쟁에 참가했다. 영국으로 되돌아와 16세기말에 유랑극단에 입단했다. 그의 첫번째 작품인 《개의 섬》은 1597년에 초연되었는데 권력층으로부터 "추잡한데다 중상적이며 불온한 이야기"라는 평가를 들었다. 이후 그의 경력은 법정과 수많은 소송과 공방으로 점철된다. 그는 1598년 챔벌레인 경의 극단이 공연한 《모두 기분이 언짢아》로 큰 성공을 거둔다. 그는 여러 극단을 위해 작품을 썼다. 공공 극장을 위해서 쓴 작품으로는 《달[月]의 여신의 향연》(1601), 《사이비 시인》(1601), 《시저너스》(1603), 《볼포네》(1606) 등이 있다. 그는 또한 궁정에서 공연된 가면극도 썼는데 《어둠의 가면극》(1606), 《미의 가면극》(1608), 《오베론》, 《복수당한 머큐리》(1615), 《미덕과 화해한 쾌락》(1618) 등이 있다.

불레, 피에르(BOULET, Pierre)(1740-1804년): 프랑스 기계 기술자. 오페라 극장과 기계 장치를 위한 좋은 건축에 있어서의 규칙을 글로 남긴 것으로 유명하며 때로는 건축가들과 격렬하게 대치했다. 그는 루이 15세 극장의 부감독관으로 일했으며 왕의 극장의 기계 기술자(1777년)이자 파리 오페라 극장의 기계 기술자였다. 그는 포르트 생마르탱 오페라의 임시 극장을 지었고(1781년), 베르사유의 몽탕시에 오페라의 기계 장치를 만들었으며(1777년), 튈르리 극장과 포부르 생제르맹에 있는 프랑세 극장의 기계 장치를 만들었다.

브루넬레스키, 필리포(BRUNELLESCHI, Filippo)(1377-1446년): 피렌체 출신의 건축가이자 이론가. 젊은 시기에는 조각가이자 금은세공사였다. 그는 원근법에 관심을 가졌다(이른바 **타볼레타** 체험, 1415년, 제5장 참고). 건축 작품으로는 교황당파의 궁전(1417년), 피렌체 대성당의 둥근 천장(1420년부터), 어린이 양육원(1421-1424년), 산타크로체 교회 옆에 있는 파치 예배당(1430-1444년), 산로렌초 교회(1421-1446년), 산토스피리토 교회(1436-1446년)와 산타마리아델리안젤리 교회(1434-1437년) 등이 있다. 그는 비트루비우스에 대한 개론서가 몽 카생에서 발견되고 발간된(1414년) 시기인 1417년부터 건축을 시작했다. 브루넬레스키의 공적은 르네상스의 이상에 형식과 육체를 부여한 것에 있다.

비가라니, 가스파르(VIGARANI, Gaspare)(1588-1663년): 이탈리아 건축가이자 무대 장식 기술자. 이탈리아에서 모데나와 여름 궁전에서 있었던 왕의 축제를 위해 만든 무대 배경과 기계 장치에서 보여준 능력으로 인해 매우 좋은 평가를 받았다. 그는 마자랭에 의해 1659년 파리로 부름을 받았고 마자랭은 튈르리 궁전의 살데마신 개조 작업에서 그를 토렐리보다 더 선호했다. 프랑스 예술가들이 그에게 보여준 적대감과 1662년 살데마신 개관을 위해 카발리의 〈연인의 학교〉와 륄리의 발레를 위해 만든 무대 장치가 그다지 성공을 거두지 못한 것 때문에 실망하여 1662년 다시 이탈리아로 되돌아간다.

비가라니, 카를로(VIGARANI, Carlo)(1623-1713년): 가스파르 비가라니의 장남으로 이탈리아 건축가이자 무대 장식 기술자. 그의 부친과 파리에 도착해 이곳에 머물면서 궁전에 임시 극장을 지었으며(생제르맹 1666년과 1670년, 베르사유 1668년) 몰리에르와 공동 작업을 하거나(〈엘리드 왕비〉 1664년, 〈조르주 당댕〉 1668년, 〈기분으로 앓는 사나이〉 1674년), 륄리(〈베르사유의 사랑의 신과 바쿠스의 축제〉 1668년, 〈알세스트〉

1674년, 〈아티스〉 1676년) · 라신(〈이피제니〉)의 작품에서 작업했다. 1680년 이후에도 그는 왕을 위해 일했으나 베랭의 성공에 추월당했다.

비비에나(갈리 다 비비에나, 일명 비비에나)(BIBIENA(GALLI DA BIBIENA, dit BIBIENA)): 이탈리아 무대 장식 기술자 · 화가 · 건축가 가문으로 유럽 전역에서 4대에 걸쳐 조반니 마리아 갈리, 일명 베키오(1618-1665)가 활동한 17세기 중반에서부터 카를로 치냐니(1728-1787)가 빈에서, 그리고 그의 형제인 페르디난도 안토니오가 드레스드에서 18세기말까지 지속적으로 활동했다. 페르디난도 갈리 다 비비에나(1657-1743)는 그들 중에서 가장 유명한데 조반니 마리아의 맏아들로 화가이자 건축가, 무대 장식 기술자로 1674-1675년 파노에서 토렐리와 함께 포르투나 극장의 무대 배경의 제작에 참여했다. 1687년 파르마 공작은 그에게 궁정화가의 칭호를 수여했고, 1697년 공작의 제1건축가로 임명되었다. 1687년 피아첸차의 두칼레 극장 재개관 때 그는 **각을 사용한** 첫 무대 배경 장치로 큰 성공을 거두었다(오페라 〈디디오 줄리아니〉). 1708년 여전히 파네제를 위한 일로 그는 공연과 축제의 책임자로서 바르셀로나로 떠난다. 이탈리아로 돌아왔을 때 1711년 건축과 원근법에 대한 첫번째 개론서인 《민간 건축》(파르마 페르 파올로 몬티, 1711)을 발간했다. 빈에서 그는 매우 훌륭한 공연을 제작했고 1717년 오스트리아 카를 6세의 제1극장 건축가의 칭호를 얻었다. 무대 장식 기술이나 화가의 일을 병행하며 많은 시간을 개론서를 발간하거나 볼로냐의 아카데미아 클레멘티나 교육에 바쳤다. 그는 이탈리아식 극장의 무대 배경에 원근법의 새로운 사용을 도입했는데, '각도 위의 시선' 이라는 이 기술은 원근법에 대한 자신의 개론서에서 이론화한 것이다(1711년과 1735년).

비트루비우스(마르쿠스 비트루비우스 폴리오)(VITRUVIUS(Marcus Vitruvius Pollio)): 로마 건축가(기원전 1세기). 율리우스 카이사르 시대 군인 엔지니어이자 파눔 교회의 건축가. 그는 아우구스투스에게 헌정된 개론서 《건축 십서(十書)》를 썼는데, 이 책에서 그는 로마 건축에 있어서 그리스와 헬레니즘의 유산을 체계화했다. 즉 비율, 쇠시리 장식의 윤곽 묘사, 질서 등이 그것이다. 이 개론서는 로마 건축에 대한 절대적인 이론적 참고서로서, 뒤를 이어 특히 이탈리아 르네상스 건축가들에 의해 무수히 이용되고 해석되었다.

샤푸조, 사뮈엘(CHAPPUZEAU, Samuel)(1626-1701년): 프랑스 작가. 파리 의회의 변호사로 여행가이자 박학자이다. 낭트 칙령을 취소할 때 그는 독일로 피신하여 브룅슈비크 백작에게 몸을 의탁했다. 《번성기의 리옹》(1656년, 몰리에르에 대한 그의 기록으로 인해 일종의 귀중한 연감)과 《프랑스 극장》(1674)을 저술했다.

세네카, 라틴명 루키우스 안나이우스 세네카(SENECA, en latin LUCIUS ANNAEUS SENECA)(4-65년): 로마 정치인 · 작가 · 철학자. 그는 로마에서 스토아 철학을 공부했다. 그는 변호사 · 재무관, 그리고 네로의 스승이었으나 네로는 그를 피종의 음모에 연루시켜서 자결하도록 명했다. 그의 작품으로는 비극(〈메디아〉 〈트로이의 여인들〉 〈페드르〉 〈아가멤논〉 등), 철학개론서, 그리고 과학서(《자연의 의문들》)가 있다.

세르반도니, 조반니 니콜로(SERVANDONI, Giovanni Nicolo)(1695-1766년): 이탈리아 출신의 프랑스 건축가 · 화가 · 무대 장식 기술자. 조반 파올로 파니니의 제자로 로마에서 수학했다. 그의 제자들과 계승자들 ——샤를 드 와일리 또는 장 루이 데프레——과 함께 그는 건축가 · 화가 · 무대 장식 기술자 · 기계 장치가를 겸하는 마지막 예 중의 한 명을 대표한다. 그는 프랑스에 각도 조망을 이용한 무대 배경 방식을 전파했다. 1730년 륄리의 〈파에통〉이 성공을 거둔 후에 그는 왕립아카데미 화가이자 조각가가 되었다. 그는 튈르리 궁전의 살데마신 극장의 건축인가를 얻었다(1738-1757년). 또한 그의 작품으로는 파리 생쉴피스교회의 전면을 들 수 있다.

세를리오, 세바스티아노(SERLIO, Sebastiano)(1475-1554년): 이탈리아 건축가 · 조각가 · 화가. 그는 1540년 프랑수아 1세에 의해 프랑스로 부름을 받고 건축 개론서들을 계속 발간하는데 《원근법에 대한 두번째 책》의 10여 페이지는 연극에 대한 내용을 다룬다. 특히 비트루비우스에게 영감을 받아서 세를리오의 작품은 이른바 **이탈리아식** 극장의 점진적 발전에 중요한 단계를 기록한다.

소포클레스(SOPHOCLES)(기원전 496-406년): 아테네 비극 시인. 그는 1백23편의 비극을 썼는데 그 중 3분의 2가 일등상을 받았다. 그는 우선 살라미스 해전의 승전을 축하하는 청년합창단에서 두각을 드러냈다. 그는 관중 앞에서 춤을 추고 키타라를 연주했다. 그는 공적인 삶에서 중요한 역할을 담당했다. 그의 비극 중에서 일곱 편만이 전해진다. 〈트라키스의 여인들〉〈안티고네〉〈아이아스〉〈엘렉트라〉〈필록테테스〉〈콜로노스의 오이디푸스〉가 있다.

수플로, 제르맹(SOUFFLOT, Germain)(1713-1780년): 프랑스 건축가. 그는 1735-37년까지 로마에 체류했으며 이후 리옹에서 일했고 코생과 함께 다시 이탈리아로 떠났다. 다시 프랑스로 돌아와서 많은 공공 주문을 받았는데 현재 팡테옹인 생트준비에브 교회(1756-1767), 살데마신의 오페라극장(1764년) 등이 있다. 그는 신고전주의 운동에 많은 영향을 주었다.

스카모치, 비첸초(SCAMOZZI, Vicenzo)(1552-1616년): 위대한 인문주의 건축가 중의 마지막 한 사람. 그는 팔라디오와 산소비노의 작업을 계속했다. 그의 작품으로는 파도바의 성 가에타노 교회와 베네치아의 콘타리리 성(1619년), 베네치아에 있는 성 마르코 광장을 마감하는 새로운 행정장관 저택과 베네치아의 빌라들, 비첸차의 올림피코 극장의 마감, 그리고 사비오네타 극장(1588-1589년)이 있다. 1615년에는 《보편적 건축의 이념》을 출간했다.

시세리, 피에르 뤼 샤를(CICERI, Pierre Luc Charles)(1782-1868년): 프랑스의 극장 화가이자 무대 배경 화가. 4백 개 이상의 무대 배경을 그렸다(〈포르티치의 무제타〉, 1828년, 〈기욤 텔〉, 1829년, 〈악마 로베르〉, 1822 등). 그는 1815년 장인이자 화가인 장 바티스트 이자베에게서 파리 오페라 극장의 무대 배경 장식 직책을 물려받아 1848년까지 일했다. 게다가 그는 1836년 이탈리아 극장의 수석화가로 임명되었고, 동시에 공공 축제의 조직자 직책을 수행했다. 무대 배경 아틀리에——현행 내각의 건축가 겸 무대 장식 기술자 비서실에 해당하는——를 세운 후에 그는 파리의 오페라 극장 밖에서 일할 허가를 얻는다. 그는 파리에서 공식적인 대극장과 대로를 위해 실현된 무대 배경의 대부분을 다루었으며 코메디 프랑세즈에서 일했다.

아가타르코스 드 사모스(AGATHARCOS de Samos)(기원전 536-582년경): 그리스 화가. 아이스킬로스를 위해 무대 배경을 제작했고, 그의 동시대 사람들인 아낙사고라스, 데모크리토스와 함께 그 자신이 창안자로 여겨지는 무대 장식 기술에 대한 글을 썼다.

아낙사고라스(ANAXAGORAS)(기원전 500-428년경): 그리스 철학자. 밀레투스의 철학을 공부한 후 아테네에 30년간 머물면서 페리클레스·에우리피데스, 그리고 추측하건대 소크라테스 등을 제자로 삼았다. 페리클레스의 적에 의해 제기된 불경 소송으로 인해 아테네에서 추방되었다.

아리스토텔레스(ARISTOTELES)(기원전 384-322년): 그리스 철학자. 아테네에서 그는 이소크라테스의 지도를 받았고 플라톤의 제자가 되었다. 342년에는 마케도니아의 필리포스 왕이 자신의 아들 알렉산드로스의 교육을 맡겼다. 335년 아테네로 되돌아온 그는 철학을 가르쳤다. 알렉산드로스가 죽은 뒤 불경으로 단죄당하는 것을 피하고자 그의 학교를 테오프라스토스에게 주고 아테네를 떠나 칼시스에 가서 정착했다. 그는 백과사전적인 방대한 저작을 남겼는데 논리학 저작(《오르가논》이라는 제목으로), 철학(《형이상학》), 자연에 대한 저작과 생물학, 그리고 도덕적이고 정치학적인 작품들(《니코마코스 윤리학》《정치학》 등)을 포함한다.

아이스킬로스(AESCHYLOS)(기원전 525-456년): 아테네 비극 시인. 그는 기원전 500년에 연극에 입문했다. 비극 경연대회에서 처음 승리를 거둔 것은 기원전 484년이었다. 그가 공연한 여러 작품 중에서 현재 남은 것은 하드리아누스 대제 시대에 문법학자가 선정한 것들 뿐이다. 〈사슬에 묶인 프로메테우스〉〈탄원하는 여인들〉〈테베를 공격하는 7

장군〉〈페르시아 사람들〉〈오레스테이아〉를 들 수 있다.

아폴로도르스 다텐느(APOLLODORES D'ATHÈNES): 기원전 430-400년 사이에 활동한 화가.

아피아, 아돌프(APPIA, Adolphe)(1862-1928년): 스위스의 무대 장식 기술자 · 연출가 · 이론가. 바그너 연극의 연출에 대한 성찰에서 출발해 연극에서의 사실주의에 대한 비평가로서 그는 무대 예술을 혁신하기에 이르렀고 대본과 배우, 무대 배경에 있어서의 부피감, 조명에 중대한 혁신을 가져왔다.

안드루에 뒤 세르소, 자크 1세(ANDROUET du CERCEAU, Jacques I) (1510-1584년): 프랑스 건축가이자 판화가. 그의 두 판화집인 《프랑스 최고의 건축》은 1576년과 1579년에 출간되었는데 프랑스 르네상스 시기에 대한 중요한 증언이다. 바티스트와 자크 2세의 아버지이자 건축가 장의 할아버지이다.

알레오티, 조반 바티스타, 세칭 아르젠타(ALEOTTI, Giovan Battista, dit l'ARGENTA)(1546-1636년): 이탈리아의 건축가 · 무대 장식 기술자 · 수리학자. 그의 활동의 대부분은 에스텐세 데 페라라 가문을 위해서 행해졌다. 페라라에 있는 인트레피디 아카데미아 극장(1606, 1679년에 화재로 소실됨), 파르마의 대극장(1618-1628년), 산카를로 데 페라라(1612년), 아리오스토의 무덤은 그가 지은 것이다. 그는 《수문학 개론서 *Trattato di Hidroligia*》를 출간했다.

알베르티, 레옹 바티스타(ALBERTI, Leon Battista)(1404-1472년): 이탈리아 인문주의자이자 건축가. 저서 《가족에 관하여》(1437-1441년)에서 그는 그 자신이 다다르고자 했던 균형과 절도의 이상을 표현한다. 그는 물리학과 수학을 마치 도덕과 문학처럼 접근한다. 건축술은 그가 가졌던 다양한 관심사들의 수렴점이 되었으며, 그는 건축술을 자신의 저서 《건축론》에서 특히 도시의 예술로서 제시한다. 그의 지도하에 피렌체의 산타마리아 노벨라의 전면을 현대적으로 개조했다.

에우리피데스(EURIPIDES)(기원전 480-406년): 아테네 비극 시인. 그는 소피스트인 프로타고라스 · 프로디코스와 친분을 가졌다. 그는 기원전 455년 《펠리아스의 딸들》로 연극에 입문했다. 에우리피데스가 쓴 1백여 편의 작품 중에서 18편이 남아 있는데 《알세스트》《메데이아》《히폴리토스》《아울리스의 이피게네이아》《주신 바코스의 시녀들》《앙드로마케》《애원하는 여자들》《타울리스의 이피게네이아》 등이 있다.

엘리자베스 1세(ELISABETH Ire)(1533-1603년); 헨리 8세와 앤 볼린의 딸. 영국 여왕으로 1558-1603년 동안 재위. 그녀가 왕권에 오름으로써 영국 교회는 복원되었다(1559년 영국 국교 통일령). 영국에서 가톨릭파는 메리 스튜어트를 중심으로 모였다. 엘리자베스는 메리를 감옥에 가두고 처형하기 전에 스코틀랜드인들의 프로테스탄트 혁명을 지원했다. 네덜란드에 원조를 한 것은 스페인과의 10년 전쟁을 야기했다. 그녀의 임기는 해상권의 확장(인도회사의 설립 등)을 가져왔고, 산업의 발전과 농업의 변모, 그리고 예술의 번성으로 이어졌다. 의회의 역할은 축소되고 여왕은 점차 개인 권력을 강화하는 방향으로 향한다. 그녀는 왕권을 메리 스튜어트의 아들에게 계승했다.

유바라, 필리포(JUVARRA, Filippo)(1678-1736년): 이탈리아 건축가이자 무대 장식 기술자. 그는 1703년 로마에 자리잡았고 거기에서 카를로 폰타나를 만났다. 이 견습의 덕분으로 그는 '후기 바로크'라는 이름으로 불려진 양식의 대표자가 되었다. 1708년에 그는 포르투갈의 주앙 5세를 위해 마프라 궁전을 도안했으며, 1735-1736년에는 마드리드에 있는 왕궁의 도면을 그렸다. 토리노에서 그는 사부아의 빅토르 아메데 2세의 치하에 있었는데 그를 위해서 다섯 개의 교회와 왕의 거처 네 개, 왕궁 네 개를 지었고(카르미네 교회 1732-1736, 수페르가 교회 1717-1731, 마다마 궁전 1718-1721 등) 도시 계획을 위해서는 카르미네-코르소 발도코 거리(1716-1728), 밀라노-엠마누엘레 필리베르토 광장 거리를 만들었다. 그는 페르디난도 비비에나와 더불어 '각도'에 의한 원근법을 실천한 첫번째 무대 장식 기술자이다.

유클리드(EUCLIDE)(기원전 480-406년): 그리스 수학자로 프톨레마이오스 1세 치하의 알렉산드리아에서 강의했다. 그의 저서 《요소들》은 17세기까지 기하학의 기본서가 되었다.

제임스 1세(JAMES Iᵉ)(1566-1625년): 메리 스튜어트와 단리의 아들. 제임스 6세의 이름으로 1567-1625년까지 스코틀랜드의 왕이었고 1603-1625년 동안 영국의 왕이었다. 그가 왕위에 오름으로써 영국과 스코틀랜드의 통합이 성사되었고, 그는 이 통합을 확고히 하고자 노력했다. 신권을 부여받은 전제군주제의 이론가이다(《자유로운 전제군주국의 진정한 법》, 1598년, 《바질리칸 도론》, 1599년).

젠가, 제롤라모(GENGA, Gerolamo)(1476-1551): 이탈리아 건축가 · 화가 · 무대 장식 기술자. 루카 시뇨렐리의 제자였고 라파엘로의 친구인 페루진의 제자였다. 그는 주로 우르비노에 있는 로베레 가문의 궁정에서 작업했는데 백작의 건축사의 기능을 수행했다. 이 직책은 왕의 축제나 결혼식을 위한 무대 장식 기술 활동을 포함했다.

조토 디 본도네(GIOTTO di BONDONE)(1226?-1337년): 이탈리아 화가 · 조각가 · 건축가. 그는 아시시 · 파도바(스크로베니 교회의 프레스코화, 이른바 아레나 교회, 1305-1310년경) · 로마 · 피렌체(산타크로체 성당의 프레스코화, 1318-1325년경) · 나폴리에서 일했다. 그는 스승인 치마부에처럼 바사리나 단테 이후에 이탈리아 예술의 위대한 개혁자 중의 한 사람으로 여겨진다.

존스, 이니고(JONES, Inigo)(1572년경-1654년): 영국 건축가이자 무대 장식 기술자. 목공소에서 견습을 시작한 존스는 몇몇 풍경화로 윌리엄 드 팸브로크 공작의 후원을 받았으며 그 비용으로 이탈리아 여행을 했고, 특히 베네치아에서 이탈리아 대가들을 학습했다. 그는 거기에서 덴마크의 왕인 크리스티안 4세를 만났는데 왕은 그를 건축가로 삼았고, 이후 왕은 그를 스코틀랜드로 데리고 가 앤 여왕과 갈 왕자의 건축가가 되었다. 베네치아로 다시 여행한 후에 그는 1618년 '일반 감독관' 으로 임명되어 영국 왕립 건물의 수석건축가가 된다. 그의 건축은 팔라디오와 스카모치의 건축물에서 영감을 받았다(옥스퍼드에 있는 성 요한 성당의 남쪽과 북쪽 전면, 런던에 있는 성 바울 옛 교회의 전면, 화이트홀 연회장, 윌튼에 있는 필립 드 팸브로크 공작의 빌라, 코벤트 가든에 있는 성 바울 교회, 요크 계단 등). 제임스 1세를 위해 그는 기계 장치를 갖춘 오락 기획안을 그렸다(그 중 열세 개의 기획안이 남아 있다). 이탈리아 르네상스 건축물에 대한 그의 연구와 건축된 작품은 2세기 이상 영국 예술에 큰 영향을 미쳤다. 그는 영국 궁정에 이탈리아식 연극 무대를 도입하는 데 많은 기여를 했다.

찰스 1세(CHARLES Ier)(1600-1649년): 제임스 6세 스튜어트의 둘째아들로 영국과 아일랜드를 1625-1649년까지 통치한 왕. 1625년 루이 13세의 누이이자 가톨릭 신도인 프랑스의 앙리에타 마리아와 결혼한 것은 세인에게 충격을 주었다. 버킹엄을 암살한 후 '11년간의 독재'를 함. 1642년 기사들──특히 귀족에 편입된──과 '둥근 머리'──의회 의원, 도시 부르주아와 소상인들의 모임으로 크롬웰이 그 지도자였던──가 대치했던 내란이 시작되었다. 1649년 웨스터민스터에서 재판을 받았으나 찰스 1세는 법정의 권위를 인정하지 않았다. 그는 사형언도를 받고 교수형당했다.

치마부에(일명 첸니 디 페피)(CIMABUE(Cenni di Pepi, dit))(1240?-1302년): 토스카니 출신의 화가이자 모자이크 작가. 그는 중세 암흑기 이후에 단테와 바사리 위에 세워진 전통은 그로 하여금 이탈리아 예술의 '재생'의 기원이 되는 화가가 되도록 했다.

카이우스 플리니우스 세쿤두스, 일명 플린 랑시앵(CAIUS PLINIUS SECUNDUS, dit PLINE L'ANCIEN)(23-79년): 게르마니아 장교이자 베스파시아누스 황제하에서 스페인 지방대관으로 베수비오 화산 폭발 시 사망. 개론서(예술과 문법)와 《자연사》라는 백과사전의 저자로, 이는 당대의 지식을 집성한 것이다.

코생, 샤를 니콜라, 일명 젊은 코생(COCHIN Charles-Nicolas, dit le Jeune) (1715-1790년): 프랑스의 화가 · 조각가 · 장식가이자 미술작가. 루이 15세는 1739년 그를 궁정축제 기획자로 임명했다. 그는 왕의 축제와 의식을 맡았다(《작은 외양간의 장식축제》, 1745년). 또한 많은 책의 삽화와 첫머리 그림, 특히 《백과사전》의 그림을 도안했다. 수플로와의 이탈리아 여행(1749-1751년) 이후에 고대로 회귀를 시도했고, 신고전주의 양식을 부과하는 데 기여했다.

크레이그, 에드워드 고든(CRAIG Edward Gordon)(1599-1658년): 영국 연출가이자 이론가. 무대 배경의 사실주의와 배우의 심리적 연기에 반대하여 그는 연극 예술을 공간 속 움직임의 예술로서 옹호했다.

크롬웰, 올리버(CROMWELL, Oliver)(1599-1658년): 영국 정치인. 열성적인 청교도로서 감독주의, 그리고 이 체제를 장려했던 왕권의 적대자였다. 내란의 투쟁적 선봉자로서 의회에 의해 군대를 전적으로 재조직하는 임무를 맡았으며, 이들은 1645년 왕의 군대를 섬멸했다. 1649년 찰스 1세를 처형한 후 그는 새로운 공화국에서 권력을 행사하는 임무를 맡았던 국가위원회의 일원이 되었고 단일의회를 구성했으나 1665년에 해산된다. 1657년 그는 왕의 칭호를 받기를 거절했으나 '겸손한 청원과 충고'라는 칭호는 받아들였고, 이는 그에게 후계자를 선정할 권한을 주었다. 없어진 절대군주제보다 더욱 전제적인 체제 속에서 이는 일상생활과 예술에 억압적인 도덕주의의 영향력을 행사했다. 그의 아들인 리처드 크롬웰(1626-1712년)은 1658년 보호자(lord-protecteur)의 직책을 가지고 그를 계승했다. 군대와 의회 사이의 경쟁에 염증을 느낀 그는 1629년 직책을 사임한다. 이로 인해 전제군주제가 복고된다.

키드, 토머스(KYD, Thomas)(1558-1594년): 영국 극작가. 머천트 테일러 학교에서 특히 라틴 비극을 학습했다. 그는 우선 《햄릿》을 썼으나 오늘날 남아 있지 않으며 《스페인 비극》, 희극 《오라치오 오 제로니모》와 《코넬리아》(1594년 출간)로 성공을 거두었다. 1593년에는 프리비 의회의 명령으로 무신론자로 체포되었다. 그는 자신의 무죄를 증명하지 못하고 가족으로부터도 격리되어 그 다음해에 사망한다.

키아리니 마르칸토니오(CHIARINI, Marcantonio)(1652-1730년): 이탈리아 무대 장식 기술자이자 건축 화가·판화가. 그는 이탈리아, 그리고 사부아의 외젠 공을 위해 빈에서 일했다. 그는 원근법과, 축제나 기마시합의 판화를 다룬 선집을 발간했다. 그는 주바라나 비비에나와 더불어 극장의 무대 배경에 있어서 각도 시점을 가지고 작업하는 데 있어 으뜸이었다.

테렌티우스(TERENTIUS)(기원전 190-159년): 젊은 아프리카 노예였던 그는 테렌티우스 루카누스 의원에 의해 거두어지고 해방되었으며, 의원은 그에게 교양 교육을 받도록 해주었다. 그는 여섯 편의 희극을 남겼는데 이들은 기원전 166-160년까지 공연되었다. 〈안드리아〉〈헤키라 또는 의붓어머니〉〈고행자〉〈환관〉〈포르미오〉, 그리고 〈아델피〉가 있다.

테스피스(THESPIS)(기원전 6세기): 그리스 비극 시인 중에서 가장 오래된 작가. 그는 합창단의 노래에 프롤로그와 배우에 의해 낭송된 부분을 처음 첨가한 사람으로 여겨진다. 그는 배우이자 유랑작가로 추정되며 자신의 비극을 이 마을 저 마을 전하고, 자신의 수레로 이동하면서 당대 일상어에서 유랑극단의 대형마차와 그들의 조건에 대한 은유가 되었다. 테스피스의 마차는 또한 **스케네**의 원형이 되는데 이는 일종의 이동식 제단으로 테스피스가 참여한 디오니소스 축제에서 신들을 경배하는 데 사용되었다.

토렐리, 자코모(TORELLI, Giacomo)(1608-1678년): 이탈리아의 건축가 · 무대 장식 기술자. 저명한 건축가로 그는 1641년 베네치아 노비시모 극장의 건축을 맡았다. 그는 이 극장이 개관할 때 공연된 〈핀타 파차〉(1641년), 〈벨레로폰테〉(1642년), 〈베네레 젤로사〉(1643년)의 무대 배경을 제작했다. 그는 파르마 공작에 의해서 모후인 안 도트리슈에게 천거되었고 루이 14세를 위해 일하기 시작했다. 그는 1645년 〈핀타 파차〉의 다른 판을 내놓았고, 1647년 프티부르봉에서 〈오르페오〉를 제작했다. 〈오르페오〉의 무대 배경의 일부는 1650년 코르네유의 《안드로메다》에서 다시 사용되었다. 그는 건축물 정비, 공연물, 왕의 축제를 위해 창안된 기계 제작 등에 참여했으며 그의 재능과 능란함은 그에게 스트레고네(대마법사)라는 별명을 갖게 했다. 1661년에 푸케가 보르비콩트 성에서 마련한 축제에 그가 참여한 일 때문에 왕의 은총을 잃은 것으로 추정된다. 그는 이탈리아 파노로 떠나서 영광과 성공을 되찾았으며 1677년 델라 포르투나 극장을 지었다.

파트, 피에르(PATTE, Pierre)(1723-1814): 프랑스 건축가이자 판화가. 그는 디드로를 위해서 《백과사전》의 삽화를 그렸고, 선집 《루이 15세의 영광을 위한 기념비들》을 남겼다.

팔라디오(피에트로 모나로, 안드레아 디)(PALLADIO(PIETRO MONARO Andrea di, dit))(1508-1580년): 이탈리아 건축가이자 이론가. 트리시노의 보호하에(트리시노는 팔라스 아테나의 신적인 예지에 경의를 표하기 위해서 그에게 팔라디오라는 이름을 골라 주었다) 그는 과학과 인문주의적 사고를 형성했다. 로마에 체류하는 동안(1541, 1547, 1550년) 그는 고대 건축을 연구하고 조사하는 데 많은 시간을 바쳤다. 그는 《건축에 대한 저서》를 1570년 베네치아에서 발간했고, 바르바로를 도와 비트루비우스의 《건축 십서》를 발간하는 작업에 기여했다. 건축가로서 그의 활동은 왕의 축제나 건축(비첸차의 교회, 또는 베네치아의 팔라디아 빌라), 그리고 특히 연극에서 진전되었다.

페로, 클로드(PERRAULT, Claude)(1613-1688년): 프랑스 의사이자 건축가로 《콩트》의 저자인 샤를의 형제. 의사이자 물리학자·자연학자로 과학 아카데미의 일원이었다(1673년). 그는 건축에 대한 많은 개론서를 발간했는데 그 중에 콜베르의 요청에 의해서 비트루비우스의 《건축 십서》를 번역하고 주석했다. 1665,66년에 그는 왕에게 루브르의 사각 안마당과 외부 전면을 위한 기획안을 올리는 책임위원이 되었다. 그의 계획은 선택되었고 루브르의 기둥은 비록 르브룅이나 르 보가 이 작업에 참여했다는 의혹이 남아 있기는 하지만 그의 것으로 여겨진다. 1668-1671년까지 그는 파리의 옵세르바퇴르를 건립했다.

페루치, 발다사레(PERUZZI, Baldassare)(1481-1536년): 이탈리아 화가이자 건축가·무대 장식 기술자. 그는 시에나에서 교육을 받았고 핀투리치오의 영향을 받은 것으로 짐작된다. 로마에서 아고스티노 키지의 보호를 받으며 성 베드로 성당과 교황 축제를 위해 일했고, 당시에 매우 유행이던 고고학 발굴에 활발하게 참여했다. 그는 특히 극장 유적에 관심을 가졌다. 시에나로 돌아와서 공화국 건축가로서의 임무와 함께 그는 그를 성 베드로 성당의 건축가로 임명한 교황 클레멘스 7세에 의해서 1531년 다시 로마로 부름을 받는다.

펠레그리노 다 우디네, 마르티노 다 우디네 또는 펠레그리노 다 산 다니엘레로 알려짐(PELLEGRINO DA UDINE)(1476-1547년): 이탈리아 화가. 바사리에 따르면 잠벨리노의 제자. 그는 프리울과 페라레에서 많은 그림을 그렸다(1504-1514년).

푸케, 장(FOUQUET, Jean)(1415-1480년경): 프랑스 세밀화가. 파리의 아틀리에에서 수학하였으며 이탈리아에 체류했고(1445-1448년), 그곳에서 원근법에 대한 알베르티의 이론에 관심을 가졌으며 필라레티와 친분 관계를 맺었다. 이후 샤를 7세를 위해 일했으며, 루이 11세의 보호를 받았고 그에 의해서 '왕의 화가이자 장식사'에 임명되었다. 남아 있는 그의 작품 중에서 《도덕적 성경》과 《프랑스 대연대기》의 원고(BNF 국립도서관), 속칭 드 믈룅이라 불리는 이부작, 샤를 7세의 초상화 한 점(파리, 루브르 박물관), 에티엔 슈발리에의 일도서(日禱書)가 있는데 이것은 흩어져서 그 중 몇 페이지는 샹티이 박물관에, 한 페이지는 루브르에 있다.

프리마티초, 프란체스코, 일명 르 프리마티체(PRIMATICCIO, Francesco, dit LE PRIMATICE)(1504-1570년): 이탈리아 화가이자 실내 장식가. 줄리오 로마노에 의해 교육받았고 그와 함께 만토바의 팔라초 델 테 축성에 일조했으며 프랑수아 1세에 의해 프랑스로 부름을 받았다. 그는 특히 퐁텐블로 성을 짓기 위해 일했으며 작업감독의 직책을 수행했다. 그는 또한 왕의 축제를 위한 장치를 맡았다. 1559년 프랑수아 2세에 의해서 건축감독으로 임명되었다.

플라우투스(PLAUTUS)(기원전 254-184년): 라틴 희극작가.

홀바인, 한스, 일명 젊은 한스(HOLBEIN, Hans, dit le Jeune)(1497-1543

년): 독일의 화가. 그는 발(〈죽은 그리스도〉, 1521, 〈에라스무스의 초상화〉, 1523)과 루체른에서 일했다. 종교 전쟁과 종교 개혁 때문에 1526년에 스위스를 떠났으며("이 나라에서 예술은 춥다"라고 에라스무스는 썼다) 영국으로 가서 생애를 마감한다. 이 기간의 초상화 작품으로 〈칸토베리 대주교〉(파리, 루브르 박물관), 〈대사들〉(런던, 내셔널 갤러리), 헨리 8세의 초상화와 그의 아내들인 〈제인 세이무어〉(빈), 〈안 드 클레브〉(루브르), 〈크리스틴 드 덴마크〉(내셔널 갤러리)의 초상화가 있다.

참고 문헌

● 일반 서적

Architecture, méthode et vocabulaire, PÉROUSE DE MONTCLOS Jean-Marie, 2 tomes, ministère des Affaires culturelles, Inventaire général des monuments et des richesses artistiques de la France, Paris, Imprimerie nationale, 1972.

The Developpement of the Theatre, a Study of Theatrical Art from the Beginning to the Present Day, Allardyce NICOLI, Londres, Harrap & Cᵒ Ltd, 1927.

Dictionnaire encyclopédique du théâtre, sous la direction de Michel CORVIN, Paris, Bordas, 1991; réédition 1997.

Enciclopedia dello spettacolo, fondata da Silvio D'Amico, Rome, Unione editoriale, 1995; aggiornamento 1965.

Histoire générale illustrée du théâtre, Lucien DUBECH, 5 tomes, Paris, Librairie de France, 1931-1934.

Histoire des spectacles, sous la direction de Guy DUMUR, Paris, Gallimard, ⟨Encyclopédie de la Pléiade⟩, 1965.

Histoire du théâtre dessinée, avant-propos de Jean Dasté, André DEGAINE, Paris, Nizet, 1995.

Introduction à l'analyse de l'image, Martine JOLY, Paris, Nathan-Université, coll. ⟨128⟩, 1993.

Le Théâtre en France, t. 1: *Du Moyen Âge à 1789*, t. 2: *De la Révolution à nos jours*, sous la direction de Jacqueline de JOMARON, Paris, Armand Colin, 1982-1992.

Theatre and Playhouse, an Illustrated Survey of Theatre Building from Ancient Greece to the Present Day, Richard & Helen LEACROFT, Londres et New York, Methuen, 1984.

Traité de scénographie, Pierre SONREL, Paris, Librairie théâtrale, 1984.

Traité du signe visuel. Pour une rhétorique de l'image, GROUPE MU, Paris,

Seuil, 1992.

● 그리스 연극, 로마 연극

ARISTOTE, *La Poétique*, traduction et notes de lecture par Roselyne Dupont–Roc et Jean Lallot, Paris, Seuil, 1980.

BALDRY Harold C., *Le Théâtre tragique des Grecs*, Paris, Maspéro, 1975; réédition Paris, Press Pocket/Agora, 1985.

BIEBER Margarete, *The History of the Greek and Roman Theatre*, Princeton, Princeton University Press, New Jersey, 1961.

DARAKI Maria, *Dionysos et la déesse Terre*, Paris, Arthaud, 1985; réédition Paris, Flammarion, coll. 〈Champs〉, 1994.

FRONTISPI–DUCROUX Françoise, *Du masque au visage, Aspects de l'identité en Grèce ancienne*, Paris, Flammarion, coll. 〈Idées et Recherche〉, 1995.

GIRARD René, *La Violence et le Sacré*, Paris, Grasset, 1972; réédition Paris, Hachette–littérature, coll. 〈Pluriel〉, 1988.

MARTIN Roland, *Architecture grecque*, Paris, Electa/Gallimard, coll. 〈Histoire de l'architecture〉, 1993.

VITRUVE, *Les Dix livres d'architecture, corrigez et traduits nouvellement en François, avec des Notes & des Figures*, à Paris, 1673; réédition avec préface d'Antoine Picon, Paris, Bibliothèque de l'image, 1995.

WARD PERKINS John B., *Architecture romaine*, Paris, Electa/Gallimard, coll. 〈Histoire de l'architecture〉, 1994.

● 중세 연극

BAKHTINE Mikhaïl, *L'Œuvre de François Rabelais et la Culture populaire au Moyen Âge et sous la Renaissance*, Paris, Gallimard, 〈Bibliothèque des idées〉, 1970.

CHAMBERS E. K., *The Medieval Stage*, 2 vol., Oxford, Clarendon Press, 1903.

COHEN Gustave, *Le Théâtre en France au Moyen Âge*, t. 1: *Le Théâtre religieux*, t. 2: *Le Théâtre profane*, Paris, Édition Rieder, 1931.

COHEN Gustave, *Histoire de la mise en scène dans le théâtre religieux françois* du *Moyen Âge*, Paris, Honoré Champion, 1951.

HEITZ Carol, *Recherches sur les rapports entre l'architecture et la liturgie à l'époque carolingienne*, Bibliothèque générale de l'École pratique des Hautes Études, VIe section, Paris, SEVPEN, 1963.

HEITZ Carol, *L'Architecture religieuse carolingienne/Les Formes et leurs Foctions*, Paris, Picard, ouvrage publié avec le concours du CNRS, 1980.

KONIGSON Élie, *La Représentation d'un Mystère de la Passion à Valenciennes en 1547*, Le Chœur des Muses, Paris, CNRS, 1969.

KONIGSON Élie, *L'Espace théâtral médiéval*, Le Chœur des Muses, Paris, CNRS, 1975.

PANOFSKY Erwin, *Les Primitifs flamands*, Paris, Hazan, 1992; édition originale en anglais, *Early Netherlandish Painting*, Havard University Press, 1971.

REY-FLAUD Henry, *Le Cercle magique. Essai sur le théâtre en rond à la fin du Moyen Âge*, Paris, Gallimard, 1973.

ZUMTHOR Paul, *La Mesure du monde, Représentation de l'espace au Moyen Âge*, Paris, Seuil, coll. 〈Poétique〉, 1993.

Le Théâtre au Moyen Âge, Actes du deuxième colloque de la Société internationale pour l'étude du théâtre médiéval, Alençon 11-14 juillet 1977, ouvrage publié sous la direction de Gari R. Muller, Montréal, L'aurore/Univers, 1981.

● 이탈리아 연극

ALBERTI Leon Battista, *De Pictura*, Florence, manuscit, imprimé en 1540; édition critique du texte italien, Florence, Luigi Mallé editore, 1950; pour l'édition française; préface, traduction et notes par Jean-Louis Schefer, Paris, Macula Dédale, 1992.

BANU Georges, *Le Rouge et Or, une poétique du théâtre à l'italienne*, Paris, Flammarion, 1989.

BEAUVERT Thierry, PAROUTY Michel, *Les Temples de l'opéra*, Paris, Gallimard, coll. 〈Découvertes〉 n° 77, 1990.

COMAR Philoppe, *La Perspective en jeu. Les dessous de l'image*, Paris, Gallimard, coll. 〈Découvertes〉 n° 138, 1992.

DECROISETTE Françoise, PLAISANCE Michel, *Les Fêtes urbaines en Italie à l'époque de la Renaissance, Vérone, Florence, Sienne, Naples*, Paris, Klincksieck, 1994.

DUVIGNAUD Jean, *Lieux et non lieux*, Paris, Éditions Galilée, 1977.

KERNODLE Georges, *From Art to Theatre, Form and Convention in the Renaissance*, Chicago et Londres, The University of Chicago Press, 1944, 1970.

LECLERC Hélène, *Les Origines italiennes de l'architecture théâtrale moderne*, Paris, Droz, 1946.

LECLERC Hélène, *Venise baroque et l'opéra*, Paris, Armand Colin, 1987.

MANCINI Franco, *Scenografia italiana dal Rinascimento all'età romantica*, Milan, Fratelli Fabbri Editori, 1966.

PANOFSKY Erwin, *La Perspective comme forme symbolique, et autres essais*, traduction sous la direction de Guy Ballange, Paris, Éditions de minuit, 1975.

PANOFSKY Erwin, *La Renaissance et ses avant-courriers dans l'art d'Occident*, Paris, Flammarion, coll. 〈Idées et Recherches〉, 1990.

SABBATTINI Nicola, *Pratique pour fabriquer scènes et machines de théâtre*, Ravenne, 1638; réédition en traduction française de Maria et Renée Canavaggia et Louis Jouvet, introduction de Louis Jouvet, Neuchâtel, Ides et Calendes, 1942.

WHITE John, *Naissance et renaissance de l'espace pictural*, Paris, Adam Biro, 1992; première publication en anglais; *The Birth and Rebirth of Pictural Space*, Londres, Faber and Faber, 1957.

Le Lieu théâtral à la Renaissance, actes du colloque de Royaumont, 22-27 mars 1963, études réunies et présentées par Jean Jacquot, avec la collaboration d'Élie Konigson et Marcel Oddon, Paris, Éditions du CNRS, 1964.

Illusion et pratique du théâtre, propositions pour une lecture scénique des intermèdes florentins à l'Opéra-comique vénitien, catalogue de l'exposition présentée au musée de l'Opéra de Paris, au musée Calvet à Avignon···, Paris, Direction des Musées de France, 1976. Exposition organisée par l'Institut de Lettres, Musique et Théâtre de la Fondation Giorgio Cini de Venise, catalogue rédigé par Franco Mancini, Maria Teresa Muraro, Elena Povoledo.

● 엘리자베스 시대 연극

BENTLEY G. E., *The Jacobean and Caroline Stage*, 7 vol., Oxford, 1941-1968.

CHAMBERS E. K., *The Elizabethan Stage*, 4 vol., Oxford, 1923.

FONTANIER Pierre, *Les Figures du discours*, introduction de Gérard Genette, Paris, Flammarion, coll. 〈Champs〉 n° 15, 1995.

GURR Andrew, *The Shakespearean Stage 1574-1642*, Cambridge, Cambridge University Press, 1982.

LAROQUE François, *Shakespeare comme il vous plaira*, Paris, Gallimard, coll. 〈Découvertes〉 n° 126, 1991.

NICOLE Allardyce, *Stuart Masques and the Renaissance Stage*, Londres, Harap, 1938; réédition New York, Benjamin Blom, Inc., 1963.

YATES Frances A., *Les Dernières Pièces de Shakespeare. Une approche nouvelle*, traduit de l'anglais par Jean-Yves Pouilloux, Paris, Belin, coll. 〈Littérature et politique〉, 1993; première publication en anglais: *Shakespeare's Last Plays: a New Approach*, Londres, Routledge & Kegan Paul Ldt, 1975.

YATES Frances A., *L'Art de la mémoire*, traduit de l'anglais par Daniel Arasse, Paris, Gallimard, 〈Bibliothèque des histoires〉, 1975; première publication en anglais: *The Art of Memory*, 1966.

Adresse pour la documentation: *Shakespeare's Globe Exibition*(Musée du Globe), PO Box 70, Southwark, London SEI 9EN, Grande-Bretagne.

● 17세기 프랑스 연극

AUBIGNAC(abbé d'), *La Pratique du Théâtre/Ouvrage très nécessaire à ceux qui veulent s'appliquer à la Composition des Poëmes Dramatiques, qui les récitent en public, ou qui prennent plaisir d'en voir les Représentations*, à Paris, chez Antoine de Sommainville, 1657.

CHAPPUZEAU Samuel, *Le théâtre françois divisé en trois livres où il est traité/I. De l'usage de la comédie/II. Des auteurs qui soutiennent le théâtre/III. De la conduite des comédiens*, Lyon, chez Michel Mayer, 1674.

DELMAS Christian, *La Tragédie de l'âge classique, 1553-1770*, Paris, Seuil, 1994.

FORESTIER Georges, *Le théâtre dans le théâtre sur la scène française du XVII siècle*, Genève, Droz, 1981.

FORESTIER Georges, *Introduction à l'analyse des textes classiques. Éléments de rhétorique et de poétique du XVIIᵉ siècle*, Paris, Nathan, coll. ⟨128⟩ nº 31, 1993.

LANCASTER Henry, *Le Mémoire de Mahelot, Laurent et d'autres décorateurs de l'hôtel de Bourgogne et de la Comédie-Française au XVIIᵉ siècle*, Paris, Édouard Champion, 1920.

MAHELOT, voir LANCASTER et PASQUIER.

MARIN Louis, *Le Portrait du Roi*, Paris, Éditions de Minuit, 1975.

PASQUIER Pierre, *La Mimèsis dans l'esthétique théâtrale du XVIIᵉ siècle, Histoire d'une réflextion*, Paris, Klincksieck, 1995.

PASQUIER Pierre, *Le Mémoire de Mahelot et d'autres décorateurs de l'Hôtel de Bourgogne et de la Comédie-Française au XVIIᵉ siècle*, Paris, Klincksieck, à paraître.

SCHERER Jacques, *La Dramaturgie classique en France*, Paris, Nizet, 1951.

SIGURET Françoise, *L'Œil surpris, perception et représentation dans la première moitié du XVIIᵉ siècle*, Paris, Klincksieck, 1993.

● 이탈리아식 극장의 성쇠

APPIA Adolf, voir BABLET-HAHN.

BABLET Denis, *Edward Gordon Craig*, Paris, L'Arche, 1962.

BABLET Denis, *Le Décor de théâtre de 1870 à 1914*, Paris, Éditions du CNRS, 1965.

BABLET Denis, *La Mise en scène contemporain(1887-1914)*, Bruxelles, La Renaissance du livre, 1968.

BABLET-HAHN Marie L., *Appia, œuvres complètes*, trois tomes, L'Âge d'homme, Société suisse de Théâtre, 1983, 1986, 1988.

CRAIG Edward Gordon, *De l'art du théâtre*, Paris, Lieuter, 1943.

CRAIG Edward Gordon, *Le Théâtre en marche*, Paris, Gallimard, 1964.

GARNIER Charles, *Le Théâtre*, Paris, Hachette, 1871; réédition Arles, Actes Sud, 1990.

GARNIER Charles, *Le Nouvel Opéra de Paris*, Paris, Ducher & Cie, 1878.

FRANZ Pierre, *L'Esthétique du tableau dans le théâtre du XVIIIᵉ siècle*, Paris, PUF, 1988.

FRANZ Pierre, SAJOUS D'ORIA Michèle, *Le Siècle des théâtres. Salles et scène en France 1748–1807*, Bibliothèque historique de la Ville de Paris, 1999.

JOIN–DIÉTERLE Catherine, *Les Décors de scène de l'Opéra de Paris à l'époque romantique*, Paris, Picard, 1988.

PATTE Pierre, *Essais sur l'architecture théâtrale ou De l'Ordonnance la plus avantageuse à une Salle de Spectacles, relativement aux principes de l'Optique & de l'Acoustique*, par M. Patte, architecte de S.A.S. Mgr. le Prince Palatin, Duc régnant de Deux–Ponts, à Paris, chez Moutard, 1782.

RABREAU Daniel, *Le Théâtre et l'Embellissement des villes de France au XVIIIᵉ siècle*, thèse de doctorat, Université de Paris–IV, 1978.

ROUGEMONT Martine de, *La Vie théâtrale en France au XVIIIᵉ siècle*, Paris, Champion, 1988.

UBERSFELD Anne, *Le Roman d'Hernani*, iconographie réunie et commentée par Noëlle Guibert, Paris, Comédie–Française/Mercure de France, 1985.

L'Arte del settecento emiliano, architettura, senografia, pittura di paesaggio, catalogo critico della X biennale d'Arte antica, Bologna, Museo Civico, 8 settembre–25 novembre 1979, a cura di Anna Maria Matteuci, Deanna Lenzi, Wanda Bergamini, Gian Carlo Cavalli, Renzo Grandi, Anna Ottani Cavina, Eugenio Riccomini, edizioni Alfa, Bologne, 1980.

역자 후기

이 책은 고대 그리스 시대의 원형 무대에서 18세기 이탈리아식 무대에 이르는 '서양 연극 무대의 역사'를 다루고 있다. 책 제목에 사용된 원어인 세뇨그라피(scénographie)의 사전적 의미는 무대 장식 기술이다. 그러나 이 책에서 이 단어는 이 말을 통해 우선적으로 떠올리게 되는 것, 즉 연극무대에서 쓰이는 무대 배경이나 소품, 또는 장식만을 의미하지는 않는다. 이 단어의 함의는 서양 연극 무대에 있어서 배경 그림에서부터 극장 건축에 이르는 무대 공간 전체를 포괄한다. 말하자면 이 책은 서양 연극 무대 공간의 역사를 다루고 있다고 할 수 있다.

연극에서 무대는 공연이 있기 위한 필수 조건인 동시에 공연에 가장 큰 영향을 주는 물질적 여건 중의 하나이다. 그렇기 때문에 연극의 역사는 다시 말해서 연극 무대의 역사라고 해도 과언이 아니다. 연극의 물질적 여건들의 변화는 곧 시대와 관객의 인식 변화에 기인한다. 연극 무대의 역사, 특히 무대 장식 기술의 역사는 이러한 변화를 구체적이고 물질적으로 반영하는 것이다.

흔히 서양 연극의 역사를 그리스 시대에서부터 오늘날에 이르기까지 시공간을 거쳐서 전해지는 희곡을 중심으로 재구성하기가 쉽다. 그러나 이 책은 필자가 말하듯 사라지기 마련인 연극의 요소 중에서도 가장 그 흔적이 남아 있지 않은 연극 무대의 역사를 재구성하고자 한다. 남아 있는 극장 건축물들에 관해서만이 아니라 공연에서 극장의 내부를 구성하고 직접 사용되었던 무대 배경과 무대 장치, 소품과 장식, 관객의 시각적 여건들 등에 이르기까지를 공연에 관해서 현존하는 모든 자료들을 통해 재구성하고자 하는 것이다. 따라서 이 책은 기본적으로 서양 연극에 대해 관심을 가지고 있거나 고대에서 18세기에 이르는 극장의 건축이나 공연의 실제 여건에 대해 호기심을 가지고 있는 모든 독자를 대상으로 한다. 본 책은 독자가 연극을 각 시대 무대 장식 기술의 변화를 통해 좀더 폭넓은 시각으로 바라보는 데 기여할 수 있을 것이다.

동문선 출판사에 쌓인 원서들 중에서 우연히 이 책과 만나게 된 이후에 오랜 시간이 흘렀다. 늦어진 번역을 기다려 주신 신성대 사장님께 감사드린다.

2007년 5월 송민숙

색 인

송민숙

연세대학교 불어불문학과 졸업
프랑스 그르노블 III(스탕달)대학교에서
논문 〈라신과 그 경쟁자들〉로 불문학 박사학위 취득
연세대학교 강사 역임, 현재 순천향대학교 강사
연극평론가
논문: 〈라신비극과 수사학〉
〈알베르 카뮈의 극 《칼리귤라》 연구-부조리와 잔혹〉
〈라신의 《알렉산더 대왕》 연구-비극과 수사학〉
〈알베르 카뮈의 《오해》-아이러니와 중의성〉
〈라신의 〈페드르〉에 나타난 죽음의 이미지〉
〈현대 서양 연극에 나타난 시각적 이미지 표현 연구-
장 주네와 아르망 가티를 중심으로〉
〈코르네유의 《르 시드》 연구-비극과 수사학의 세 장르〉 등
역서: 《프랑스를 아십니까?》(프랑스문화연구회 공역)
《프랑스 고전비극》, 동문선, 2002
《코르네유 희곡선》(공역), 이화여대 출판부, 2006

문예신서
337

서양 연극의 무대 장식 기술

초판발행 : 2007년 5월 10일

東文選

제10-64호, 78. 12. 16 등록
110-300 서울 종로구 관훈동 74번지
전화 : 737-2795

편집설계 : 李姃롯

ISBN 978-89-8038-603-1 94680

【東文選 現代新書】

【東文選 文藝新書】

1 저주받은 詩人들	A. 뻬이르 / 최수철·김종호	개정근간
2 민속문화론서설	沈雨晟	40,000원
3 인형극의 기술	A. 훼도토프 / 沈雨晟	8,000원
4 전위연극론	J. 로스 에반스 / 沈雨晟	12,000원
5 남사당패연구	沈雨晟	19,000원
6 현대영미희곡선(전4권)	N. 코워드 外 / 李辰洙	절판
7 행위예술	L. 골드버그 / 沈雨晟	절판
8 문예미학	蔡 儀 / 姜慶鎬	절판
9 神의 起源	何 新 / 洪 熹	16,000원
10 중국예술정신	徐復觀 / 權德周 外	24,000원
11 中國古代書史	錢存訓 / 金允子	14,000원
12 이미지 ─ 시각과 미디어	J. 버거 / 편집부	15,000원
13 연극의 역사	P. 하트놀 / 沈雨晟	절판
14 詩 論	朱光潛 / 鄭相泓	22,000원
15 탄트라	A. 무케르지 / 金龜山	16,000원
16 조선민족무용기본	최승희	15,000원
17 몽고문화사	D. 마이달 / 金龜山	8,000원
18 신화 미술 제사	張光直 / 李 徹	절판
19 아시아 무용의 인류학	宮尾慈良 / 沈雨晟	20,000원
20 아시아 민족음악순례	藤井知昭 / 沈雨晟	5,000원
21 華夏美學	李澤厚 / 權 瑚	20,000원
22 道	張立文 / 權 瑚	18,000원
23 朝鮮의 占卜과 豫言	村山智順 / 金禧慶	28,000원
24 원시미술	L. 아담 / 金仁煥	16,000원
25 朝鮮民俗誌	秋葉隆 / 沈雨晟	12,000원
26 타자로서 자기 자신	P. 리쾨르 / 김웅권	29,000원
27 原始佛敎	中村元 / 鄭泰爀	8,000원
28 朝鮮女俗考	李能和 / 金尙憶	24,000원
29 朝鮮解語花史(조선기생사)	李能和 / 李在崑	25,000원
30 조선창극사	鄭魯湜	17,000원
31 동양회화미학	崔炳植	18,000원
32 性과 결혼의 민족학	和田正平 / 沈雨晟	9,000원
33 農漁俗談辭典	宋在璇	12,000원
34 朝鮮의 鬼神	村山智順 / 金禧慶	12,000원
35 道敎와 中國文化	葛兆光 / 沈揆昊	15,000원
36 禪宗과 中國文化	葛兆光 / 鄭相泓·任炳權	8,000원
37 오페라의 역사	L. 오레이 / 류연희	절판
38 인도종교미술	A. 무케르지 / 崔炳植	14,000원
39 힌두교의 그림언어	안넬리제 外 / 全在星	9,000원
40 중국고대사회	許進雄 / 洪 熹	30,000원
41 중국문화개론	李宗桂 / 李宰碩	23,000원

42 龍鳳文化源流	王大有 / 林東錫	25,000원
43 甲骨學通論	王宇信 / 李宰碩	40,000원
44 朝鮮巫俗考	李能和 / 李在崑	20,000원
45 미술과 페미니즘	N. 부루드 外 / 扈承喜	9,000원
46 아프리카미술	P. 윌레뜨 / 崔炳植	절판
47 美의 歷程	李澤厚 / 尹壽榮	28,000원
48 曼茶羅의 神들	立川武藏 / 金龜山	19,000원
49 朝鮮歲時記	洪錫謨 外/李錫浩	30,000원
50 하 상	蘇曉康 外 / 洪 熹	절판
51 武藝圖譜通志 實技解題	正 祖 / 沈雨晟·金光錫	15,000원
52 古文字學첫걸음	李學勤 / 河永三	14,000원
53 體育美學	胡小明 / 閔永淑	18,000원
54 아시아 美術의 再發見	崔炳植	9,000원
55 曆과 占의 科學	永田久 / 沈雨晟	14,000원
56 中國小學史	胡奇光 / 李宰碩	20,000원
57 中國甲骨學史	吳浩坤 外 / 梁東淑	35,000원
58 꿈의 철학	劉文英 / 河永三	22,000원
59 女神들의 인도	立川武藏 / 金龜山	19,000원
60 性의 역사	J. L. 플랑드렝 / 편집부	18,000원
61 쉬르섹슈얼리티	W. 챠드윅 / 편집부	10,000원
62 여성속담사전	宋在璇	18,000원
63 박재서희곡선	朴栽緒	10,000원
64 東北民族源流	孫進己 / 林東錫	13,000원
65 朝鮮巫俗의 硏究(상·하)	赤松智城·秋葉隆 / 沈雨晟	28,000원
66 中國文學 속의 孤獨感	斯波六郎 / 尹壽榮	8,000원
67 한국사회주의 연극운동사	李康列	8,000원
68 스포츠인류학	K. 블랑챠드 外 / 박기동 外	12,000원
69 리조복식도감	리팔찬	20,000원
70 娼 婦	A. 꼬르벵 / 李宗旼	22,000원
71 조선민요연구	高晶玉	30,000원
72 楚文化史	張正明 / 南宗鎭	26,000원
73 시간, 욕망, 그리고 공포	A. 코르벵 / 변기찬	18,000원
74 本國劍	金光錫	40,000원
75 노트와 반노트	E. 이오네스코 / 박형섭	20,000원
76 朝鮮美術史硏究	尹喜淳	7,000원
77 拳法要訣	金光錫	30,000원
78 艸衣選集	艸衣意恂 / 林鍾旭	20,000원
79 漢語音韻學講義	董少文 / 林東錫	10,000원
80 이오네스코 연극미학	C. 위베르 / 박형섭	9,000원
81 중국문자훈고학사전	全廣鎭 편역	23,000원
82 상말속담사전	宋在璇	10,000원
83 書法論叢	沈尹默 / 郭魯鳳	16,000원

84 침실의 문화사	P. 디비 / 편집부	9,000원
85 禮의 精神	柳肅 / 洪熹	20,000원
86 조선공예개관	沈雨晟 편역	30,000원
87 性愛의 社會史	J. 솔레 / 李宗旼	18,000원
88 러시아미술사	A. I. 조토프 / 이건수	22,000원
89 中國書藝論文選	郭魯鳳 選譯	25,000원
90 朝鮮美術史	關野貞 / 沈雨晟	30,000원
91 美術版 탄트라	P. 로슨 / 편집부	8,000원
92 군달리니	A. 무케르지 / 편집부	9,000원
93 카마수트라	바짜야나 / 鄭泰爀	18,000원
94 중국언어학총론	J. 노먼 / 全廣鎭	28,000원
95 運氣學說	任應秋 / 李宰碩	15,000원
96 동물속담사전	宋在璇	20,000원
97 자본주의의 아비투스	P. 부르디외 / 최종철	10,000원
98 宗敎學入門	F. 막스 뮐러 / 金龜山	10,000원
99 변 화	P. 바츨라빅크 外 / 박인철	10,000원
100 우리나라 민속놀이	沈雨晟	15,000원
101 歌訣(중국역대명언경구집)	李宰碩 편역	20,000원
102 아니마와 아니무스	A. 융 / 박해순	8,000원
103 나, 너, 우리	L. 이리가라이 / 박정오	12,000원
104 베케트연극론	M. 푸크레 / 박형섭	8,000원
105 포르노그래피	A. 드워킨 / 유혜련	12,000원
106 셸 링	M. 하이데거 / 최상욱	12,000원
107 프랑수아 비용	宋勉	18,000원
108 중국서예 80제	郭魯鳳 편역	16,000원
109 性과 미디어	W. B. 키 / 박해순	12,000원
110 中國正史朝鮮列國傳(전2권)	金聲九 편역	120,000원
111 질병의 기원	T. 매큐언 / 서 일·박종연	12,000원
112 과학과 젠더	E. F. 켈러 / 민경숙·이현주	10,000원
113 물질문명·경제·자본주의	F. 브로델 / 이문숙 外	절판
114 이탈리아인 태고의 지혜	G. 비코 / 李源斗	8,000원
115 中國武俠史	陳山 / 姜鳳求	18,000원
116 공포의 권력	J. 크리스테바 / 서민원	23,000원
117 주색잡기속담사전	宋在璇	15,000원
118 죽음 앞에 선 인간(상·하)	P. 아리에스 / 劉仙子	각권 15,000원
119 철학에 대하여	L. 알튀세르 / 서관모·백승욱	12,000원
120 다른 곳	J. 데리다 / 김다은·이혜지	10,000원
121 문학비평방법론	D. 베르제 外 / 민혜숙	12,000원
122 자기의 테크놀로지	M. 푸코 / 이희원	16,000원
123 새로운 학문	G. 비코 / 李源斗	22,000원
124 천재와 광기	P. 브르노 / 김웅권	13,000원
125 중국은사문화	馬華·陳正宏 / 강경범·천현경	12,000원

東文選 現代新書 92

현대연극미학

마리-안 샤르보니에
홍지화 옮김

연극은 재현을 통해 세상을 표현하려 한다. 그렇다면 재현이란 무엇인가? 극작가가 완벽한 환각을 유발하기 위해 눈앞에 보이는 자연이나 사회·역사적 현실을 충실히 모방하려는 계획을 세우는 것인가? 그렇지 않으면 세계를 픽션에 종속시켜 두고 픽션은 현실이 아니며, 무대는 거울이 아니라는 사실을 끊임없이 환기시키는 것인가? 사실 거울의 투명성은 세상의 투명성과 견주어지기도 한다. 결국 연극의 첫번째 기능은 관객으로 하여금 배우를 통해서 자기 자신을 인지하도록 하는 것이 아닌가?

20세기의 다양한 연극 실험들 가운데서 새로운 현대 연극미학을 정의 내릴 수 있는 공동 노선이 존재할까?

이 질문에 답하기 위해, 이 책은 다음과 같이 구성된다.

• 아리스토텔레스로부터 오늘에 이르기까지 연극사의 주요 흐름을 되짚어 본다.

• 주요 경향들의 독창성을 정의 내린다.

• 그들의 대중적인 성공이나 실패 원인을 분석해 본다.

• 수많은 예를 통해 알프레드 자리·클로델·아르토·메이에르홀트·브레히트 등을 조명해 본다. 이를 통해 무대가 현실에 복종하는 것을 점진적으로 거부함으로써 과거와는 반대되는 현대성에 대한 기정 방침이 표현된다.

東文選 現代新書 104

코뿔소

외젠 이오네스코

박형섭 옮김

《코뿔소》는 하나의 풍자극이다. 비극성의 주조가 저변에 깔려 있는 인간-코뿔소, 사납고 그로테스크한 동물 마스크를 쓴 인간들의 운명에 관한 얘기다. 마치 고대 신화에 등장하는 괴물들·미노타우로스·스핑크스·넵투누스처럼 짐승의 모습으로 변신하는 인간-코뿔소의 드라마인 것이다. 하지만 앞의 고대 신화와는 달리 이 작품에서의 비극성은 인간과 신의 관계를 통해 구현되지 않는다. 그것은 인간이 외적 상황이나 삶의 조건에 따라 인간성을 상실함으로써 동물로 타락해 가는 과정, 즉 극한 상황에 직면한 인간들의 내부에서 발생하는 갈등을 통해 드러난다. 여기서 외적 상황이란 이성을 짓누르는 폭력, 개인의 자유를 억압하는 온갖 제도와 권력, 광신적 이데올로기를 일컫는다.

이오네스코는 《코뿔소》라는 제목에 관해 언급하면서 이 동물의 성향이 공격성과 복종성을 동시에 지니고 있음을 강조했다. 여기에 집단성이라는 특질을 첨가할 수 있을 것이다. 폭력이 가공할 힘을 발휘하는 것은 그 집단적 성격에서 비롯하기 때문이다. 앞서 언급했듯이, 작가의 청년 시절 대부분은 유럽이 전쟁의 소용돌이에 휩싸였던 때이며 정신적으로 불안했던 시기였다. 그 시대적 상황은 수많은 지식인들로 하여금 코뿔소로 상징되는 어떤 힘의 이데올로기에 마취되도록 유도했다. 많은 사람들이 그 이데올로기의 공격성과 전염성·집단성에 무기력하게 빙조 혹은 참여하는 태도를 취함으로써 자신의 정신을 포기했던 것이다. 결국 이 작품은 바로 그러한 비인간적인 폭력에 별 저항 없이 추종하여 집단의 익명에 가담하는 비인간성, 혹은 거기에 동참하여 스스로 그 세계에 안주하는 아류들을 고발한다.

東文選 文藝新書 186

각색, 연극에서 영화로

앙드레 엘보 / 이선형 옮김

본 저서는 공증된 사실을 출발점으로 삼고 있다. 관객은 어두운 객석에서 무대를 바라보며 낯선 망설임과 대면한다. 무대막과 스크린은 만남과 동시에 분열을 이끌어 낸다. 무대 이미지와 영화 영상은 분명 동일한 딜레마를 제시하지는 않는다. (나쁜) 장르 혹은 (정말 악의적인) 텍스트의 존재를 믿는다면, 물음의 성질은 달라질 것이다. 공연의 방법들은 포착·기호 체계·전환·전이·변신이라는 이름의 몸짓으로 말하고, 조우하고, 돌진하고, 위장한다.

과연 이러한 관계의 과정을 통해 각색에 대한 총칭적인 컨셉트를 정의내릴 수 있을까? 각색의 대상들·도구들·모순들·기능들, 그리고 그 메커니즘은 무엇이란 말인가?

기호학적 영감을 받은 방법적인 수단은 문제를 명확하게 표명한다. 이 수단은 실제적인 글읽기를 통해 로런스 올리비에와 파트리스 셰로의 《햄릿》, 베케트가 동의하여 필름에 담은 《고도를 기다리며》, 그 외의 여러 작품에 대한 실제적인 글읽기에서 잘 드러난다.

기호학자인 앙드레 엘보는 현재 브뤼셀 자유대학교 인문대학 교수로 재직중이다. 그는 연극 기호학 센터 소장을 역임하고, 여러 국제공연기호학회에서 활발하게 활동하고 있다. 그의 저서 《공연 기호학》·《말과 몸짓》 등은 기호학적 방법론을 바탕으로 한 공연 예술에 관한 연구이다. 그런데 엘보의 연구가 후반으로 들어서면서 오페라 및 퍼포먼스와 같은 전체 공연 예술로 그 지평을 넓혀 가고 있음은 매우 흥미로운 일이다. 공연 예술 전반에 대한 기호학적인 연구를 통해 궁극적으로 영상 예술과의 조우를 꾀하고 있기 때문이다. 본 저서 《각색, 연극에서 영화로》는 바로 이러한 전환점을 잘 보여 주는 하나의 결과물이라고 하겠다.

東文選 現代新書 9

텔레비전에 대하여

피에르 부르디외

현택수 옮김

　텔레비전으로 방송된 이 두 개의 콜레주 드 프랑스에서의 강의는 명쾌하고 종합적인 형태로 텔레비전 분석을 소개하고 있다. 첫번째 강의는 텔레비전이라는 작은 화면에 가해지는 보이지 않는 검열의 메커니즘을 보여 주고, 텔레비전의 영상과 담론의 인위적 구조를 만드는 비밀들을 보여 주고 있다. 두번째 강의는 저널리즘계의 영상과 담론을 지배하고 있는 텔레비전이 어떻게 서로 다른 영역인 예술·문학·철학·정치·과학의 기능을 깊게 변화시키는지를 설명하고 있다. 이러한 현상은 시청률의 논리를 도입하여 상업성과 대중 선동적 여론의 요구에 복종한 결과이다.

　이 책은 프랑스에서 출판되자마자 논쟁거리가 되면서, 1년도 채 안 되어 10만 부 이상 팔려 나가 베스트셀러 리스트에 오르고, 세계 각국에서 번역되어 읽혀지고 있는 피에르 부르디외의 최근 대표작 중 하나이다. 인문사회과학 서적으로서 보기 드문 이같은 성공은, 프랑스 및 세계 주요국의 지적 풍토를 말해 주고 있다. 이처럼 이 책이 독자 대중의 폭발적인 반응과 기자 및 지식인들의 지속적인 반향을 불러일으키는 이유는, 세계적으로 잘 알려신 그의 학자적·사회적 명성 때문이기도 하지만 무엇보다도 언론계 기자·지식인·교양 대중들 모두가 관심을 가질 만한 논쟁적인 내용을 담고 있기 때문이다.

東文選 文藝新書 211

토탈 스크린

장 보드리야르
배영달 옮김

우리 사회의 현상들을 날카로운 혜안으로 분석하는 보드리야르의 《토탈 스크린》은 최근 자신의 고유한 분석 대상이 된 가상(현실)·정보·테크놀러지·텔레비전에서 정치적 문제·폭력·테러리즘·인간 복제에 이르기까지 현대성의 다양한 특성들을 보여 준다. 특히 이 책에서 보드리야르는 오늘날 우리를 매혹하는 형태들인 폭력·테러리즘·정보 바이러스와 관련하여 기호와 이미지의 불가피한 흐름, 과도한 커뮤니케이션, 프로그래밍화된 정보를 분석한다. 왜냐하면 현대의 미디어·커뮤니케이션·정보는 이미지의 독성에 의해 증식되며, 바이러스성의 힘을 지니기 때문이다.

보드리야르는 현대성은 이미지의 독성과 더불어 폭력을 산출해 낸다고 말한다. 이러한 폭력은 정열과 본능에서보다는 스크린에서 생겨난다는 의미에서 가장된 폭력이다. 그리고 그것은 스크린과 미디어 속에 잠재해 있다. 사실 우리는 미디어의 폭력, 가상의 폭력에 저항할 수가 없다. 스크린·미디어·가상(현실)은 폭력의 형태로 도처에서 우리를 위협한다. 그러나 우리는 스크린 속으로, 가상의 이미지 속으로 들어간다. 우리는 기계의 가상 현실에 갇힌 인간이 된다. 이제 우리를 생각하는 것은 가상의 기계이다. 따라서 그는 "정보의 출현과 더불어 역사의 전개가 끝났고, 인공지능의 출현과 동시에 사유가 끝났다"고 말한다. 아마 그의 이러한 사유는 사유의 바른길과 옆길을 통해 새로운 사유의 길을 늘 모색하는 데서 비롯된 것일 터이다. 현대성에 대한 탁월한 통찰력을 보여 주는 보드리야르의 이 책은 우리에게 우리 사회의 현상들을 비판적으로 읽게 해줄 것이다.